劉君祖易經世界

身處變動的時代，易經教你掌握知機應變，隨時創新的能力。

易經六十四卦的全方位導覽

易經密碼 第四輯

劉君祖——著

目錄

時育萬物——无妄卦第二十五（䷘）

日新其德——大畜卦第二十六（䷙）

養生有主——頤卦第二十七（䷚）

非常男女——大過卦第二十八（䷛）

水深火熱——坎卦第二十九（䷜）

薪盡火傳——離卦第三十（䷝）

感而遂通——咸卦第三十一（䷞）

天長地久——恒卦第三十二（䷟）

時育萬物——无妄卦第二十五（䷘）

无妄之災，是人禍？是天災？

无妄卦之前的復卦是在比較清靜、比較安全的環境下，就像乾卦的「潛龍勿用」一樣，整個「一陽來復」可以看成是乾卦的初爻，是深藏在地底的生命力在蘊養，所有的政治、經濟等活動全部暫停，閉關修行，遠離外面的干擾，培養元氣、活力，準備重新出發。換句話說，復卦可以當作是「潛龍勿用」的放大，乾卦代表的天理、天道、天命、天則，復卦把它進行了擴大發揮。

同理，復卦前面的剝卦又可以看成是什麼呢？剝卦是一陽在上，碩果僅存，從乾卦來看的話，幾乎就是上爻的「亢龍有悔」，所以才會招致浩劫般的摧毀式打擊。乾卦「上九」〈小象傳〉說：「盈不可久也。」就指出前面的作為太過頭，沒有辦法繼續支撐，所以就會造成「滅下」的毀滅性效應，下面的五陰都給掏空了，最後只有僅存的碩果，就是一陽在上。所以剝卦我們可以看成是「亢龍有悔」之天則的詳細版。

剝極而復之後，尤其是復卦提到了天災人禍的概念——「迷復凶，有災眚」，一旦執迷不悟，就會有天災人禍，而且是自己招來的禍，自己要負擔，不能怪罪於他人。不過，「災眚」代表天災人禍並至，換句話說，到底是天災還是人禍也不是很清楚，天災甚至有可能是人禍間接啟動的。在我們以前講的臨卦中就提到「至于八月有凶」，人的作為不受羈絆，為所欲為，就會引起不測之凶——八月有凶，近年來大自然的反撲和金融風暴的不可收拾都是例證。天災人禍本來出現的頻率是不高的，但是近年來好像是家常便飯，世界各地輪流發生，這就是「亢龍有悔」的象，過頭了，人禍累積帶來整個生態環境惡化而引發自然災害。

无妄卦談的就是无妄之災，想像不到的、出乎意料之外的災禍，一定會碰到，這是怎麼回事？是自然災害還是導源於人禍？這就值得思考和檢討了。我們平常講无妄之災，好像不應該負責，是活該倒楣、受連累，但是无妄卦細細研究後，尤其是第三爻，你可能就會改變想法，因為你可以發現，很多天災就是肇始於人禍。《易經》永遠是天人相應的，天災跟人禍只是責任承擔不一樣，人禍當然要自己負責，天災可以說是不可抗的，不必承擔責任，但是現在的界限變得越來越模糊，天災人禍有時皆出自人類之手。

閉關與出關

復卦是閉關，无妄卦則是出關，按理說應該是大功告成，但是出關還有天災人禍，所以人生的考驗層層無盡，真的是要小心。不僅有第三爻的「无妄之災」和第五爻的「无妄之疾」，還有最後一爻的「行有眚」，也是人禍引發天災的象。

那麼，既然前面有復卦閉關潛修的過程，應該是功力大增，修為很夠的，可是一出關之後怎麼還會有一半以上的爻都是凶的？這就很值得我們思考了。復卦閉關的時候，怕走火入魔，雖有「頻復，厲」、「迷復，凶」兩個爻處境不妙，但畢竟還有其他四個爻是不錯的。這說明閉關是一個相對安全、清淨的環境，沒有外敵干擾，只要心魔不犯，正如〈繫辭傳〉說的「有不善未嘗不知，知之未嘗復行也」。

无妄卦雖然還是從心念出發，但是在卦序上是在復卦之後，出關了，不可能一直待在關裡頭，要把洞門口打開，出去見見世面，要跟社會人群接觸，乍一出關，也是從心念開始管起，再涉及行為，起心動念不要妄想，所有的想法不要脫離現實，更不要輕舉妄動，如此這般管束自己的意念、行動，都不要有「妄」，要「无妄」，妄念要降到零，完全摒棄。這就太難了，因為出關後所面臨的是非常複雜的環境，外面什麼都有，不像復卦清淨的環境。這就是无妄卦的難處。

從卦象上看，復卦是「地雷復」，在地底下，沒有多少外界的干擾。「天雷无妄」則是在天底下，已經從地洞中鑽出來，踏入繁華世界，難免會造成干擾，干擾你的心念或者行動，使得你又心浮氣躁，犯錯、幻想，所以出關後的无妄卦，出問題的爻比在復卦裡面的閉關考驗更嚴酷。无妄卦六爻，只有第一爻沒有問題，這是初發心，第四爻則是善後處理得好，還勉強沒有問題。另外二、三、五、上這四個爻都有問題，而且一個比一個嚴重。對比復卦六爻，有四個爻是好的，只有兩個爻出問題；无妄卦則是倒過來，出問題的有四個，沒問題的只有兩個。

這就是閉關與出關的區別，清淨環境跟嘈雜環境的不同，從這兩個卦的爻上我們就可以比較出來。從復卦到无妄卦，它們的相同之處當然還是內卦震——中心的主宰。整個復卦是培養內在的生命力、核心的競爭力。復卦的階段度過之後，浩劫重生，重新發展進入无妄卦，從地底下鑽出來，到天底下自由自在地徜徉活動，還是靠著內卦震。只是在復卦的時候，內卦是震，外卦是柔順的坤。因為復卦階段培養「一陽」時，當然不能硬碰硬，要順勢用柔呵護那「一陽」。可是到无妄卦時，外卦為乾，由柔轉剛，乾者，「天行健，君子以自強不息」，有了進取心，就要往前突破。「地雷復」變「天雷无妄」，外卦三爻全變，柔轉剛，順轉健，坤轉乾，麻煩就多了。在復卦的時候，上卦坤跟下卦震是母子檔，好比母親懷胎，懷著她心愛的長子，呵護、照顧得無微不至。无妄卦上乾下震，只是典型的父子兵，當然不一樣了。

時育萬物與日新其德

无妄卦之後是大畜卦，大畜卦更重事功，要做大事，必須儲備更多的資源。像小畜卦就是本錢不夠，密雲不雨，在夾縫中求生存，等待弱的跟強的、小的跟大的最好的互動機會。大畜卦則不是求生存，而是求發展、做大事，做大事就得準備更多資源，而且這種要建功立業的大畜，堪稱「富有之謂大業，日新之謂盛德」，一定要有很厚實內在的修為，前提就是「无妄」。所以无妄、大畜二卦可謂是內外兼修，无妄卦是「時育萬物」，用真誠心、下真工夫養育萬物，工夫下得越真，內在的修為就越无妄；大畜卦是「日新其德」，每天都在進步，外在事業就可能做得越大。這就是內外兼修。

《中庸》與《大學》這兩部書跟无妄、大畜二卦的中心思想是非常接近的。《中庸》、《大學》文字雖然沒有多少，卻是《四書》中比較難的。《大學》只有一千七百多字，《中庸》是三千四百字，這兩部書以前都是《禮記》中的兩篇，後來摘出來，跟《論語》、《孟子》合成《四書》，也是因為《中庸》和《大學》的思想確實很精湛。《中庸》講誠信，強調至誠如神，至誠其實就是「无妄」，完全沒有虛妄，如果完全沒有虛妄，就可以做到不欺人也不自欺，這樣當然就是「元亨利貞」了。但是人生處世真的能夠做到完全沒有妄嗎？太難了，无妄卦的卦辭「元亨利貞」後就說你的心念如果稍微有偏移，後面就會走不通，甚至越走越糟，天災人禍隨之而來。可見，人是很脆弱的，就像我在復卦中講的夜裡開車，完全壓著中軸線走是不可能的事，實際的路線是螺旋形的。无妄卦的六個爻跟這個非常像，只是環境變了，由清靜的閉關到更嘈雜、更現實的出關，但還是要掌握中軸線、中道，隨時要修正，不修正就很慘，一樣會摔得粉身碎骨，而且也更為凶險。所以无妄卦要想「元亨利貞」，內在的修為就需要下工夫。《中庸》講「誠信」，講「中道」，那就是內在的修為，三千四百字的《中庸》裡面有很多觀念跟无妄卦的卦辭、爻辭、〈彖傳〉、〈象傳〉都可以找得到互相印證的地方。

《大學》就像大畜卦了，「大學之道，在明明德，在親民，在止於至善」，還要「苟日新、日日新、又日新」，大畜卦裡面就有「日新其德」的概念，天天都得進步，環境不斷在變化，所以你每天都得跟上。還有「格致誠正」（格物致知、誠意正心）、「修齊治平」（修身、齊家、治國、平天下）。「修齊治平」是更明顯的「大畜」，前面的「格致誠正」就是內在扎實的修為，即「无妄」。

由此可見，无妄卦和大畜卦與《中庸》、《大學》的關聯是多麼的密切，另外在《論語》、

《孟子》中也不乏其例，像「萬物皆備於我」講的就是「大畜」無限的容量。因篇幅關係，我就不再句句引證了，只是稍微提一下。

无妄、大畜、頤卦序分析

无妄、大畜二卦之後就是修養深厚、自成體系的頤卦。頤卦強調的是生態，具體來講，就是養生，養我們的肉身，養我們的內心，像《孟子》裡面講的「養浩然之氣」；還有自養而後養人，自己養身、養心、養氣，身心靈都得到了很好的修養，那麼你就可以照顧別人了。這就是「先知覺後知，先覺覺後覺」，佛教的菩薩也是自己覺悟，再去教別人覺悟，這些都是頤卦的範疇。就像當老闆，要養一些幹部，再養一些員工，事業才會做得越大，要養的人、要照顧的人就越多。佛教講：「佛菩薩發心，供養一切眾生。」那也是養。如此一來，養和被養就形成了一個圓融的平衡穩定的生態體系，那就是頤卦。自然生態、金融生態、產業生態、政治生態、職場生態，都有「頤」的概念。那麼「頤」是怎麼來的呢？這樣一個平衡穩定的生態結構是怎麼確立的呢？是「无妄、大畜」確立的，「无妄、大畜」建構在天地之心的復卦根基上，頤卦是養，大畜卦是蓄，蓄和養不是一樣的概念，蓄是準備，將來用；聚集之後，就要開始養了，這就需要耗時耗力。正如〈序卦傳〉所云：「有无妄，然後可畜，故受之以大畜。物畜然後可養，故受之以頤。頤者，養也。」「畜」的下一步就叫「養」，在老子的《道德經》中，這個程序很清楚，「生之畜之」就是養，養則更精緻、更細膩，畜只是聚集資源，統合管理。

這就是卦序，要建立頤卦所謂的生態，實現自給自足，中間必經的无妄卦和大畜卦十二個爻的階段，由內到外的準備都必須充分，還要有現實感，與時俱進。人生就是在做這種復卦的轉型，只要大方向正確了，下面落實的地方就是「无妄、大畜」，然後才會有「頤」，才可以自養養人。

以凶論的无妄卦

无妄卦是上經六個「元亨利貞」四德俱全的卦的最後一個，但是它的「元亨利貞」充滿著高度的不可期待性，只有極少的可能性，除非你的修為足夠高。因為人性充滿了弱點，通常很難辦到，所以「元亨利貞」後面常常就跟隨著天災人禍。

既然對自己的能力、妄念、妄動沒有信心，如果你占到无妄卦，就要以凶論，不要把它看成「元亨利貞」，因為那不是你的，你要面臨的是天災人禍。所以无妄卦的「元亨利貞」有點像假的，比臨卦的「元亨利貞」更不可靠，臨卦只是「至于八月有凶」，過頭了就形勢逆轉。但臨卦正面的居多，它的六個爻幾乎沒有壞的爻，只有「甘臨」的階段稍加調整就過關。有的人膽子小，一占到臨卦，他就習慣看後面的「至于八月有凶」，其實沒必要，臨卦是很充實的境地，是自由開放的世界。

无妄卦則不同，凶象居多，因為把關難，所以每下愈況。我們看《易經》中七個「元亨利貞」的卦，只有一個在下經，是革卦。上經是天道自然的運行，所以離自然標準態的「元亨利貞」就比較接近。下經三十四個卦是人世的奮鬥，想要「元亨利貞」就好難，只有到革命的革卦出現那種非常人物的非常創造力，才能夠另起爐灶，另外三十三個卦都做不到「元亨利貞」。即使是上經，雖然是自然的衍化，離天道近，但是每下愈況，到无妄卦就已經變得很艱難了。

我們當前很多的世界問題都是從「八月之凶」來的，就是因為不受約束，想幹什麼就幹什麼，那就是臨卦的自由氾濫。而臨卦前面是隨卦，隨卦是「元亨利貞，无咎」，只要「善補過也」，隨時改過，結果是很不錯的。再前面是屯卦，屯卦沒有什麼錯不錯，自然的生命開創就是如此：「元亨利貞，勿用有攸往，利建侯。」再前面是乾、坤二卦。由乾、坤、屯、隨、臨到无妄，變得越來越不穩定，有很多不可預期的失控事會發生，无妄之災就是你想不到的，前面無論怎麼設想都很難想到結果。臨卦也是如此，要是你沉迷於「元亨利貞」，「至于八月有凶」也是出乎意料之外，到後來就慢慢失控。

无妄卦的卦中卦

第四十四卦姤卦，講的是人生不期而遇的機緣碰撞，往往出乎人的意料之外。也就是說，不管你怎樣計畫、預期，有很多事情常常是失控的、不期而遇的，姤卦這一概念，就藏在无妄卦之中。无妄卦的卦中卦就有「姤」的象，所以有不期而遇的「无妄之災」、「无妄之疾」一點也不奇怪。

无妄卦三、四、五、上爻四個爻構成的就是姤卦（䷫），而「六三」的「无妄之災」就是姤卦的初爻，第五爻的「无妄之疾」也是在不期而遇的範圍內。這些都是平常無法想像的，只有遇上的時候才會明白《易經》結構之精密，卦中有卦這一內在的因素會影響到外在可能的發展。无妄卦中有天風姤的象，就說明很多事情我們事先是無法預料的。雖然人生本來就充滿了意外，但我們還是盡量希望透過身心的調整，即便有意外，也能夠善於補過、亡羊補牢，不至於讓事情失控到不可開交。

上文講過，无妄卦、大畜卦立基於復卦，无妄跟大畜這兩個卦中都有頤卦（䷚）的象，這說明无妄、大畜二卦中就有「頤」的潛在訓練。无妄卦中的頤卦由初、二、三、四爻構成，這說明一進入无妄卦，從起心動念的第一爻開始，就進入頤養的階段，自己出了問題要能夠調整。大畜卦則是在三、四、五、上爻，也就是大畜卦已經快圓滿的時候，「頤」慢慢就出現了。可見，什麼事情都沒有偶然，素養的形成不是一朝一夕，而是不斷在培養，到最後「頤」就自然而然出來了，正所謂瓜熟蒂落。不同的是，「无妄」是偏於內在，所以它是初、二、三、四爻構成「頤」；大畜則是偏於外，所以三、四、五、上爻構成「頤」。只有內外兼修都有頤養，到最後成熟，就進入六畫卦的頤卦。

无妄卦中間四個爻構成的典型卦中卦是漸卦（䷴），二、三、四、五爻構成的「風山漸」，揭示出人真正想要練達到不打妄想、不動妄念、不輕舉妄動，絕非一朝一夕之功，需要循序漸進、日積月累的工夫，而非一下子就做到无妄。這樣一來，无妄卦裡面有「漸」的象，是可以理解的。像佛教的淨土宗，就專門練這個卦，淨土宗的修行法門，主要是念佛，它的卦象就是无妄卦，裡面有動爻，說明心態會有所偏，要改正，絕非一朝一夕之功，真正做到了无妄，就是百分之百的虔誠。大畜卦的「畜」，主要從畜牧業取象，這個字在小畜卦還不明顯，「畜」有養馬、養牛、養豬等，要恰當地養才能夠養得好，就像老師教學生，不同的學生因材施教，也就是說對芸芸眾生有不同的養法，這才叫大畜。我們知道，《易經》所處的遙遠時代，人類發展主要的生活方式，先是漁獵，然後是遊牧，再到畜牧，最後是農耕。大畜卦主要從畜牧業中得到很多寶貴的啟發，无妄卦則是農業與畜牧業兼之，如第二爻與農業生產有關，第三爻則是跟畜牧業有關。

无妄卦還有五個爻的卦中卦，初、二、三、四、五爻構成的是益卦（䷩），這說明如果真在「无妄」上修，確實能夠身心獲益，獲得清淨心，無世俗的雜染，無情欲的痛苦。另外一個則是二、三、四、五、上爻構成的遯卦（䷠），因此无妄卦中就有小豬跑路的象。

无妄卦、大畜卦的交錯卦延伸分析

其實无妄卦中有「遯」的象也很好玩，无妄卦跟遯卦是什麼關係？是交卦再綜卦的關係，或者是綜卦再交卦的關係。交卦即上下卦交易的卦，无妄卦上下相交換，為雷天大壯（䷡），大壯卦跟遯卦就是相綜的卦。遯卦的上下相交換則是大畜卦，大畜卦跟无妄卦也是一體兩面相綜的關係。這就是相綜再相交的關係。

无妄卦的錯卦是地風升（䷭），這個意義就很深刻。无妄卦跟升卦相錯，相錯有兩個意思，一是觸類旁通，相反相成，還有共通性；一是性質相反。「无妄」的錯卦是「升」，性質有可能是相反，所以「升」可能是「无妄」，升的高度成長到最後不就是泡沫嗎？金融風暴即是，裡面就有「升虛邑」——泡沫破碎的象。升卦表面看到的是升，跟无妄一對比，很可能是虛幻的表象，就像棉花糖、海市蜃樓一樣，多多少少有一些虛幻的性質。如夢幻泡影，要作如是觀，因為對應的是无妄卦。如果真做到无妄，則是絕對的真實；升卦有時候則很不真實，可能是泡沫，多少有一些虛幻性。大畜卦的錯卦是澤地萃（䷬），大畜卦跟萃卦，聽起來意思好像很接近，「萃」是把很多東西聚在一起，「大畜」也是把很多東西圈在一起。這就是錯卦的比較。

我們上面說過，无妄卦初爻到五爻，是「風雷益」的象，而无妄卦的第四爻爻變也是益卦。所以要理解无妄卦第四爻，最好先理解益卦在說什麼，而且它在益卦中，作為益卦的第五爻君位，「益」的性質特別強。无妄卦第四爻，爻變加上卦中卦，變過去的能量更強，可以幫助我們更加了解這個爻。

以前是農業社會，无妄卦第二爻講的是農業，我在大有卦的時候就說過，如果那一年五穀豐登，就是大有年。如果是无妄年，那一年就是災年，歉收或者蟲害、風災、水害什麼都有，換句話說，无妄卦在舊社會的時候，就是指農業收成不好，天災人禍不斷。從農業生產來講，「无妄」跟「大有」以前是兩個極端的指標。所以无妄卦千萬不要被它的「元亨利貞」騙了，事實上不如意事十常八九，最好降低預期值，能夠安然度過就不錯了，不然落差會很大。希望越大，失望越大。

〈序卦傳〉說无妄、大畜卦

〈序卦傳〉說：「復則不妄矣，故受之以无妄。有无妄，然後可畜，故受之以大畜。物畜然後可養，故受之以頤。頤者，養也。」「復則不妄矣」，我在講復卦的時候，也是舉了道家、佛家的例子來說明，像「金剛心」、「天地之心」、「清淨心」這種核心的創造力、內在生命的真實，一切真實不虛。如果真的都可以按照「復」去揮灑運用，就不會有「妄」的事情，起心動念不會有妄念，也不會打妄想、輕舉妄動。「故受之以无妄」，即進入了无妄卦，「有无妄，然後可畜」，人生不是就做這些螞蟻搬家的事情嗎？由小畜到大畜，直到離卦，還有「畜牝牛」，都是在生、養、畜這些東西。但是你到底畜了一些什麼東西呢？那些真的扎實可靠嗎？抑或都是一些虛妄不實的東西，根本沒用，就活在幻想中？所以一定要確定我們儲備、儲蓄的東西必須是真實的，不是虛幻的。不然，就把你的未來賭上去了，搞不好一場空。花那麼多心思從四面八方聚集一些資源，結果聚起來的資源是一場空，那不是很好笑嗎？豈不變成了夢想搜集家？由此一定要確定，它是「无妄」，是絕對真實，然後我們才要「畜」。

「大畜」志不在小，要做大事，各方面的資源準備要充足，所以確定要用的東西一定不可以是「妄」的，然後你才可以進行儲蓄、畜養的動作。一旦畜了，人、事、物都畜了，儲備人才、儲備錢財、儲備專業技能，各式各樣的人生都可以找到相應的經驗法則，一旦人和物有了有機的聯合，就可以進入頤卦的階段。人要養生，各方面的修養要好的話，一定不是光畜些原料，或者像身體的健康養生，心也要修養好，就像我們光是吃有營養的東西，還要消化吸收，才會對身體有用。原先只是畜，東西沒消化，就還沒到養的階段，沒有變成身上的養分，尤其狼吞虎嚥，像噬嗑卦就會造成消化不良，不見得有用。

「畜」是一個階段，把資源聚在一起，從各地方搜集。「養」是更細緻的階段，「物畜然後可養」，像我們隨便一個教室，聚集幾十個人，甚至上百人，天南地北聚在一起不容易，下面就是養，不管是三個小時或者更長的時間養，能不能夠真正把所學的東西消化吸收，那才是養的階段。

「故受之以頤」，那才是頤卦的境界，「頤者，養也」。

我們剛才講无妄卦中有農耕的象，那你怎麼確定秋收的時候作物都不夭折，都沒有遭遇水旱災害？面對不可預期的局面，那就跟畜養的工夫有關了。所以我們要畜，最好先考慮到我們所畜的東西是不是真的有未來，是不是絕對真實。像我們現在到銀行存錢，那個貨幣真有那個價值嗎？是虛幻的？甚或未來會大貶值、大升值？不然你存它幹什麼？「有无妄，然後可畜」，然後你還要「大畜」，將來總有一些能夠養成，或者種植各種作物，希望大有豐收，不要種植單一的作物。大畜的運用也是我們經營事業上庫存的概念，你搞一個好大的倉庫，要裝這貨裝那貨，將來還要入貨、出貨，不能積壓庫存、積壓成本。「大畜」就直接跟「无妄」有關係，你存的錢、存的東西到底有沒有用？這個很重要。金融風暴中很多人畜的就是「虛妄」的東西，結果所有的投資付諸流水，白畜了。

我們人生中常常犯這種錯，說的容易，做起來很難。人都會有一些癡心妄想，總希望眼下投資的產業將來會漲幾倍，於是先去買房子，就是借錢也要買房子，希望房子將來會升值好幾倍。現在大家拚命去買房子，一窩蜂地效應，但是這麼高的房價，穩當嗎？很多人都買黃金等期貨，認為將來會獲暴利或者絕對是真實，以後養老金全部都有了，可是真的是這樣嗎？不然。就像很多東西是一些死學問、過時的知識，根本沒有用，花那麼多時間去學，將來也是一個書呆子。我們的人生常常在這裡犯錯，積壓庫存或垃圾知識，結果全是一場空。

〈雜卦傳〉說大畜、无妄卦

〈雜卦傳〉曰：「大畜，時也。无妄，災也。」注意，這是典型的互文見義，因為大畜和无妄兩卦本就是一體相綜的卦，關係非常密切，《易經》包括〈易傳〉中常常有這樣的筆法。

我們先看「大畜，時也」。「大畜」的準備一定要合乎時代需要，不然就積壓成了沒用的資源，變成呆貨或呆人，所以一定要合乎時之所需，趕上時代潮流，不然就是白白蓄積，全是些沒有用的、過時的東西。可見，「大畜」一定要合乎「時」，像「隨時之義大矣哉」、「豫之時義大矣哉」，一直在強調「時」，何況「大畜」是很大的規模，要準備那麼多資源本來就不容易，如果不合時，一切的準備都是白費。就像我們平常學習，要儲備知識，就要儲存有用的知識，一是未來有用，可以增值；一是馬上有用，是活學問。所以一定要合乎「時」這個條件。

再看「无妄，災也」，「无妄」就要小心災，往往會有想像不到的災禍降臨到你身上，不「時」就有「災」，這兩個卦講的是一回事。「大畜」說「時也」，无妄也是強調「時」。「无妄，災也」，大畜怎麼也談「災」呢？「大畜」說「時」沒有問題，因為要「日新其德」。无妄中也有談「時」，像无妄卦的〈大象傳〉是最明顯的例子：「先王以茂對時，育萬物。」「時」對就可以「育萬物」，不然萬物都得夭折。無妄之災是不用講了，「大畜」也有災，像「初九」〈小象傳〉的「有厲利已，不犯災也」，前途多風險，最好停下來，別亂衝。大畜卦第一爻就提醒我們別犯災，要小心前途有風險。所以大畜也有災，不只是无妄卦有災。

換句話說，无妄、大畜二卦都強調「時」，都要防災，不要冒犯災。災從哪裡來？就是不合乎

「時」，「不時」就有「災」。所有儲備的東西不合乎時代的需要，積壓在那裡就一點都沒用，那不是給自己找災嗎？另外所有的自然災害，像「八月之凶」的概念，就是「不時」，六月下雪同樣是「不時之災」。本來自然的順序是春夏秋冬四時不忒，風調雨順才會國泰民安。如果風不調、雨不順，四時完全亂了套，氣候反常，生態平衡破壞了，就是「不時」，那些動植物，甚至包括我們人類，都會很難適應，不時之災一大堆，原先自然的秩序，按時出現的春夏秋冬都變了，這就很可怕，變了就無法預期，往往會變成無妄之災，一不小心就會面臨禍亂。

可見，「大畜，時也；无妄，災也」，就告訴我們災難的降臨是因為不合乎時。不合乎時的話，過去的經驗是沒有用的，怎麼預防這種不時之災，在過去這段時間不應該有的事情，現在會發生，那你怎麼辦？這就需要了解大畜和无妄這兩個卦了。這就是〈雜卦傳〉的互文見義，大畜講「時」，无妄也一定要講「時」，因為它們是一體的兩面。人如果「不時」，兩個卦都有災。如果不按照自然變化，那一定有災，這個觀點很重要。災是怎麼來？一切皆因時序亂了套。

无妄卦、大畜卦之後，就是「萃聚而升不來也」，萃、升二卦跟大畜、无妄是相錯的關係，六爻全變、性質完全對反的關係，大畜的錯卦是萃卦，无妄的錯卦是升卦。〈雜卦傳〉把這四個卦圈在一起，結果相錯綜，而且從大畜、无妄，可以瞬間六爻全變，變成「萃聚而升不來」，就是說瞬間的劇變很難防範，不時之災會牽動環境的劇變。在正常的卦序中，大畜、无妄二卦要經過二十個卦才會到萃卦、升卦，可是在〈雜卦傳〉中，它認為有可能同時發生，這是值得我們留意的。所以不時之災所起的連鎖反應，引起環境的劇變是很嚴重的，什麼都可能發生。這是〈雜卦傳〉的警示。

我一再強調過，〈雜卦傳〉的奧秘在後世來說，一直沒有全部揭秘，寫〈雜卦傳〉的人對我們的智慧一定很失望，只能了解其中一部分。這一套《易經》的密碼，可謂是最大的奧秘，很可能是改造世界的一個計畫，沒有智慧看懂就沒有辦法了。其實〈雜卦傳〉所寫的短短兩百來字，不是《易經》本身就能突破的，要從別的經典、歷練中去突破，其中就包括孔子寫的《春秋》，〈雜卦傳〉跟它絕對有密切的關係，因為裡面用的很多詞都是《春秋》的專有名詞，這就是經跟經之間的關係也是錯綜複雜、息息相關的。《春秋》裡面非常重視天災人禍，有些奇怪的現象發生了，於是會認為很可能跟人禍有關，所以就得調整；人心如果調整好，不胡作非為，自然災害就變少了。如果有了大的災難，從帝王開始就得齋戒沐浴，就得歸過於己，「萬方有罪，罪在朕躬」。這其實就是在講天人感應，不見得是迷信。照佛教的講法，現在世界上這麼多災難，源於人們沒有做到「无妄」，很多的災難就是有妄念、欲望所造成的。從无妄卦來講，這一點完全有道理，天翻地覆的大災難往往是人的妄念帶動的。那麼如何化解這些災難呢？就要從「无妄」做起，修清淨心，如果每個人都沒有妄，就像人有清淨心不會生病。如果心裡齷齪，天天想這個、想那個，求不得苦，結果什麼病都出來了。人身小宇宙、天地大宇宙都一樣，不要小看「无妄」，所有的災就是從妄想而來。

无妄卦卦辭

无妄。元亨利貞。其匪正有眚，不利有攸往。

无妄卦的卦辭，首先是「元亨利貞」，如果真的「无妄」，當然就合乎天道。天道是无妄的，人心就辨不到了，因為有私心、私欲。「其匪正有眚，不利有攸往」，後面十個字可謂斬釘截鐵。「其」是假設語氣，也就是說你的心念，本來是无妄的「元亨利貞」，做不到，一定會偏離。「匪」就是「非」，即無法誠意正心，心念稍微一點不正，就像復卦的開夜車，偏離了出發點，發心的時候第一念、第一感可能是正的，第二感、第二念就出問題了。復卦還好，第一爻沒問題，「不遠復」；第二爻因為離得近，拉得回來，叫「休復」；第三爻出問題了，就叫「頻復」，爻一變就變「明夷之心」，好可怕；到上爻還可能是「迷復」，天災人禍並至。无妄卦則是第二爻就偏離了，所以「出關」的考驗一定比復卦的「入關」更嚴酷。

无妄卦第一爻的初發心好像還沒問題，第二爻就出問題了，有妄念、妄想，脫離現實，很快就要闖禍了，扳不回來就是第三爻的無妄之災馬上到來，即「其匪正有眚」，你的起心動念或者行動稍微有一點點偏離正道，沒有警醒，立刻有「眚」，看不清楚，欲望就會蒙蔽理智，就會闖禍。我們在講復卦、訟卦中都講過「眚」的概念，「眚」甚至可能是災的根源，看著是天災，實質上可能是人禍所致。「其匪正」，馬上「有眚」，因為心念一不正，沒有辦法誠意正心，就自欺欺人，然後被蒙蔽了，以為自己走的是直路，結果越走越歪，差之毫釐，失之千里，當然「不利有攸往」，不能再往前走了，再往前只會越走越糟，越偏越厲害。

我們把前面的卦連在一起看，就會很感慨。像賁卦的「小利有攸往」，剝卦的「不利有攸往」，復卦調整了半天才「利有攸往」，再到无妄卦又「其匪正有眚」，前功盡棄，「不利有攸往」。

无妄卦〈大象傳〉

〈大象〉曰：天下雷行，物與无妄。先王以茂對時，育萬物。

「天下雷行」，沒有說「天雷」，也沒有說「天下有雷」，這樣的用詞充滿了動感，上卦乾為天，下卦震為雷，天下雷行，很有氣勢，生機飽滿，如同天雷行動般。這和復卦的「雷在地中」完全不同，「雷在地中」是恢復元氣，療傷止痛，閉關修行，現在是出關，那些自認為閉關修得不錯的，一出關，豪情萬丈、氣吞萬里，覺得什麼都可以搞定。如果光看這個卦象，覺得真是希望無窮，可是一進入具體的爻時，我們才發現不是這麼回事，挫折更多。其實不管是修道、修行或者是人生做事，都是一樣可以倒退的，因為基本功不扎實，閉關修行還不夠，所以出關之後，如此多的考驗讓你發現學養依然不足，需要再回頭閉關，這種現象就是无妄卦要再變回復卦，即上卦三個爻全部動，三爻齊變為「復」，意思就是說，工夫還不夠，隔一段時間發現自己又不行，又得再閉關修行。好，這是「天下雷行」，說明閉關時下了很深的工夫，剛出關的時候，有信心了，所以就破關而出。

「物與无妄」，修行不錯的，出來的時候給他賦予責任，給予他厚望，看看他能不能貫徹。因為〈大象傳〉是偏重修德的，不涉及爻的實際操作條件，所以總是鼓勵我們修德，取法乎上。「物與无妄」的修辭也是非常特殊，有點像張載所說的「民胞物與」，「物與」即萬物都是一體的，不分彼此。佛教也講，佛與眾生是一體的，無緣大慈，同體大悲。像孟、莊都有「萬物與我並生，天地與我一體」這樣的話。「物與无妄」說的是我們應該是相處得好才對，為什麼要爭殺、嫉妒呢？

天下萬物不是應該水乳交融一體的嗎？尤其從无妄這種全真的「元亨利貞」的天道角度切入來看，「天下雷行」，芸芸眾生，有生命的、沒有生命的，有情的、無情的，都是一體的，密切聯繫的，不要有分別心，讓萬事萬物都參與。你能力高一點、智慧高一點，就應該照顧能力低的、智慧比較低的。這就是「民胞物與」，人民不是你的親兄弟，但是你可以把他當成同胞來看；甚至連動物、植物都愛護。這就是无妄卦對我們的期許，正如《中庸》所說的：「唯天下至誠，為能盡其性；能盡其性，則能盡人之性；能盡人之性，則能盡物之性；能盡物之性，則可以贊天地之化育；可以贊天地之化育，則可以與天地參矣。」最後「與天地參」，然後「天地位焉，萬物育焉」，這個氣勢就很大了，張載的〈西銘〉說：「民，吾同胞；物，吾與也。」也是如此。「民，吾同胞」，所有的人民都是我的同胞；「物，吾與也」，所有的萬事萬物，跟我是共生的，根本就是一體的，沒有分別。這就是「天下雷行」眾生的象。

「先王以茂對時，育萬物」，這是上經最後一個講「先王」的卦。无妄卦前面的復卦也講「先王以至日閉關」，然後「后不省方」，前面的噬嗑卦也是「先王以明罰勑法」，再前面的豫卦、觀卦、比卦，都講「先王」。我們知道，歷史上先王立下的規矩，後王照辦；中央立法，地方照辦，所以是一個無上的律令、自然法則。「育萬物」，包括農耕、畜牧業，還有教育英才，也是「育萬物」。「育萬物」是一個很大的責任，可是要育得好，就要「茂對時」，「時」一定得對，「不時」就有災，學而時習之，才是有用的人才。你準備的是合乎時之所需，可以流通不息，才不會變成積壓的災、用不上的災。所以「育萬物」一定要對時，像春耕、夏耘、秋收、冬藏，每一季一定要合乎時令，作物才會長得好。人和動物也是一樣，不可以違反「時」，所以「對時」要對得很準，差一點都不行。我們知道那些講究養生、練功的，還講究子時、午時，到了什麼「時」適合做什麼樣的事情，是非常講究的。

「對時」要講究到什麼程度呢？講究到「茂」的地步。「茂」字在《說文解字》上意思是「草豐盛」，草木長得很茂盛。也就是說作物獲得豐收，或者是人才茂盛、事業興旺。之所以會有這種興盛的象，主要是跟盡心盡力、很勤奮，以及「對時」有關，所以「茂」也有很勤勉、加把勁的意思，加把勁做對的事情，才會有「茂」的結果。在《尚書》中就有君王跟大臣討論完政策之後，交代那些大臣好好去幹，最後說「政事懋哉懋哉」，「懋」與「茂」通用，意思就是我們事情都談完了，觀念也沒問題，就勉勵你好好幹了。无妄卦既然要承擔這麼大的責任，還要化育萬物，所以必須好好幹，就像「君子終日乾乾」那樣，「茂哉茂哉」。用「茂」的態度去「對時」，然後才能夠「育萬物」。

无妄卦〈彖傳〉

〈彖〉曰：无妄，剛自外來而為主於內。動而健，剛中而應，大亨以正，天之命也。其匪正有眚，不利有攸往，无妄之往，何之矣？天命不佑，行矣哉？

「无妄，剛自外來而為主於內」，這句話其實就是在分析卦的結構。我們看，〈大象傳〉這麼滿的氣勢，要負那麼大的責任，什麼都要照顧。〈彖傳〉就要分析卦的結構，然後落實到爻的操作。无妄卦上卦乾為父，下卦震為長子，老爸帶著兒子幹，是準備要培育接班的象。在復卦入關的時候，上卦坤為母，下卦震為長子，是媽媽照顧兒子。現在出關了，長子總得出來見世面，就得老爸帶著。乾卦是陽剛的，震卦也是陽剛的，那麼震卦的活力從哪裡來？從乾卦而來，所以說「剛自外來」，指的是外卦乾，「而為主於內」，指的是內卦震，因為「帝出乎震，萬物出乎震」，震為主，內心中的主宰。

自外來的剛，變成內卦的主宰，這是講哪一個爻？就是下卦震唯一的陽爻，亦即无妄卦的第一爻。而內卦震的主宰能量，就是從外卦乾而來，從天而來。人的生命，所有芸芸眾生的震的元陽，即「初九」，從哪兒來？就是從天而生，從上卦乾而來。所以不管是父子關係，還是天生萬物的關係，我們都知道，內卦震的生命力核心，是指外面的天賦予了生命的主宰「為主於內」。我們任何一個生命的主宰都是天賦的、天生的。這樣一來，「剛自外來為主於內」，就形成一個无妄的真實不虛的格局。正如《中庸》所說的「天命之謂性」，「性」是我們為主於內的東西，即人性、萬物之性、眾生之性，那是天命，是上卦乾而來。「率性之謂道」，順著那個性去做，就是「道」，「修道之謂教」，「道也者，不可須臾離也，可離非道也」，這和「剛自外來而為主於內」如出一轍。「剛自外來而為主於內」，告訴我們上下、天人、外內之間的關係後，還帶出了天命的觀念，天命在哪裡？你從哪裡去找？

可見，所有眾生內在做主的力量都是從天生的、天賦的，從天道而來，產生了下卦震。這一產生之後，芸芸眾生就不像復卦在洞窟中那麼安靜了，因為大家都想出來伸展拳腳。浩劫過後外面的環境安全了，不必藏在洞穴裡，大家都在天底下動起來了。但是，很多人不知道走下去還有災禍。「動而健」，是指「內動而外健、下動而上健」，馬上就充滿了活力。這一豐富的生態，是由外卦的天行健、內卦的積極活動而產生的。「剛中而應」，「剛中」是指君位的「九五」，陽剛居上卦乾天之中，「而應」指跟下卦震的「六二」相應與，成為絕配的格局，「九五」剛中跟「六二」相應，內外相應、上下相應、父子相應、朝野相應，這不是很好的格局嗎？「大亨以正，天之命也」，「大」是解釋「元」，「正」是解釋「貞」，「大亨以正」就是解釋「元亨利貞」，而且是「天之命」。

這一段我們對照一下臨卦，臨卦的〈彖傳〉解釋「元亨利貞」，也是「剛中而應」，不過无妄卦是「九五」應「六二」，臨卦則是「九二」應「六五」，无妄卦講「動而健」，臨卦則講「說而順」，然後都講「大亨以正」。但无妄卦是「天之命也」，而臨卦則是「天之道也」，有什麼不同？有些人會以為，天命就是天道，天道就是天命，其實不一樣。臨卦跟无妄卦兩個都是「元亨利貞」的卦，都不穩定，臨卦的不穩定是「八月有凶」，无妄卦則是天災人禍──「其匪正有眚」。可是一個是「地澤臨」，母親跟少女的呼應關係；一個是「天雷无妄」，是父親跟長子的呼應關係；都有「元亨利貞」，也都有「剛中而應」，一個「說而順」，一個「動而健」，看著都不錯，可是臨卦偏偏要用天之道來講，无妄卦居然要講天之命，為什麼有這樣的差別呢？

天命的「命」有流形的意思，運轉流形，「道」則是抽象的主體大法則，所以還是有不同。講天命的代表性的卦，就是六十四卦中你一定要了解的无妄卦。如果要講天道，可能臨卦就要注意。天道跟天命有什麼不同？在乾卦。因為都跟乾卦的「元亨利貞」有關，所以答案一定在乾卦。既然是〈彖傳〉裡面說了天道跟天命的區別，那麼在乾卦的〈彖傳〉中，應該也有蛛絲馬跡。「乾道變化，各正性命」，是不是有天道跟天命的差別？哪一個層次最高？天道。表現在外面種種運行，才叫命。乾道變化，能夠去各正性命，即天道的變化可以去正天命，這是依經解經，依傳解傳，絕對是有理論根據的，並非亂講，當然其他經典就不用提了。所以真正要搞清楚沒那麼容易。什麼是天道？什麼是天命？什麼是天則？在《易經》的經傳中都有層次的差別，像天道的變化就決定天命。

我們再繼續講〈彖傳〉接下來的文字。「其匪正有眚，不利有攸往」，大概意思我們應該懂了。但是後面好奇怪，拋出兩個問題，第一個問題「无妄之往，何之矣？」第二個問題是「天命不佑，行矣哉？」第一個問題就是扣著无妄卦的初爻「无妄之往」來講的，所以「初九」叫「无妄，往吉」，就是起心動念，剛開始、初發心的那個爻，就要問你，要去哪裡，不能說去哪裡都不知道。「天命不佑，行矣哉」就是无妄卦的上爻，走到最後，天災人禍都來了，天命都不佑了。不說「往矣哉」，而說「行矣哉」，是因為无妄卦的上爻爻辭叫「无妄，行有眚」；「往」跟「行」不一樣，初爻是「无妄之往」，上爻是「无妄之行」，這兩個問題是緊扣著无妄的開始跟結束，然後中間「差之毫釐，失之千里」，這兩個問題我們一定要自己問自己，或者任何行動的時候要問，剛開始這樣，未來可能是什麼樣？我們在具體的爻辭中還會進一步闡述。

无妄卦六爻詳述

初爻：純淨初發心

初九。无妄，往吉。

〈小象〉曰：无妄之往，得志也。

〈象傳〉的「无妄之往，何之矣」，指的就是初爻。一開始還不錯，只是到最後一塌糊塗，發生什麼事情了？通常我們初發心的時候都是正念，第一念還是真誠心，良知良能，沒想太多。第二念就有私心，開始計較了。像蒙卦的「初筮告，再三瀆，瀆則不告」，蒙卦就是因為情欲蒙蔽了你的理智。无妄卦的初發心還可能是真心，沒有外在很多的誘惑或者蒙蔽，還是清淨心、天地之心。因此「无妄，往吉」。

〈小象傳〉說：「无妄之往，得志也。」「士心」為「志」，這是知識分子、公務人員應該有的心。孟子講「士尚志」，一個知識分子，一個最起碼的公職人員應該要有「志」，心中要有主宰，心之所主才叫「志」，正是无妄卦內卦震的概念，也就是初爻。不能說你做公務員就志在貪污，這種傳染性太高了，大英帝國的淪落，開始走下坡路，不就是所謂的幾個部長大官們貪污嗎？以前的人解釋「志」字說是「心之所之」，這就糟糕了，我們的心一天到晚往哪裡跑，那可以叫「志」嗎？大部分的時候，我們的心都不大正，如果是欲望、貪戀，豈不麻煩？朱熹就是這麼解釋的，他不見得不知道，但是這個解釋有很嚴重的語病，你怎麼知道心往哪裡跑是好的？直到王夫之的時候才改過來，即「心之所主」為「志」，這就對了，心中有主宰，即為主於內。如果心念到處亂跑叫「志」，那欲望也變成是志向了。

「得志也」，從初爻看，因為百分之百的純淨，沒有任何妄念的狀況，所以「往吉」。也就是說，根據心中的主宰往前發展，一定是吉的。因為初發心很善，所以「无妄之往，得志也」，剛出發的時候有沒有真心，有沒有立志，都是很重要的。〈象傳〉就針對初爻做了發揮——「无妄之往，何之矣」，「千里之行，始於足下」，不管你走多長的路，你要確定走的是對的，至少起初的念頭、想法是正確的，不然就是「差之毫釐，失之千里」。心之所主，「之」是動向的，不管你走多迂迴的路，總要設定一個終極的目標。尤其是无妄卦之後是大畜卦、頤卦，下面要有一個人生奮鬥的目標，有一個擬定的標準，你要去哪裡以及定位是否正確，都是「无妄之往」，才會「往吉」。不要像有些人根本就沒有定目標，只是隨波逐流，湊湊熱鬧。〈彖傳〉的「无妄之往，何之矣？」這麼一問，我們就真的好像要檢討檢討了，如果發現我們是真心的，沒有妄念，那就「往吉」；如果我們不那麼有把握，還得研究研究，直到真心做事、真心行動才可以。

所以這句話要是懂了，可以檢驗很多事情。譬如談戀愛的時候，先問第一個問題：「无妄之往，何之矣？」你說你愛我，真的嗎？有可能不確定，因為這個爻爻一變是否卦（䷋）。所以真心也可能就是一剎那，在特殊時候出現，等到第二念就不是了。《孟子》裡面也警醒過世人，即「四端之心」——惻隱之心、羞惡之心、辭讓之心、是非之心，剛開始都不錯，到後來就不對了。但是我們人生中第一感常常比較合乎道，後來的就會產生計較心，馬上就不通氣了，就「否之匪人」，那純潔的一念就沒了，常常是稍縱即逝，很難把持。

上爻：行屍走肉

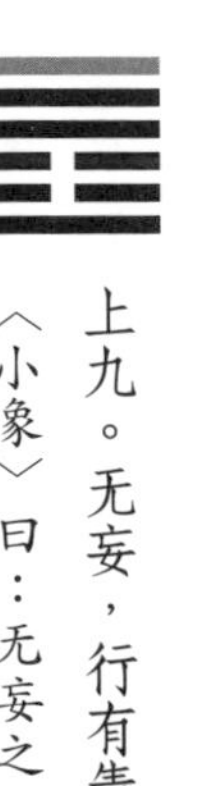

上九。无妄，行有眚，无攸利。

〈小象〉曰：无妄之行，窮之災也。

跳過中間的四個爻，先看最後一爻。在初爻啟程的時候，你知道最後可能的結果嗎？能否把持到最後一爻不偏離走錯、不走火入魔？最後一爻的結果是：「无妄，行有眚，无攸利。」「无攸利」，即完全沒有正面的效益，白幹了，還以為自己是无妄，還在執迷不悟，就像復卦的「迷復，凶」一樣。

「行有眚」三個字中，「行」字值得注意，「行」不是「往」，「往」是行之有主，「行」則不一定有主，可能隨波逐流，可能是隨便散步，沒有固定的目的，是中性的，會變成根本是漫無目的，不知道一定要去哪裡。這就是說，走到上爻，行屍走肉都有可能，失去了靈魂，失去了主宰，沒有目標意識，變成了混日子。這種「行」，完全已經被妄念所覆蓋、所征服，偏離真心太遠了，一定會看錯事情、會闖禍，動輒得咎，這就叫「行有眚」，已經失去了真心，心中都是妄念，沒有了主宰，當然就「有眚」，「无攸利」。

在字形上看，「行」字就是左腳右腳。人一般都是左腳先邁步，就留下一個腳印，那就是「彳」，右腳的腳印就是「亍」，左腳、右腳留下的足跡就叫「行」，〈繫辭傳〉云：「觀鳥獸之文與地之宜。」鳥獸的「行」有沒有目標，不一定，所以「行」跟「往」一比就差很多，「往」是真的有主宰、有主張，也有主要核心的實力，知道自己在幹什麼，「行」則不一定知道自己在幹什麼。其實人生真正知道自己要幹什麼的並不是那麼多，或者剛開始知道自己要幹什麼，後來卻迷失了，不知道自己在幹什麼了。所以「往」就吉，「行」就「有眚」，就「无攸利」。

〈小象傳〉說：「无妄之行，窮之災也。」這句話比爻辭說得更嚴重，也很啟發人。人可能看錯了、想錯了，就會有人禍；人禍累積到最後會變成天災，很多天災是源於人禍。為什麼現在那麼多自然災害？是人禍累積造的業，把資源耗盡到窮途末路，就爆發了天災。因此，〈序卦傳〉說

「有无妄，然後可畜」，你存錢，要確定是「无妄」才行，如果是「妄」，你不是糟了嗎？現代社會最大的變局就是，所有的紙幣將來沒用了。如果穩不住這個局，所有鈔票都沒用了。一種是回歸黃金本位，那你現在存那麼多鈔票幹什麼？存黃金嗎？黃金沒那麼多，應付不了這麼大的經濟需求。還有一種就是創造一種類似貨幣的功能，叫「碳經濟」，節能減碳，減少排放量可以當支付工具。這兩種可以結合取代貨幣，真有意思。假定真是那樣的話，我們存的這些鈔票，將來變成一堆廢紙，跟通貨膨脹一樣，畜的都是「虛妄」，那不糟糕了？「大畜，時也；无妄，災也」，有些事物會隨時變化的，像價值，所以到「无妄之行」的時候，根本就沒救了。

无妄卦上爻，就這麼失魂落魄地走著，不知道要幹什麼，喪失了自己的主張，以及主要的核心競爭力，彷如行屍走肉，「行有眚」，兩眼目光渙散，「无攸利」，「窮之災」，人禍會釀造天災。這就是上爻，由初爻不知道偏到哪裡去了，摔到了懸崖下面，然後人禍累積創造天災，所以人生到了這個地步時很可悲。到這個時候，〈彖傳〉就要問你第二個問題了：「天命不佑，行矣哉？」一路已經走絕了，一失足千古恨，再回頭百年身，天命都不佑了，你還走什麼呢？沒有任何機會了。這並不是迷信，如果你自己沒走錯，「自天佑之，吉无不利」，天命永遠跟著你，因為人就是實現天命的工具，天命之謂性，「剛自外來為主於內」。我們立身行事以天道為主，我們都從天命來，於是我們立身行事的主宰就依著天道、天理，可是到「行有眚」的時候，失去了主宰，完全不依天理行事，逆天而行，那天命肯定不保佑你，自佑之，才會天佑之，你是一個迷失的靈魂，天命早就離開你了，它不保佑你，你能走嗎？下面一定越來越慘，「行矣哉」就是很嚴重的警告。

所以一開始就要把〈彖傳〉兩個問題的因果想清楚，不要到後來悔不當初。「无妄之往，何之矣？」你要出發了，要去哪裡，有沒有想過？要徹底搞清楚了，然後這是你的想法，未來不一定會這樣的，中間可能會出現很多无妄之災、无妄之疾，你有沒有考慮這些風險，並做有效的控管？萬一不幸以為只要發心，最後一定可以達到圓滿的終點，如果到那時候不是呢？甚至像上爻的「天命不佑，行矣哉」這麼糟呢？

這就是從「往」到「行」，從初發心的「无妄之往」，到失去主宰的「无妄之行」。「无妄之往」幾乎是無所不利，因為跟天命站在一起，如果一直不變，天命一定保佑你，可是走到最後常常是「天命不佑，行矣哉」。這兩個問題一問，就把人生所有的從知到行，從天理到人心，從起點到終點，做了一個徹底的檢討。人生中太多的範例都是剛開始不錯，後來沒有終，所以你就要戰戰兢兢。剛開始都是「无妄之往」，志得意滿，覺得沒問題，就像閉關修行，在復卦時學了很多，出來都想大展拳腳，改善、拯救世界，到最後全被世界改造，變成「行有眚，無攸利」，結果是「无妄之行，窮之災也」。

「自天佑之，吉无不利」本是大有卦上爻的終極境界，幾乎也是《易經》全部的精神。我們講豐年叫大有年，災荒年叫无妄年，在无妄卦的〈彖傳〉發展到最後，真的是災荒，「天命不佑」，於是只好又提起大有卦豐年理想的思考了：「自天佑之，吉无不利。」這一點值得我們深思。

另外，〈彖傳〉針對初爻和上爻提的兩個問題幾乎等同於《金剛經》中兩個有名的問題，第一個叫「應云何住」？第二個問題就叫「云何降伏其心」？「降伏其心」其實就是降伏妄念、妄心。上爻就是妄心做主，妄心完全掩蓋了真心，初爻還有真心，還有可為。也就是說「應云何住」？我們要怎麼樣住在真心上呢？要住在真心上把持得定，一定要降服妄心，遏惡才能揚善。整部《金剛經》就是從這兩個問題出發的，答案就是「無所住而生其心」。

淨土宗的法門也是如此，也是无妄卦的初爻、上爻。淨土宗就是因為人初發心的時候還不錯，到上爻就墮落入魔，變成了妄心，所以就得好好修，持清淨心，一有妄念馬上就轉移。但即便是修這個法門，修成的也不容易，即使有无妄卦初爻的真心，很多人修到最後還是會跑到上爻，即上爻爻變為隨卦（䷐），隨波逐流就失去了主宰，抗拒不了，定不下來。除非你能夠高度專注，就是初爻、上爻兩爻動，上爻為宜變，就有萃卦（䷬）的象，精神萃聚；否則不夠高度專注，你的心一定跑掉，很難把持。

剛自外來而為主於內

我們再強調一下〈彖傳〉的「剛自外來而為主於內」，我在解釋的時候有提過「天命」，其實還是歸「天道」，這個認識很重要。我們常常說無可奈何，這是天命，沒有辦法，真的是這樣嗎？不盡然，如果你按照天道修，有可能改掉你不善的天命。雖然天道的層次高，但天道（乾道）是可以變化的，即「各正性命」，可以扭轉過來，趨吉避凶。

這就是說，後天的修持到位，確實可以改造命運，由乾卦的〈彖傳〉就可以得知。《中庸》說：「天命之謂性，率性之謂道，修道之謂教。」簡單地講，修道成功就有可能改變命運。命的層次、限制很大，但不是不可改的，革卦就是靠人的創造力革了天命，所以革卦中就有「大人虎變」、「改命吉」，改命就是因為修道。像臨卦所顯現的天道，比无妄卦顯現的天命，其層次要更內在、更高等，所以你用一個高層次的東西修道，當然可以主宰你的命運，比較低層次的天命都可以改。如果修不到，就沒辦法了，只能被命運擺佈，變成「无妄，行有眚」。

所以《易經》不是定命論，也不是宿命論，如果什麼都是定命、宿命，人只能動彈不得，沒有任何修行改造的空間，那我們還辛辛苦苦幹什麼，趨吉避凶還有什麼意義？所有的法門也不用講了，反正是定命，改不了。像河洛理數，先天、後天的命，如果沒修夠、沒突破，真的是在劫難逃。你碰到同樣的事情，老是犯同樣的錯，你就過不去，如果你可以過去，就有可能變化。老子在《道德經》中就說：「歸根曰靜，靜曰復命。復命曰常，知常曰明。不知常，妄作凶。」「復命曰常」，這是人生要追求的常道，「不知常」，「妄作」，就凶。

再回到「剛自外來而為主於內」。无妄卦內卦是震，外卦是乾，天底下的芸芸眾生從哪裡來的？下卦的震從哪裡來的？依无妄卦〈彖傳〉的智慧好像也有答案了，從外太空來的。我們都知道，无妄卦中有姤卦的象，再結合姤卦的〈彖傳〉一起思考，也就是隕石撞擊帶來生命的根源，這個現在差不多是有科學的根據了。當然，屯卦已經告訴我們地球上的生命起源於海洋，那海洋中為什麼會莫名其妙地跑出生命來呢？一定要有一些生命的質素，但這個東西從哪裡來？地球上本來可能沒有，而是隕石撞擊帶來生命這種機緣。姤卦〈彖傳〉就說道：「天地相遇，品物咸章也。剛遇中正，天下大行也。」天地相遇帶來撞擊，毀滅式的隕石撞擊地球，結果反而給地球帶來生命，再經過海水的孕育，「剛自外來」，下卦芸芸眾生的生命之根是從外面的天來的。「為主於內」，有機緣之後，由簡而繁，生命自己會找出路，慢慢繁衍開來。「地雷復」就只是一個生命種子、好的培育環境，到「天雷无妄」這麼複雜的生態，「剛自外來而為主於內」，從科學上講，就告訴我們「天下雷行，物與无妄」，萬物皆從外面來。從外面來的變成內在世界的主宰、地球的主宰，這沒有什麼好奇怪，所以人如果想通了這一點，就更加沒有分別心了，不一定要區分內外，我們現在的根源可能就是從外面來的。

我們舉一個例子，譬如文化。像中華文化，它本身包含了很多外來的文化，佛教就是外來的。可是現在佛教在中華文化的儒、釋、道裡面是很大的一部分，已經中國化了。這就說明，外來的一旦消化吸收，就可以為主於內，可以主宰很多中國人的思考，有什麼不好呢？為什麼要排外呢？剛開始可能有一點格格不入，到後來不是融在一起了嗎？「剛自外來而為主於內」的可能是有的。今天碰到西方文化的挑戰，也不見得一定要排外，就要看母體文化有沒有消化吸收力，一旦把它消化吸收，就像當年消化吸收佛教文化一樣，也可變成自己文化的一部分。我們的文化會更擴大、更包容，那有什麼不可以呢？相容並蓄，吸收得很好，變成自己活的東西，那不是很好嗎？我們活在這個世界上，呼吸外面的空氣，吃外面的東西，養活我們，不也是「剛自外來而為主於內」？所以哪有什麼內外的分別。像唐朝的文化很燦爛、很強，其中也有很多都是胡人的文化，像胡琴，現在也是國樂中主要的一部分。

這就是「剛自外來而為主於內」，了解了，我們才會明白後面的大畜卦在講什麼，從外面引進，最後消化吸收變成自己的，所以可以永遠成長、永遠吸納新的東西，不必有那種非常狹隘的閉關鎖國思想，盡可能吸收外來文化的優點，不要怕「混血兒」。像歐巴馬當上美國總統，是典型的「黑自外來而為主於白」，換作是幾十年前，那些驕傲的美國白種人，他們能夠容忍這種事情嗎？心量狹窄，怎麼「大畜」呢？只有對自己真正有信心的人，才不怕接觸外面的東西，而且能廣量吸收，自然壯大自己。

二爻：切勿投機取巧

六二。不耕穫，不菑畬，則利有攸往。

〈小象〉曰：不耕穫，未富也。

我們再回到爻上面來，先看「六二」：「不耕穫，不菑畬，則利有攸往。」關於這一爻的爻辭，也常常被誤解。這個爻的修辭要注意，前面那六個字是假設，也就是說，如果你做到「不耕穫，不菑畬」，「則利有攸往」。還有如果你懂了「不耕穫」，就懂什麼叫「不菑畬」了，〈小象傳〉解釋說：「不耕穫，未富也。」精神上、物質上都還沒有到一個富的狀態，還沒脫貧。在《易經》三百八十四爻裡面，只有這個爻是百分之百講農業生產的象，其他大部分講打獵，所以我們說《易經》大部分都是漁獵時代，用漁獵來象徵人生對很多目標的追求，很有動感，很有野性。農耕生活是跟土地親近，比較重視安土重遷，但是以農耕為象的最具體的爻辭就只有這一個，就是无妄卦第二爻的「耕」，「不耕穫」指的是你今年別指望有好收成，因為天災人禍特別多。

「六二」中正，具有很大的開發潛力，距離下卦震「初九」強大的生命競爭力也不遠，可是，在无妄卦中，這樣的優勢卻不一樣，因為外卦變了，由柔變剛，於是出現了急功近利的心思。急功近利就是「妄」，就是脫離實際，想更快成功，而求快就會自欺欺人，下的工夫不可能扎實，當然不會「利有攸往」。既然卦辭說「不利有攸往」，六二還說「則利有攸往」，就代表沒有犯錯，或者調整，或者警惕性起作用了；不然也是「不利有攸往」。

初爻「利有攸往」，到二爻的時候，羨慕人家的成功，心裡就會急，自己想急於成功，於是不想花那麼多的時間，企圖「不耕穫，不菑畬」。「耕穫」、「菑畬」是高度精簡的中文修辭。「耕穫」是什麼意思呢？才耕種就想收穫，這不是「妄」是什麼？才剛剛下田種東西，就想它趕快長出來，早點收成。我們常常說「只問耕耘，不問收穫」，沒有得失心，才會很自在，這才是真的无妄。有些人就是急得不得了，才剛起步就想收穫，我們千萬不要有這種貪求、僥倖的心。「不菑畬」也是如此。不要「菑」的情況就想要「畬」；不要「耕」的時候就想要「穫」；如果你都做到了，沒有妄念，「則利有攸往」。

什麼叫「菑畬」呢？「畬」是良田，即地力充分開發的田，什麼都可以長得很好。如果你有良心，心田是良的，心有良田，就叫「心畬」，不僅相貌也好，命運也好。如果你心是齷齪的，氣色相貌都會有問題，做事情也不會成功。俗話說「心有良田百世耕」，把心當田來耕耘，可以享受三千年的香火。好的心才能這樣子耕，壞的心不一下就到地獄去了嗎？「菑」就不是，「菑」也是田，只不過是「生田」。以過去的農業經驗，時間不夠，工夫不夠，只下了一年開墾的工夫，地力還不穩定，可能會讓我們失望。不像「畬」是良田，至少開發三年以上，地力很穩定，是比較熟的田。

「不菑畬」就跟「不耕穫」的文法一樣，「不耕穫」是說不要剛剛開始耕作就想收穫了，這就是「妄」。「不菑畬」就是說，千萬不要以為才耕耘一年的田，就期待它有三年的收穫。需要花三年才能學到手的東西，學一年當然是生疏，因此你就不要期待在一年中，可以學到三年的程度。有妄念，只會導致「消化不良」。只有去除妄念，不急功近利，而且埋頭苦幹、腳踏實地，「則利有攸往」。

為什麼不要才耕種就想收穫呢？因為人的心理就是嫌貧愛富，老是羨慕人家都富貴利達，自己還沒有。如果要照別人那樣奮鬥，還不知道要奮鬥多少年，於是妄想最好中個頭彩，就不用那麼辛苦工作了。人就是如此。

〈小象傳〉說「未富也」，尤其二爻是陰爻，陰爻就是不富，而「六二」恰恰是未富，所以它看誰富呢？五爻很富。「六二」跟「九五」正是剛中而應，「九五」就是剛中，「六二」跟他應，「九五」是无妄卦的君位。如果「六二」要奮鬥到「九五」的位置，至少也要耕三年的田。如果不想那麼久，想一步登天，那就犯了「耕穫」或者「菑畬」的毛病，就「妄」了，不好好腳踏實地的幹，想辦法鑽空子，投機取巧，天底下有那麼便宜的事嗎？當然就「不利有攸往」。所以不要有這個貪念，只有老老實實的幹，即使目前「未富」，也不要犯「耕」就「穫」的毛病。

另外，透過這個爻的爻變，你就知道這一爻要勸你幹什麼了。「六二」爻變為腳踏實地的履卦（䷉），履就是主於「復」，是要靠自己的創造力為主的實幹。「无妄」中出現「履」的象，就告訴我們不要空想，不要投機取巧，不要光羨慕人家，自己要腳踏實地一步一步地做下去，總有成功的一天。何況「六二」與「九五」相應與，本來就有機會，不要現在羨慕「九五」的富，「九五」現階段說不定很苦，還有「无妄之疾」，只是外面看不出來。好，這就是无妄卦的「六二」，已經有一點奇怪的想法，要拉回來，才「利有攸往」，拉不回來就「不利有攸往」了。

「六二」的急功近利之心，尤其在現代，更是如此，腳踏實地的人少，投機取巧想佔便宜的人多，不想花實際的苦工夫，卻想有諸般好成就。「六二」爻變為履卦，有「妄」的人就不可能好好幹，履卦是處亂世第一個要修的工夫，是憂患九卦第一卦，環境越亂，越能夠「履」的人才是真正的人才。「六二」就做不到，因為環境太嘈雜、誘惑太多，所以就不肯老老實實地幹。只有像履卦那樣，腳踏實地，在艱難的環境中才能夠靜下心來好好幹，才會走向成功。可見，「不耕穫，不菑畬」，不肯下死工夫，越急越沒用，因為任何人都可以取代你，師父領過門，修行在個人，只有自佑之，才會天佑之。

這樣看來，无妄卦第二爻就開始抓住人常常有的這種心理，提出了勸告。很多人在剛剛開始時還有初發心，還立有大志，一旦遭遇一點困挫，馬上就產生撿現成便宜的急躁心理，這不是很可怕嗎？就像你今天才報名要學《易經》，就想成為大師，這就是「不菑畬」，是妄心，前途當然「不利有攸往」，沒有大成就。很多人都是這樣，耕就想穫，菑就想畬，就像談戀愛，如果要談三年，談一年就想搞定，或者第一天就想搞定，哪有這樣的好事，那不就是妄嗎？

「六三」與「上九」的應與關係

還有三個爻，「六三」、「九四」是一對，「九五」跟「上九」是一對，无妄卦的「九五」，如果那個病醫不了，就有可能變成「上九」。「六三」的爻辭最長，它在講什麼故事呢？它說：「无妄之災。或繫之牛，行人之得，邑人之災。」完全像一首四言詩，「无妄之災」變成中文的成語了，老百姓有時候也講無妄之災來卸責、寬心。什麼叫「无妄之災」？注意，「六三」跟「上九」有因果關係，都有災。「上九」是已經無可挽回的糟透了的結果——「窮之災也」，從「初九」開始，結果偏差如此之大，那麼從哪一個點偏差的，我們就要研究。如果把「上九」跟「六三」比，這兩個爻相應與，「六三」在內卦、下卦，「上九」在外卦、上卦，「上九」糟透了的結果，是不是有可能在「六三」的時候已經種了因呢？凡事都有因果，「六三」如果出狀況，而且狀況頻出，老改不過來，可能使「上九」最後變成事實。在復卦中不也一樣嗎？第三爻「頻復，厲」，老出狀況，第六爻「迷復凶，有災眚」，執迷不悟，等於是宣判死刑了。可見出錯的頻率不能太高，老犯同樣的錯，總有一天夜路走多了，會碰到鬼，回不了家的。

所以「六三」跟「上九」有這個因果關係，即內外的關係，這是什麼意思呢？例如外卦顯現很糟的行為，「窮之災」或者「迷復凶」，是不是內心不乾淨、內心動搖，有「頻復」或者有「无妄之災」這種內心管理失控的例子？剛開始無所謂，畢竟在內，最後由內心的意念決定外在的行為，外在行為因內心意念始終不穩定，就有可能出事。

再看上下的關係。「上九」已經到「亢龍有悔」的階段，犯了這樣的錯，惹了滔天大禍，已經沒有回來的機會。在「六三」的時候還有回來的機會，可是那時沒有好好地回來，在下卦的時候，在中間管理階層的時候，就貪小錢，到最後最高位置貪大錢就會覺得沒什麼好奇怪的。就像噬嗑卦的初爻犯輕罪的時候不改，「屨校滅趾」，到上爻「何校滅耳」，不是一樣嗎？所以以復卦跟无妄卦來講，它的三爻是亮紅燈，不是代表已經宣判死刑，還來得及改過。乾卦第三爻「終日乾乾，夕惕若，厲，无咎」就是改過的意思，要是不改過就「亢龍有悔」了，人到居高位的時候就很難改，在下面的時候還有彈性，因為有犯錯的空間，內心的意淫不代表外面一定做壞事，可是心中的髒念頭久了，到時候自然而然就變成外面的行為。這就是三爻跟六爻的因果關係，由內而外，「誠於中而形於外」，這是很可怕的事情。我們都知道，在西漢有一個鑿壁引光的故事。匡衡因家貧，於是發憤讀書，但苦於讀書時沒有蠟燭照明，他就在牆壁上鑿了一個洞，把隔壁鄰居家的光引過來。

如此刻苦讀書，後來匡衡真的官至宰相，但是做了宰相之後，卻因貪污，被撤職查辦。如此說來，「鑿壁引光」真的好嗎？如果你是匡衡的鄰居，不會很生氣嗎？我的牆壁被你打破，你用來偷光，等到將來出息大了，不就會偷更大、更多嗎？這樣看來很多勵志的故事就不值得作為榜樣了，必須深入追蹤結果，要看故事的主人公最後是否如初。

三爻：无妄之災

六三。无妄之災。或繫之牛，行人之得，邑人之災。

〈小象〉曰：行人得牛，邑人災也。

這一爻很是讓人生氣，行人得到了牛，邑人卻變成有災。外鄉人、外來的力量，經過我們的國度，順手牽牛，把我們沒管好的牛牽走了，我們作為原住民、住在這個國邑裡的人，卻來承受一切損失。

承受這種災難真的就是「无妄之災」。我們的人生常常遭遇一些災難，有時只能兩手一攤，覺得無可奈何，自己沒做錯事，怎麼這麼倒楣呢？城門失火，殃及池魚。有人禍國，被殃及的是老百姓。這就是我們常常說的无妄之災，平常怎麼也想不到的，偏偏就給自己碰到了。現實生活中不是常常有這樣的事嗎？報紙或者電視，常常可以看到某人遭遇空難、車禍或者其他的天災人禍，面對這些災難，我們即使抱著惻隱之心，可是畢竟離我們太遠，我們也只會在談論中旁觀，因為我們想這不會降落在我們身上，這樣的機率太低了。但是，如果有一天降到你身上呢？那你的感受肯定不同，這就是「无妄之災」的無可奈何。

面對這種无妄之災，三爻用一個故事來說明，即外人把你的牛牽走了，牛的損失大家承擔，外人得了便宜就走了。被牽走的那頭牛，在以前農業時代或者畜牧時代，是最重要的生財資具，沒有牛怎麼辦呢？就不能創造財富了，它是一棵搖錢樹，被外人白撿便宜，牽走了，一定是我們內部管理鬆懈。如果內部控制出問題，外人就會如入無人之境，所以責任還是在自身。內部管理出現大漏洞，一個組織、一個國家實力衰微的時候，各種不該出的管理問題，一些想像不到、出現機率很低的問題都會發生。所以「邑人」自己也有責任，是過於相信「行人」造成的。行人居無定所，他搞走你一些東西，邑人不就得賠嗎？

舉例「或繫之牛」來說「无妄之災」，說明這就是我們最容易掉以輕心的地方。「或繫之牛」就是在鬆懈的狀態下出現漏洞，是牧牛人的大意造成的，自以為牛很溫順，不會走失，所以就很放心地把牛隨便一繫，離開了現場。偏偏就在他離開這一段時間，有一個過路的外鄉人把牛牽走了。人生有很多事就是這樣，不怕一萬，只怕萬一，九十九次沒出問題，出一次問題就得吃不完兜著走。九十九次沒出問題，並不代表永遠不會出問題，可能第一百次就出問題了。你即使認真管理了九十九次，只要有一次稍微鬆懈，就會前功盡棄。這樣看來，命運好像很會嘲弄人，人生真的是戰戰兢兢，要朝乾夕惕。

再者，「或繫之牛」被行人臨時起意，牽走了，他得到了牛，做了這一沒有成本的買賣，然後趕快逃之夭夭。等到牧人回來一看，少了一頭牛，這下他慌了，這怎麼可能呢？自己才離開了一會，誰偷走了牛？因為他要跟牛的主人交代，他也慌亂了，他想一定是住在這個地方的人不安好心，已經覬覦很久，跑過來把牛藏到家裡頭了，所以他就挨家挨戶去質問。邑人不是放牛的，也不是過路的，坐在家裡，根本不知道這回事，結果被冤枉偷了牛，就算最後證明是清白的，都要浪費好多時間，對邑人來說，即使真的沒做，他也會受干擾、牽連，這就是「邑人之災」，找不著真凶，真的是「无妄之災」。

可見，牛被外人牽走，皆因門禁不森嚴，讓別人出入自由，你找誰去？邑人沒有做，卻得接受盤查。然後牧牛人說是無妄之災，牛主人也說是無妄之災，結果一堆無妄之災，而他們都是當地人，從管理（牧牛）者、所有者到旁邊那些無辜者，全部倒楣，牽了牛走的行人逃之夭夭，大賺特賺。這個故事講起來需要幾百個字，而爻辭只用了十二個字。但是這幾百個字要是不講清楚，面對這十二個字，一般人還是搞不清楚裡面的脈絡。

遇到這種無妄之災，我們自己要檢討。牧人一定要負現場管理的重大責任，他不能說自己是無妄之災，畢竟自己開小差是事實。牛的主人也覺得自己用人用了幾年都沒出問題，出一次事就損失這麼慘重，他說自己是無妄之災，這也不見得，因為還是用錯了人，怎麼不督責呢？怎麼知道前三年手下不出事，現在他不出狀況呢？至於被誣陷、被盤查、被連累、被騷擾的那些邑人，他真的是無辜嗎？也不一定。在當地，牛是很重要的，雖然不是你的，是別人在管理，難道這個事情發生之前，真的完全沒有預防的空間嗎？如果仔細分析，大家都認為天下不會有事，至少自己不會是倒楣的那一個，那不一定，有時候剛好就你倒楣，即使是旁邊的人，都會受連累。可是行人真的是造孽，但他沒有任何責任，難道真是老天不公？這就是這一爻需要我們去檢討的。

「六三」爻變為同人卦（䷌），正是「六三」犯錯之所在，把邑人跟行人當同樣的人看待，怎麼能內外無別呢？怎麼能認為只要是人就是好的呢？不一樣，有的是原住民，有的是外來人，當然要盤查，因為還沒有天下大同、世界大同，所以在「同人」那種國際化的階段中，沒有充分國際化，入境的要檢查、貿易的要交稅，就是因為邑人跟行人內外有別，不能讓行人隨便來來去去，包括資金，很多熱錢可以進來，獲利之後說跑掉就跑掉，這些當然要管，怎麼可以不管？還不該是「同人」的時候，一旦疏忽保護邑人和防範行人，受到无妄之災，你能怪誰？一旦受災，亡羊補牢、臨渴掘井，都已經晚矣。這個爻給我們的教訓可謂深刻，人生不要說不會發生，一旦發生，一次就夠了。所以不要都以為是「同人」，行人跟邑人怎麼會一樣呢？

這一爻說明无妄卦非常強調內部的管理，包括內心的管理，即你的起心動念不要被外面的誘惑污染破壞。譬如資產，牛是我們內部的資產，因為管理不當，被外面的人佔了便宜。孟子說，一切「反求諸己」，事情不是外部來的，是內部就有的，才導致事情的發生。行人其實就是「自外來」，但不是「剛自外來，為主於內」那個源頭，而是後來發生的事情，讓外人佔了便宜，「內人」倒楣。所以〈小象傳〉說：「行人得牛，邑人災也。」像臺灣也有很多無妄之災，譬如買軍火，就讓美國的軍火商佔了便宜，這是典型的「行人之得」，一天到晚買一些破銅爛鐵，又不會用，又方便別人貪污，花那麼多錢不就是「邑人之災」嗎？買這麼多的武器，並沒有更安全，說不定更危險，那不就是大家承擔嗎？

四爻：亡羊補牢

九四。可貞，无咎。

〈小象〉曰：可貞无咎，固有之也。

「九四」就是針對「六三」的亡羊補牢，加強內控，絕對不可以再出這種事，一樣都不可以出，「可貞」才能夠「无咎」，避免再發生無妄之災。

三爻的无妄之災讓大家損失慘重，四爻馬上就加強管理，何況四爻是執政高層，且陽居陰位懂得低調審慎的重要。「六三」陰居陽位，躁動、震動過度，裡外不分，管理鬆懈，所以會出无妄之災；「九四」陽居陰位，馬上就得小心善後處理「六三」的問題，「可貞」才能「无咎」，就不會被大家怪來怪去，不會再有瑕疵、狀況出現。

何謂「可貞」？「貞」就是固守，我們為什麼要固守？因為它是我們自己固有的資產，當然要固守、捍衛。所以〈小象傳〉說「固有之也」，固有文化、固有道德、固有資產，這些屬於自己的東西當然要固守。「貞」是固守正道，也不去侵略別人，只守住自己分內的東西，怎麼樣都說得過去，大家都能接受、認可，這就是「可貞」。所以我們一定要守住我們的「牛」，才不會出狀況，然後才能立於不敗之地。這就是先捍衛住固有的，在固有的主體基礎上，再接受外來的，消化吸收。文化也是一樣，連自己都守不住，你用何主體性去吸收外來的東西？

「可貞」就「无咎」，所以「固有之也」，針對「无妄之災」、「或繫之牛」，這種事情不能讓它再發生了，出問題就趕快處理，然後下不為例。這就是第四爻的意思。這個爻爻變為益卦（䷩），因為不再損失，所以就獲益，而且這個「益」一定是先損後益，損極就轉益。

不管是无妄卦也好，損卦、益卦也好，天底下所有的資源都可以看成兩個區分，一個是「邑人」固有的，一個是「行人」外來的，從无妄卦來看，外來的跟固有的不一定絕對不能融通，端看你是在固有的基礎上去吸收外來的，或者沒有本領消化吸收外來的，反被外來的吞併。如果被外來的給掩蓋，這時就要加強門禁了。在益卦裡面就檢討什麼是「自外來」，什麼是「固有之」，其六個爻之中有三個爻都在檢討這個問題。无妄卦「六三」就是沒有處理好「自外來」跟「固有之」的關係，〈象傳〉就希望我們處理好這兩者的關係。第四爻就是出現問題後，要去彌補並加強管理，所以強調「固有之」，對「自外來」的有戒心，要嚴格審查。

再看「可貞」，「貞」字是固守正道，「貞」後面大部分都是吉，只有少部分是凶或有厲、有悔。但是也有在「貞」前面「可」或「不可」的，无妄卦第四爻是「可貞」，損卦（䷨）卦辭也是「可貞」，節卦（䷻）則是「不可貞」。損卦是懲忿窒欲，節卦也是節制嗜欲恰到好處。「可貞」則是无妄卦第四爻必須要做的事情。

五爻：心病還須心藥醫

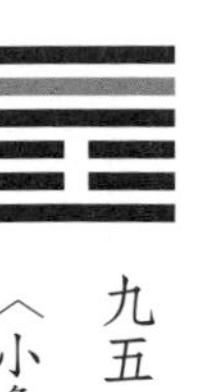

九五。无妄之疾，勿藥有喜。

〈小象〉曰：无妄之藥，不可試也。

第五爻作為无妄卦的領導人，我們看爻辭就知道，「九五」毛病多，有心魔，是典型的寡人有疾；而且這種「无妄之疾」是沒救的，是心病，心病只能心藥醫。位高權重的人，如果心裡有毛病，真的沒有辦法救，然後他還會禍國殃民。像《孟子》中的梁惠王、齊宣王那些寡人，好打獵、好權、好色、好戰爭，不都是有疾嗎？有權力者的疾會擴大，會讓我們大家都生病，都被傳染，這就是「无妄之疾」的害處。肉身的毛病可能有藥可以治，精神上的、心靈上的毛病跟幼年開始的學習環境、生長環境有關，很難改得了。如果成長的過程中心靈被扭曲，一旦有一天居大位、當大權，心靈之病發作起來，天下都得遭殃。你看希特勒的「病」就禍延全世界。

《易經》中講到「疾」的，真的是「寡人有疾」，凡是講到「疾」，不是第五爻就是第四爻，都是居君權、享高位的才有「病」，而且那個病不一般，因為他會影響到別人，心理的毛病一旦透過權力放大，大家都會倒楣。越大的權力、越高的位置，越容易「病」得不輕。為什麼不講初爻、二爻呢？因為小老百姓一點病沒什麼關係，最多害死一個人。

為什麼「勿藥」，不要服藥？因為藥是外來的，病是心中固有的，怎麼治得了？如果內心一直不受外面的污染，就是清淨心，如同復卦的天地之心，很有創造力。在這一方面佛教就講得神乎其神，說一旦參透如來本心，就會悉知悉見，什麼都知道，什麼都了解。如果說心力是這麼不可思議，真的大徹大悟了，心真的是神通。如果心出毛病了，那不是要命嗎？可見心的正面功能一旦發揮，心力不可思議，幾乎全知全能；心要是出毛病了，不僅自己有疾，也會禍延子孫，成為大的禍害。這樣的心病，藥怎麼能救呢。如同現在的精神病，有藥救嗎？沒有。即使有藥，也是讓病人安靜一點，為了照顧發瘋的病人，幾個人要看著一個人，不知道有多苦，大家都得受拖累，甚至拖累一輩子。所以安靜的藥怎麼能夠斷根呢？也就是說，精神病如同心病，是沒有藥救的。

這樣看來，「无妄之疾」就是起心動念會看到幻象，心出毛病了，心也變得那麼有創造力，創造很多幻象。我們說看不到，「无妄之疾」者認為絕對看得到，我們希望用「藥」去壓制他，結果卻是「勿藥有喜」，「喜」就是病癒。《易經》中病、疾跟「喜」是對立的。這絕對不是用藥治好的，藥實際是無效的。換句話說，心病如果有心藥才行，不是心藥，一般的藥絕對沒有辦法救，但心藥從哪去找，你怎麼治療希特勒？很難。所以「九五」爻變為噬嗑卦（䷔），如同阿修羅地獄，面臨的是叢林法則、弱肉強食般的你死我活的鬥爭。居君位的人不是一天到晚幹這個事嗎？真的是无妄之疾，對任何人都不相信，一天到晚看到很多幻象。

故〈小象傳〉說：「无妄之藥，不可試也。」更是強調「九五」已經有「无妄之疾」，你給他灌什麼藥都沒什麼用，連試都不能試，說不定反而會讓他變得遲鈍，連創造力都沒了。換句話說，人的內在發展出來的毛病、心結，外面的藥怎麼可以救呢？不行，一定要從內心來醫治，不是一朝一夕克竟全功，搞不好幾十年。尤其現代社會，有很多東西更複雜、更可怕，這種人精神上的毛病還是無藥可救，所以精神病一定比古代多，佔的比例也比較多。特別是為了「噬嗑」的政治鬥爭，根本就沒有藥救。

好，這是第五爻，六個爻都講完了，我們再簡單串一下。「初九」是真心、初發心。到了「上九」則是喪心，變成了遊魂。第五爻就是嚴重的心病，第二爻開始有急功近利的妄心。第三爻太放心了，第四爻就得收心，這都是從天地之心的復卦之後，无妄卦六個爻的六個階段，放了要能夠收，出狀況要趕快彌補、加強管理，就是「六三」到「九四」，三多凶、四多懼，无妄卦的人位。如果早一點收心，連放心都不必了。孟子說：「學問之道無他，求其放心而已。」我們現在的中文講「放心」，意思稍微有一點走調，放心你就可能鬆懈，最好還是擔點心。我們的本心、真心在後天的習染中慢慢放失了，就像牛羊跑掉了，收不回來，所以還得「收心」。「求其放心」，就是認為你的心會跑掉，中國過去這種內心修為的就是能夠把心找回來，那就善莫大焉了。第三爻的心真的跑了，太放心了，所以第四爻趕快收緊。到五爻，則不是放不放、收不收的問題，已經是嚴重的病態了，普遍存在於社會中的高層，這個心病沒有辦法，因為它不可能靠藥救，試都不要試，如果他是靠自己的力量，真的把病治癒了，那就是皆大歡喜；如果沒有，反而嚴重到喪心病狂，就是上爻。

占卦實例1：二〇〇八年金融風暴的延續性

二〇〇八年的金融風暴爆發之初，我們有一個學生對這個問題很是關心，於是他想知道這個事件的延續性如何。結果占問出來是无妄卦的第四爻、第六爻變，宜變之爻是第六爻，就是說這一事件後續處理是很麻煩的，它的後遺症非常嚴重。整個金融風暴剛發生的時候，第四爻就是要去控管，「可貞，无咎」，試圖亡羊補牢，可是控不控管得住呢？不一定控管得住。因為第六爻這麼強的力量，又是「窮之災」，這一爻爻變就是隨卦（䷐），後續的災難可能性還是較高，因為兩爻齊變又是屯卦（䷂）的象。

金融風暴本身就是人的貪念、妄想，玩那些衍生性的商品，脫離現實，結果造成那麼多的金融泡沫，所以到最後非出問題不可。无妄卦的錯卦是升卦（䷭），就是泡沫的昇華。如果无妄真做到了全真，就會「元亨利貞」；但是六爻全變成升卦，就代表世間很多「升」的現象是假象，是一個大泡泡，如夢幻泡影。可是人在「升」的時候，忘掉了現實，以為一直這樣成長，到最後破滅時才發現原來這一切都是虛妄，是虛妄不實的顛倒夢想。

无妄卦一直到了外卦第四爻，才拚命想辦法去控管，但很多問題不能夠真正解決，只是暫時壓制住。所以即便當時穩住了，後面不能排除有問題，因為上爻是「行有眚，无攸利」，「窮之災」。四爻、上爻齊變為屯卦，就好像又打回了石器時代茹毛飲血的生活，一切又得從頭開始，所以絲毫不能掉以輕心。

如果自己沒有警覺，就需要旁觀者來提醒你，不然就會慢慢走火入魔，出問題都不知道，然後一直以為自己走的是正道、直線，其實早就歪離中心很遠了，事實的真相是怎樣，已經無從得知。就像我們一天二十四小時中，一天到晚都是妄，很多天災人禍的根源就在這裡，如果不修正，沒有任何藥可以救的，「无妄之疾，勿藥有喜」。人的心力正面發揮得好，確實不可思議，但如果心病了，沒有藥救，就是无妄之疾，禍患無窮。

占卦實例2：二〇一一年日本「三一一」福島三合一大災難

二〇一〇年三月初，一對退休入籍新加坡的學生夫婦返台省親，他們計畫幾年後赴日本長住五年，深入了解東洋文化。我覺得不妥，現場占問日本未來五年國運，為无妄卦初、三、四爻動，「九四」值宜變成益卦，三爻齊變為漸卦。「六三」警示的「无妄之災」值得注意，「行人之得，邑人之災」，很早就有日本將發生重大災禍的預言。行人到日本旅遊一陣無傷，長住在那邊成邑人，遭災的機會就大了！「初九」為基層民生，「九四」為中央政府，黎民遭災，就看政府救災能力如何？結果次年三月十一日，日本福島就發生三合一的鉅災，重創其國計民生，易占的敏銳感應，令人印象深刻。災禍源於人心不淨，造業多端。日本近廿年發展遲滯，頻換首相也解決不了問題，原因安在？南京大屠殺至今沒向中國人民真誠道歉，業障未消，怎會振興？德國二戰後即道歉，遂發展成歐洲第一大國，天理昭彰不爽，豈有他哉！

二〇一〇年四月中旬，冰島火山爆發，火山灰嚴重干擾北歐空中交通。近年來世界災禍不斷，當時我問：個人、企業與國家今後三到五年，應如何應付？占出不變的无妄卦。「其匪正有眚，不利有攸往。」要求那麼多人誠心正念，根本不可能。這麼說，災難共業將沒完沒了，變生不測，難以防範。次年就爆發福島核災，以及挪威奧斯陸的瘋狂殺人事件，往後幾年災難不斷，在在令人驚悚。

占卦實例3：希拉蕊首選失利

二〇〇八年元月下旬，年底美國總統大選的前哨戰已如火如荼展開，我問希拉蕊能否有出頭天？得出无妄卦二、四、上爻動，三爻齊變為節卦，「九四」值宜變成益卦。无妄「六二」爻辭：「不耕穫，不菑畬。」過於急切不行。「九四」爻辭：「可貞，无咎。」高層行政有一定實力。「上九」爻辭：「行有眚，无攸利。」途窮成災。整體看來機會不大，「九五」君位之爻也沒動，若動則四爻齊變成臨卦，君臨天下才有希望。果然，當年底民主黨由歐巴馬代表參選且獲勝，希拉蕊屈居國務卿之職。

日新其德——大畜卦第二十六（䷙）

頤卦、大過卦的卦序分析

在進入大畜卦之前，我們先分析一下其後的頤卦（䷚）和大過卦（䷛），這是非常精彩、非常豐富的兩個卦，關涉生死的奧秘，為生死的問題做總結。在由生到死、出生入死的過程中又會涉及到食跟色的問題。我在講噬嗑卦、賁卦二卦的時候，曾做過比較深入的探討。〈雜卦傳〉就說過：「噬嗑，食也；賁，无色也。」自此之後，經歷剝、復、无妄、大畜四卦，然後再到頤跟大過二卦的時候做總結，雖然也是談飲食男女的問題，但是談得更深更廣，而且更具總結性。

從卦序上講，《易經》六十四卦從第五卦需卦開始，表面的飲食宴樂實則暗含了色的問題，因為那是人生基本的自然需求，是生命一開始就存在的。正因為「需」就帶動了「訟」、「師」種種的紛爭、問題，也就是食色的基本需要。到了噬嗑、賁二卦的時候，就已經探討得非常深入了。噬嗑卦更是因為食的基本需要而啟動生存鬥爭，加上賁卦的色相演繹，然後深入到頤、大過二卦，下面就是坎、離二卦，上經天道的演化到此結束。可見，需卦交代問題的緣起，到噬嗑、賁二卦，然後又經過了剝、復、无妄、大畜這些卦，再到頤跟大過二卦從生到死，就做了總體的討論，然後就是坎、離的天堂或地獄。

頤卦和大過卦的意義很深，我們要了解這兩個卦，就不要被那些古代舊的註解或者現代一些胡說八道的白話解釋誤導，而錯過真正的經義。頤卦是談「生」與「食」的關係。想要生存就得解決食的問題，那怎麼解決？每個人都要解決，這就是整個生態中眾生求食的基本規律。所以我們說中國養生學的大全，最重要的原則都在頤卦裡面。大過卦講的是「愛」與「死」。「大過」就是瀕臨死亡，後面就是坎卦，講的是瀕臨死亡的人性人情是怎麼回事，在一種非常極端的狀況下，人情可能會有身心超負荷的非常表現，然後就有面對死亡探討愛，就是「色」的問題。生與食、愛與死，牽涉生死關頭，在我們進入到具體的卦時會具體說明。

內聖外王

關於无妄、大畜二卦，這兩卦可謂是內聖外王、內外兼修。在儒家的系統之中，无妄卦修煉的是內聖的工夫。佛教的淨土宗持名念佛，或者禪宗的禪定，都是希望去掉我們一天到晚的妄念妄想，如果真正做到了无妄，就回到了前面復卦的真心——天地之心。那是比較純淨的初發心，因為它是在閉關之內的，可是无妄卦是出關，它的考驗比入關時走火入魔的危險還要嚴重，諸如无妄之疾、无妄之災，舉步維艱，最後到无妄卦的上爻，就沒救、完蛋了。而復卦只有第三爻「頻復」、第六爻「迷復」，是一個彼此還有因果關係的閉關修煉的走火入魔，尤其到第六爻很慘烈，但是至少有其他四個爻修的境界是正面的。无妄卦出關之後干擾增加，完全倒過來，初爻第一念是真心，第四爻中間出了无妄之災，給它化解、善後再拉回來，除了這兩個爻之外，其他四個爻都是很要命的：第二爻開始急功近利，第三爻无妄之災，第五爻无妄之疾，一個居於最高位置的寡人有疾，有心病，有心魔，無藥可救，而且爻變就是「噬嗑」，人世間很多的紛爭、業障，就是從无妄之疾而來，然後這樣的人還掌握最高的權力，就有可能禍國殃民。所以復卦閉關的時候，正負的比是四比二，到了无妄卦出關之後則是二比四。

由復到无妄，一直到坎卦、離卦，跟復卦以前的卦不一樣的地方就是談心，不只是談物、談肉身，而是對身心靈都做了探討，无妄、大畜二卦就是在復卦的天地之心之後，一輩子在這方面下工夫，要去除妄念、回歸真心。在儒家的《易經》系統中，如果无妄卦修煉成功，下面自然而然開展就由「內聖」而「外王」，外面就要建功立業，做很多的大事業，那就是大畜卦，由聖而王。如果我們真要把這兩個卦的來龍去脈弄清楚，從《易經》本位角度研究，不夾雜其他的宗派，《中庸》、《大學》這兩部書是必讀的，你才會真正懂得无妄、大畜二卦在講什麼。《中庸》偏重在无妄至誠，《大學》所強調的「三綱領、八條目」這一支撐人生的價值，由個人的修身到齊家治國平天下的網絡，即「在明明德，在親民，在止於至善」（三綱領），以及「格物、致知、誠意、正心、修身、齊家、治國、平天下」（八條目），就是大畜卦所要下的工夫。既然有了无妄的內心真實修行，想法不脫離實際，起心動念沒有妄想、妄念，就不會輕舉妄動，就不會惹禍招災，然後經常檢驗自己的念頭或者行為有無偏差，不管是在入關的「復」還是出關的「无妄」，都謹記「差之毫釐，失之千里」這一教訓。无妄卦初爻時還好，上爻一塌糊塗，中間有時候還會出一些狀況，那就是給你調整、改過的空間，如果改了就回來了，要是改不過來了，就完蛋了，基本上就是這樣。

可見，《易經》有時的道理很簡單，就是要你改過而已，沒有別的。做的都是這樣的事情，看似很簡單，卻是人生做不完的事情。所以孔子說，「五十以學《易》，可以無大過矣」，這真正是孔老夫子的經驗之談，不是說你讀了《易經》可以白日飛升。

大畜卦與需卦的對比

大畜卦和无妄卦相綜一體，而且所有的「大畜」建構在「无妄」內部真實的基礎上，才能開展。如果不是建立在无妄的真實基礎下，大畜是會有問題的。

无妄跟大畜還可以逐爻逐爻來比，這一對比，我們可以看到一些反差。例如第一爻跟第一爻比，第三爻跟第三爻比，第五爻跟第五爻比，第六爻跟第六爻比，這樣讀起來很有趣味，也充滿立體感。

逐爻比這一經驗法則，我們最開始是在相綜的兩卦中，這樣的比較需要把每一個爻基本的意思搞清楚，然後才可以跟其他的卦做比較，如此一來，立體化的感覺讓人一目了然，對於整個卦才會有精確到位的理解。由點變線、由線變面，然後立體化，整個卦象就轉起來了。但是，即便是這樣，我們去斷那四千零九十六種卦象，還是力有未逮，有時要靠最後發展出來的結果去印證我們斷卦上的漏失。古人都說，衍卦容易，斷卦難。就是因為一個卦的立體感覺很難精確把握。

如大畜卦，我們要深入了解，從卦辭與卦的結構就可以入手。大畜卦卦辭總共十個字，我們可以透過比較來進行深入的了解。我建議跟需卦比較。第五卦的「需」跟第二十六卦的「大畜」，看著沒有關係，不錯、不綜、不交，好像什麼都沒有，但是深入發掘，還是有關係的。這兩個卦有一個非常重要的共通性，即內卦都是乾，大畜卦是艮卦的阻礙在外，需卦是坎卦的艱險在外，一個要爬山，一個要涉水，就構成這兩個卦的不同點。

人生的艱難險阻中，險是坎的概念，阻是艮的概念，但是根據什麼去爬山，突破外卦的障礙、阻礙？靠什麼去過大河，突破坎卦所象徵的危險？成語「艱難險阻，玉汝於成」是最好的說明。要造就一個有乾卦本質的人，必須自強不息、勇猛精進、面對考驗，內心是充滿資源、充滿進取心的力道，可是大畜卦和需卦，偏偏在外卦設了很多障礙，都需要用乾道去突破。我們學過需卦就知道，需卦要一步一步過，要有耐心，從「需于郊」起，歷經「需于沙」、「需于泥」、「需于血」、「需于酒食」、「不速之客三人來」，到最後過河。大畜卦也一樣，也是到最後一爻，真正靠著內心的乾所代表的天道、天理而突破外面的險阻，並且登峰造極，登到了山頂。這就是險阻人生。

值得一提的是，幾乎也是巧合，需卦的卦辭也只有十個字。需卦和大畜卦最後四個字都是「利涉大川」，渡彼岸，冒險犯難，終於突破種種艱難險阻，而得到最後的成功。

大畜卦和无妄卦的錯卦分析

无妄卦（䷘）的錯卦是升卦（䷭），所以升卦多少有一些「妄」——泡沫。大畜卦（䷙）的錯卦是萃卦（䷬），「萃」是四面八方大家因緣聚合，因為萃卦前面是姤卦（䷫），大家有緣才聚在一起，是精英薈萃的象。「大畜」跟「萃」就很像。

當今的高科技，包括生物科技、資訊科技，很多的產業上要注意的一些重要原則，都在這四個卦裡頭，萃卦是高科技的特色，一定是要花很多的錢，所以萃卦中需要很多的物力資源，還要有非常的精英人才。一旦結合得好，可以創造升卦的高成長，帶來龐大的績效。

萃卦、升卦這種高科技的產業不再是勞力密集型的產業，而是知識密集型的產業，也是資金密集型的產業。无妄卦、大畜卦就是做準備，要準備很多，才能幹這樣的事。並且无妄、大畜二卦都是在復卦核心的天地之心的創造力之後開展出來的，所以要心智。在大畜卦的〈大象傳〉、〈彖傳〉中，我們會更清楚看到合乎這樣的一個行業特性，知識的產業不是光憑勞力來的。

〈雜卦傳〉中把這四個卦放在一起：「大畜，時也；无妄，災也。萃聚而升不來也。」可見，這四個卦相綜相錯，關係密不可分。

大畜卦卦辭

大畜。利貞。不家食，吉。利涉大川。

需卦卦辭中最重要的是「有孚」，大畜卦則強調「利貞」，固守正道，把你已有的都確實掌握了，「貞」就有「利」，暫時是不能輕舉妄動的。這是第一個階段。這個階段守住了，在這個基礎上鞏固，內部就沒有任何弱點，這就達到了无妄的境界，全真且「元亨利貞」。

「利貞」之後，在這個基礎上往外擴充──「不家食，吉」。「食」就是生存發展，不在家裡吃飯，要走出家門，就像同人、大有二卦一樣，不可以鎖國，不可以畫地為牢，局限在原先「利貞」的基礎上；不能不思進取、不思擴充，個人、組織的事業，甚至國家，由內往外的發展都是這樣。不在家裡吃飯，就要到外面吃，就要闖蕩江湖。在家裡吃飯大家都好糊弄，到外面還吃不吃得到飯、找不找得到工作、做不做得出生意、發不發展出事業，這都是需要考驗的。

家裡吃飯已經沒有問題之後，發現不能只在家裡吃飯，得出去，到外面也能吃飯，這就要擴充，結果是「吉」，而且又能夠開拓。像所謂的全球化，不局限於地域化經營，地域化經營就是「家食」。我在本土，在自己熟悉的地方，解決溫飽沒有太大的問題，現在外面有機會，是不是也能夠吃得到，也能夠建立事業，能夠開拓、擴充呢？這就是大畜卦要做的。既然裡面已經很飽滿了，當然要往外擴充，外面當然就有風險，像台商到大陸經商就是「不家食」，你不管是什麼事業，在你原先的基地已經非常穩固之後，「家食」絕對沒問題，然後你要把這一套擴散出去，在別的地方也能夠打開局面，這就叫「不家食，吉」。當然，這需要冒險。毛澤東曾經寫下一首詩：「男兒立志出鄉關，學不成名誓不還。埋骨何需桑梓地，人間處處是青山。」「桑梓地」就是故鄉，有時候出去不見得能活著回來，因為在外面奮鬥。「埋骨何需桑梓地，人間處處是青山」，就是不局限於一個範圍內（老死於故鄉）的概念，要往外面發展，好的東西要讓全世界各個地方都能夠分享。就像乾卦的「貞下啟元」一樣，剛開始是一個點，一個創造點，最後「元亨利貞」變成一個大圈。如果你「家食」，不思往外進取，就永遠是那個圈。只有「貞下啟元」，再往外「亨利貞」，更大一個圈，然後再在更大的圈上做一個基礎點再往外畫。這就叫「不家食」，就是事業心、企圖心要很旺。

所以我們可以這樣說，大畜卦跟小畜卦也有關係，大畜卦跟小畜卦比較，就是第五爻爻變，兩個卦只差君位一個爻的變化，「小畜」就變「大畜」。「小畜」是密雲不雨，在夾縫中求生存，很辛苦。在那麼艱困的環境下，以小博大，以弱事強，最後鬥智，還可以取得一個「既雨既處」的不錯結果，但是充其量也就是這樣了。很困難的生存環境中，居然沒有被摧毀，且活得還可以，雖談不上大發展，但已經足夠了。但是大畜卦不是只以生存為目標，還要求發展，壯大力量。小畜卦既然只求生存，需要儲備的就比較少。大畜卦因為要求發展，要求壯大，那就要儲備資源，諸如技術、能力、智慧等。

人到了一個階段，有一定的基礎之後，要往外擴充，這也是很自然的。當然出去多少是陌生的境地，要冒險，要無中生有，不像在家裡頭有一定的資源，有很結實的基礎。如果希望到異域發揚光大，在一定的機緣下，尋求更大的發展，把核心的創造力更大規模地發揮，事業做得很大，「不家食，吉」，最後自然「利涉大川」。

我們要注意，大畜卦是先「利貞」，固守本土，基盤無懈可擊，然後才採取攻勢，出去冒險；外卦艮就是要冒險，但是這些障礙都是能突破的，因為內卦是乾，不妄自菲薄，就像需卦到最後還是過河了。雖然慢，但還是過了河——「不家食」，「不家食」一定是建構在「利貞」的基礎上。很多人占到大畜卦，沒有完全了解這一點，忽略了前面的「利貞」。換句話說，「利貞」如果有問題，後面的「不家食，吉。利涉大川」統統都會動搖。先「利貞」，後面機緣成熟，才「不家食，吉。利涉大川」，為什麼?因為時機，時機有沒有成熟很關鍵，〈雜卦傳〉就說「大畜，時也」。

另外，大畜卦的卦辭「利貞」就是前五個爻，「不家食，吉。利涉大川」就是上爻。所以它經過了五個爻的準備，到最後才真正「利涉大川」的是上爻那個境界。這是一個說法。還有一個說法就是內卦乾，初爻、二爻、三爻是「利貞」，從第四爻到第五爻可以說是心量已經寬了，是屬於「不家食」的規劃，「吉」說明已經開始有一些心得、斬獲，但是真正確定成功的「利涉大川」是大畜的上爻，所以「利貞，不家食，吉。利涉大川」是有層次的，如果前面有問題，後面就沒有了。這種說法很有道理，也方便我們占卦、斷卦，碰到大畜卦的時候，就不要忽略這裡的節奏、層次。

先培元固本，做到「貞者，事之幹」，這是大畜卦的根底、基礎，前面的无妄卦，再前面的復卦，就是它的基礎。你要採取任何擴充性的進取動作之前，裡面的基盤穩不穩，是最重要的。現在要擴充海外市場，就要保證國內的市場已經無懈可擊，核心競爭力可以拿到外面去搏一搏，這樣的「貞」就能產生利益，才可以「大畜」。如果裡面還不完全牢靠，先不要急著出去，先修身、齊家，才可治國；治國，才可再平天下。修身前面又有「正心」，正心前面還有「誠意」，「誠意」又從「格物致知」而來，這都是有層次的，換句話說，如果前面的「貞」出了問題，所有的大畜後面全部出問題。

像公司的合併、收購，也是一種「大畜」。那是典型的「不家食」，是一種擴大，在原先的基礎上，但是進來的那個力量是不安好心、居心叵測，還是真心合作？這就很重要。所以我們有時候在壯大的過程中，可能引入外來的資金、外來的人才，引入新血，然後在舊的結構上，磨合壯大，但也有可能引狼入室。換句話說，如果來路不正，一旦它取得主導權，那就不是「貞」了，居心就不正。你把這種居心不正的力量引進來，是自己給自己找麻煩，當然更不可能有「利」。所以大畜卦「利貞」的「貞」相當重要，是至為關鍵的第一步。這一點我們要切記，不然往外再怎麼擴大，也是沒有意義的。

我再強調一下「不家食」。這個意義我們知道很深刻，從本土化走向全球化，泰極否來、同人大有，也都一再強調這個概念。尤其對臺灣來說，內需有限，在當今經濟形勢風雨動盪的時候，一定要走出去，絕對不能只待在家裡吃飯，坐吃山空。所以在一個核心的「利貞」基礎上，一定要往外發展，而且通常都得飄洋過海，「利涉大川」，都得冒險犯難，這幾乎是宿命。龜縮在島內，只有越來越萎縮，慢慢出去，就像復卦螺旋形的曲線一樣，發展得好就是立體的，然後不斷地提升、壯大。說實在的，這些道理早就應該看清楚了，但是臺灣卻一直在內耗中，在一些政客的利益短視下，出現了很多不該有的錯誤。正如「大畜，時也」，「時」很重要，浪費「時」就非常可怕。「不家食」對於臺灣來說，真的是太重要了。

另外，「不家食」還有一個意思。大畜卦上下交易的卦叫什麼卦？就是天山遯（䷠），有遁離的象，到山上面去遁一下，暫時離開世俗的煩擾。人對於現狀如果厭煩，就會找一個地方去尋求清靜。以佛教來講，遯卦有出家的象，那麼「不家食」也有出家的象，因為上下交也，不在家裡吃飯到哪裡吃？到廟裡吃，吃素，晨鐘暮鼓。這也是「不家食」的一種形式。

我們看，簡單的「不家食」三個字活用起來，可以去談那麼多錯綜複雜的、包羅萬象的事實，運用面很廣泛，一字多義，一詞多義，一卦多義，絕對不是只有一方面的運用。也就是說，你一旦精確掌握核心的意義，其運用真的是很廣。像「不家食」，一樣適用於出家的事業。因為它要斷塵緣、棄六情，整個塵緣斷掉，不是一件簡單的事情。

還有我們講「不家食」，除了說事業的擴充，離開家之外，還有一個是你不可能永遠待在家裡，因為家也可能出變故，像家人卦（䷤）的下一卦就叫睽卦（䷥），家裡待太久了，視野難免狹窄，事業也無法拓展，要做決斷的時候，需要一股狠勁，要有「埋骨何須桑梓地」的決心。所以要開拓自己的視野，出去闖當然很辛苦，不管是到廟裡，或者到國外，辛苦是辛苦，可這也是人生必有的一役，把家的觀念擴大，天下一家，甚至擴及到天地人鬼神整個宇宙。真正的出家人就有這個觀念，整個世界、整個三千大千世界都是他的家，那有什麼關係呢？為什麼要有分別心？有分別就有執著，就有痛苦，總有一天會緣散，所以在大畜卦中，心量一定要放開，「不家食」，才會「吉」，「利涉大川」，渡彼岸，得到終極解脫。

大畜卦〈彖傳〉

〈彖〉曰：大畜。剛健篤實輝光，日新其德，剛上而尚賢。能止健，大正也。不家食吉，養賢也。利涉大川，應乎天也。

〈彖傳〉簡簡單單幾句話，意義很豐富。先分析卦的結構，解釋卦辭：「大畜。剛健篤實輝光，日新其德，剛上而尚賢。」「而」就是能夠，「剛上能尚賢」。「能止健，大正也」，「大正」顯然是在解釋「利貞」，貞才有利。解釋「利貞」，是在分析卦的結構，這是〈彖傳〉一貫的筆法。「不家食吉，養賢也」，用「養賢」兩個字解釋「不家食吉」四個字，要發展好，一定要選第一流的人才，出類拔萃才可能產生效益。養這樣的人才就要高待遇，要千中選一去選拔，有一個養的過程，「養」也就直接通到下一卦頤卦，頤卦專講「養」，全面探討「養」。值得注意的是，「養賢」和前面「尚賢」兩者的不同，先「尚賢」再「養賢」，有一些人尚賢，知道好的資源、好的人才，他很重視，但是重視完就再見了，沒有進一步地養賢，那就是沒落實，賢也就不會為你所用。所以「尚賢」再進一步就得「養賢」，這就跟「不家食吉」有關，你想把事業做大，需要各種人才，不能只是口惠而實不至，養就要花成本的，要投注心力。

然後是解釋「利涉大川」。大畜卦有很好的結果，冒險犯難得到成功，渡到彼岸，在於「應乎天也」，因為內卦是乾，乾就是天，雖然前面有艮卦的阻礙，但是能夠超越，登峰造極，化解外界的阻礙。這就跟需卦一樣，中間有險阻，但是能夠過去。

好，這是大致的解釋，我們再詳細談談〈彖傳〉的前面部分。

剛健篤實輝光

「剛健篤實輝光」，「篤實」即沉厚、真實、結實、不虛幻，這一觀念在《中庸》中有講過：「博學之，審問之，慎思之，明辨之，篤行之。」最後一關「篤行之」，說的就是我們人生所有的力行實踐的工夫都得篤行。「博學」是第一關，其實「大畜」也是博學，各方面廣量地學，最後要消化吸收，還要慎思明辨，要有一個中心主軸，不能亂學，要有機地消化吸收，否則就是浪費時間。「審問之」，有學一定有問，學了之後還要懂得質疑，不能無條件盲目地接受，這是第二關。然後是「慎思之」，真心為「慎」，再去思考，「思」即「用心於田」，井井有條，有生產性。接著就是「明辨之」。博學、審問、慎思、明辨、篤行，這應該是孔老夫子在《中庸》裡面提出來的，然後他講，人掌握這個道理之後，修道、修學、做事要認真，如果你的天資與根器不怎麼好，不一定幹得過人家，幹不過人家就要勤能補拙：「人能一之己百之，人能十之己千之。果能此道矣，雖愚必明，雖柔必強。」就像有的人讀《易經》一遍就懂了，那我就讀《易經》十遍；有的人讀十遍懂了，我讀十遍還不懂，那就讀一百遍。就這麼拚下去，到最後雖然你笨，但是一定能成；雖然柔，但是一定強，這種作法是很務實的，就跟「篤」有關，沒有任何取巧。就像我們講无妄卦第二爻，你還沒起步，就想收穫，怎麼期待跟人家耕了三年的田一樣？有妄則經不起考驗，就是不篤實，篤實就經得起考驗，所以我們說「升」有「妄」的象，高度成長有可能產生泡沫，有可能是空。我們希望无妄，就是不要虛假，要真實，所以到大畜卦就強調真實，而且是篤實，腳踏實地。「剛健」當然是指內卦、下卦的乾。「輝光」呢？是艮卦的象，指艮卦的止欲修行，就像我們剛才講「不家食」有出家的象。艮卦就有光輝的象，像聖人，修到一定程度之後，西方的聖人、東方的菩薩後面都有光輝再現。艮卦的〈彖傳〉就講：「時止則止，時行則行，其道光明。」

所以「剛健」就是乾的象，內心充實飽滿，超越人心種種障礙，登峰造極，到上卦艮的峰頂，就有「輝光」的象。換句話說，到了成熟的大畜卦上爻，事業圓滿成功時，你就會大徹大悟，那一定有「輝光」的，也就是艮卦的象，因為你克服了阻礙而成功，「其道光明」。「篤實」則兼而有之，乾卦絕對有篤實的象，艮卦也有。從內卦到外卦，從下卦基層開始修，修到上卦登峰造極的一個過程，中間很綿密的工夫，就是「剛健篤實輝光」，每一個字都有理氣象數的根據。大畜卦根據剛健的本性、意志力，然後一路篤實，由內而外、由下而上這麼去幹，到最後事業、前途一定是充滿了光輝的，自然而然就發亮。就如日新其德，在「大畜」的過程中，每天都在進步，新的境界、新的事業在成長。每天進步就不得了，「苟日新，日日新，又日新」，天天煥然一新，氣質有變化，事業也有新的成長，永遠都在進步，一年下來就進步三百多次，十年下來就超越三千多個境界，所以大畜卦是活力無限的。

剛上而尚賢

「剛上而尚賢」，這是在講什麼？「剛上」就是大畜卦希望最終突破的畜極則通的上爻，陽剛的爻居於最上，是大畜卦的中心目標。「而尚賢」，「上九」是「賢」，「尚賢」則是「六五」應該做的，「六五」是君位，「上九」是道位，是大徹大悟、畜極則通，上爻爻變為泰卦（䷊），整個大畜卦到最後消化吸收、融會貫通，通了那個境界。「六五」再往上修，才能修到上爻的境界。「六五」是君位，「上九」不是君位，卻是終吉的位置。在組織中，我們也知道五爻可能是老大的位置，上爻是大老的位置，上爻有德、有智慧，五爻有位、有實力，但是在大畜卦的時候，五爻就要好好養這些國之大老，就像「家有一老，如有一寶」一樣。而且「六五」跟「上九」的關係很好，陰承陽、柔承剛，這就叫「尚賢」，有進取心，見賢思齊，希聖希賢。

那麼「六五」有權有位，「上九」有德有智，「六五」高度尊重，這就是過去所謂的養老。所有上卦是艮的，因為「上九」非常圓滿，「六五」對「上九」都畢恭畢敬，都懂得虛心以待。像山水蒙，上爻「擊蒙，利禦寇，不利為寇」，第五爻「童蒙，吉」，他貴為君位，但是願意接受「上九」很不客氣的指導。賁卦也是如此，賁卦的上爻也是登峰造極、大徹大悟——「白賁无咎」、

「上得志」，第五爻對他很禮遇，但是禮遇並不是用錢去收買，而是該有的尊重——「束帛戔戔」，然後「賁于丘園」。其他上卦是艮的卦，五爻、上爻都有這個關係，這就叫「尚賢」，甚至不限於上卦是艮，上卦是離的也可以，像大有卦的「六五」「厥孚交如，威如，吉」，講信修睦，跟第六爻「自天佑之，吉无不利」，也是「六五」跟「上九」的關係，那也是尚賢。

「六五」懂得尚賢，一個社會至少要有這種敬老尊賢的鑑賞力，然後還要懂得善用這樣的社會資源，那就會更進一步，有一個制度可以讓你「養賢」。尤其是想「大畜」的人，想要「利涉大川」，不知要多少智慧才能成功。你是領導人，是第五爻，最少也要像《西遊記》中的唐僧，他要去西天取經，要找一隻豬、一隻猴子、一匹馬和一個怪物，這個團隊尚賢、養賢，然後還要讓他們能夠磨合，否則天天吵架，耳朵軟的時候常常就聽了豬的，沒聽猴子的，就是那個過程，他們也是要利涉大川，不能靠自己涉大川，一定得尚賢、養賢，技術、知識、智慧統統在其中，一定要懂得對好的東西有鑑賞力，有讚歎心，然後還要進一步看怎麼養，變成自己的一部分，這樣過河才有把握。

能止健，大正也

「能止健」還是卦的結構，「止」就是上卦「艮」的止欲修行。下卦是乾健，想往前面衝，可是不能亂衝，前面有高山擋路，會碰壁的。所以就像需卦要過河一樣，健行遇險，這是健行遇阻，都不能衝動。時機沒有成熟，不能夠跋涉山河的時候，面對人生險阻，你修為不夠就得止，尤其「艮」本身就包含「止」的意思。健的人，陽氣勃發的人，非常想衝的人，很不容易止住，可是外卦艮就說你要有大成，非止不可，所以中間就要有耐心，就像需卦的耐心、平常心、恒心一樣，能止健。「健」是優點，可是想要有大成，就不能硬闖，須一步一步修，這就是「止健」，就是外卦艮對內卦乾的上進心、進取心爆發出來的擴充資源的形勢上的磨難和考驗，這就叫「大正也」，所以「利貞」。你還不能夠突破障礙的時候，當然只能固守，然後再想如何超越外面的障礙。其實整個大畜卦「止健」的意思，就是前面的无妄卦，沒有把握前不要妄想，不要動妄念，不要脫離現實，不要輕舉妄動。從无妄卦第一個爻的發心開始，到大畜卦最後一個爻功德圓滿，中間這十個爻其實都是「止健」，都是「无妄」。打麻將的都知道，要胡就胡大牌，中間亂放炮，胡一個小牌有什麼意思呢？說不定還是无妄之災、无妄之疾。等到時間夠了，各方面都湊齊了，一把推倒，把桌面上所有的東西都收走了，那就是大畜卦的上爻。明明可以做大牌的，為什麼不把一些小牌放掉了呢？是不是這個意思？為什麼我們要「貞」？因為我們想做「大」，不想做「小」，這不是「小畜」，不是混吃，我們要發展、要壯大，就需要「大正」，即在「大畜」中的「利貞」。

我們也知道，「大正」是日本一個天皇的年號，就是來自這裡。我們查查六十四卦，不難發現，大壯卦也是講「利貞」，其〈彖傳〉也有講「大正」：「大壯利貞，大者正也。正大而天地之情可見矣。」其實大壯卦就藏在大畜卦之中，大畜卦的初、二、三、四、五爻所構成的卦中卦就是大壯卦（䷡），所以「止健」不容易，大壯卦是非常衝動的，血氣方剛，就想往前衝。但「大畜」就是靠上爻絕頂的修為，知道這樣亂衝不會有好處，硬是要幫你擋住，擋住其實就是造就你。「大畜」中有「大壯」之象，上爻的阻擋功不可沒。大畜卦中其餘那些卦中卦也是充滿了衝動的象，很容易敗勢的，像二、三、四、五爻構成的歸妹卦（䷵），那也是典型的情欲衝動蒙蔽理智的象。所以大畜卦是很辛苦的，「歸妹」是一場空，「大壯」要是不穩住也會出事。「大畜」就是專門治這些感情衝動的、輕舉妄動的行為，這個力道很不容易，能「止健」才是「大正也」。

大畜卦〈大象傳〉

〈大象〉曰：天在山中，大畜。君子以多識前言往行，以畜其德。

我們接著看〈大象傳〉：「天在山中，大畜。」山在外，天在其中，所以叫「山天大畜」。然後從這樣的一個象裡面，把它落實，轉化成人生實際的修煉：「君子以多識前言往行，以畜其德。」「其德」就是〈彖傳〉中的「日新其德」。「其」是自己的意思，修養、培厚、鍛鍊自己的本領、智慧、德行。〈彖傳〉強調「日新」，因為內卦乾本來就是勇猛精進、自強不息的概念。然後講「其德」，〈大象傳〉是由「天在山中」這個「畜」，無量無邊地把這些資源統統藏起來——「以畜其德」。

那麼君子要怎麼去畜他的德？「以多識前言往行」。「前言往行」還好懂，譬如立德、立功、立言。「往」就是過去，「前言」指前人的思想言論智慧，可是不能只有言而沒有行，必須知行合一，一定要把它實行、實踐在你每一天的日常生活當中確實受用。所以不能只學習前人精彩的思想，還要看前人是如何奮鬥、如何篤行實踐的，那就叫「往行」。我們從歷史中可以看到，有很多人是立言的，也有些人是立功、立德的，還有人是功、德、言俱備。這些都是前人實踐奮鬥的經驗以及實際作為所留下的典範言行，都是需要我們廣博地學習，以轉化成我們自己的活學問、活本領、活智慧的對象。

「多識」，多多益善。「前言往行」，就是我們「多識」的對象，把所有那些東西都要轉化成我們自己的東西，「以畜其德」。所以不能是大雜燴，必須要能夠消化吸收、融會貫通，變成自己的。所以「識」不是知識的「識」，而是念「志」，其最好的解釋就是跟〈易傳〉直接呼應的《論語》中的話：「子曰：『賜也，女以予為多學而識之者與？』對曰：『然，非與？』曰：『非也，予一以貫之。』」還有「默而識之，學而不厭，誨人不倦，何有於我哉？」在這裡，「識」不是某些人對《論語》的膚淺解釋，以為是默默地把它記下來，把「識」當成口耳之學，因為記下來的東西沒有用，那不是活的，其實「識」就是心會神通的意思，心裡要能夠領會，懂得它的意思，然後轉化成你自己的東西，不是單純地記下來，而是靜默中聚精會神、心會神通，把它消化吸收。「多識」，說的就是歷史上一些了不起的人的事蹟、功業這些「前言往行」，我們當代人要見賢思齊，吸收古人的智慧，像藥引般，觸發、轉化成我們自己本身的智慧。我們不是為了發思古之幽情，而是要把古典的智慧轉化為我們的智慧之後，來應付當前這個時代，這就是〈雜卦傳〉所云「大畜，時也」。所以「識」是一種高級的思想意識，不只是記憶，還要融會貫通，運用到自身。

「識」作為消化吸收，集各家之長，吸取精華，在佛教中就特別重視。像佛教講「唯識」，即「萬法唯心造」，尤其是法相宗一派，也稱「唯識宗」，主張「八識說」，即眼、耳、鼻、舌、身、意、末那、阿賴耶。前五識是感識，認識具體對象；後三識則具有抽象感念而非現實。這八識把一個人多生多世的東西統統裝在其中，如同無量無邊、無形無象的大倉庫。所以唯識宗主張「唯識」，它是活用的，並且還有連貫的功能，即心靈的作用。從復卦的天地之心開始，到无妄卦時起心動念的正心誠意——「茂對時，育萬物」，甚至孟子講的「萬物皆備於我」，再到大畜卦「多識」，通通都是心靈的作用，才得以融會貫通「前言往行」，「以畜其德」。所以人的文明可以一代傳一代，不斷累積，還可以發揚光大，解決當代甚至未來必然會發生的一些問題，未雨綢繆，這就是心識的作用。

萬法唯識，即「多識」。正是因為「識」，吸收的東西也就立體化了，正如唐代禪宗高僧百丈懷海禪師的一句話：「一切語言文字，俱皆宛轉歸於自己。」這就是典型的「以畜其德」。我們面對一切的經典語言文字，不要以為了不起，被它嚇倒、壓倒，要吸收，且「皆宛轉」，中間要經過一個宛轉的過程，是曲折的、繞彎的，就如〈繫辭傳〉所說的「曲成萬物而不遺」，最終歸於自己，書本上學得再多，沒有變成自己的，也沒用，只有變成你自己的，完全貫穿到你的身心性命之中，一切經典自然皆宛轉歸於自己，沒有例外。這正是「多識前言往行，以畜其德」的體現。

我們再回過頭來看一下大畜卦的象，為什麼叫「天在山中」呢？這就有意思了，乾為天，乾卦所象徵的比艮卦所象徵的一定大，山一定是有限的，天是無量無邊的，怎麼能夠藏在山裡頭呢？可是它就可以藏在山裡頭，而且是比較小的形體的山，去畜大得多的天，這就是「大畜」的獨到之處，是把有形的東西和形象的執著、大小、寬窄化掉了。就像佛教所講的印度神話中的須彌山，據《長阿含經》卷十八「閻浮提洲品」記載，須彌山高出水面八萬四千由旬（由旬，古印度長度單位，佛學常用語，今日的說法約為十六公里），水面之下亦深達八萬四千由旬。那真是大得不能再大了，那麼大的一座山，卻可以裝在一顆小小的植物種子中。可見，「大畜」不僅僅是物的層次，而是心的層次，只有心量才是無邊，心根本就無定在，無所不在，所以它裝的東西永遠裝不完。乾卦所象徵的天理、天道那些東西，為什麼不可以在一個止欲修行的艮卦的修為中，把這些統統都吸進來呢？清靜心，可以裝無量的智慧，好比「天在山中」，天也可以藏在山裡頭。所以我們不能從世間一般有形的執著比大小去看，「大畜」就是這個意思，就是叫你突破，就像佛教裡面講的須彌山可以藏在一顆小種子裡頭一樣。

在現代社會，大畜卦就好比一塊小小的晶片，可以壓縮海量的資訊，幾乎可以無量無邊的。就像我們剛才講很多人對知識、智慧的吸收一樣，不能落實成一個硬體，要從軟體的角度去想，從心靈、精神的能力去想。肉體是有形的，當然有限，不可能裝無限的東西，無形的東西什麼都能裝納。「天在山中」，說明乾卦所代表的天，因為艮卦的止欲修行成功，諸般業障都沒有了，變得無量無邊，什麼都能裝納，什麼都能攝受，就像整個宇宙的道理都可以壓縮在幾句經文之中。其實《易經》也是「大畜」，經文只有四千多個字，講了幾千年，怎麼還是講不完呢？這也是「天在山中」，所有的天理、天命、天道的規律，統統壓縮在四千字的經文中。甚至有時候嫌文字囉嗦，卦辭、爻辭都拿開，看卦象就含藏無量的智慧，好比無字天書一樣，當你看到卦象，可能自己就有啟示了。當時卦辭、爻辭沒寫出來之前，一個字都沒有，不也是參這些卦象嗎？是不是無量無邊？

根據你的「固有之」去吸收，對外開放，吸收外面的精華，變成你的一部分，甚至還變成你非常主要的一部分，「剛自外來為主於內」，就是這個意思。這才會確實真實无妄，不怕被外化，有自己的主體性，在利貞的基礎上，把自己的雄厚實力建構起來，然後虛心地廣量接觸、學習，也就是「不家食，吉」，然後「多識前言往行」，各門各派的都學，「以畜其德」，「利涉大川」，更成其「大」。這就是大畜卦的〈彖傳〉。

由大畜卦衍生的其他意義

學佛的可能比較清楚，《華嚴經》裡面有「善財童子五十三參」，善財童子曾參訪五十三位「善知識」，故謂「五十三參」。他的參就是「大畜」，善財童子就像我們學過的蒙卦，他自己有一定的底子之後，再出去看看別人的長短，總共請教「五十三參」，幾乎涉及各行各業，出家眾、在家眾都是他廣泛學習的對象。

另外，大畜卦跟需卦做比較，我們從這兩個卦象看，就是山珍跟海味的差別，大畜卦是山珍，需卦是海味。因為內卦都是乾，大畜卦外卦是艮，我們看到的都是一座山，山裡面有乾，乾又為金，有很多的山產、礦藏，裡面藏了好多寶貝，如同智慧的礦，要開發自性就要去挖掘。山中多金，如果你不去挖掘，它就永遠在那裡，如果把裡面的死寶開發出來變成活寶，那就叫山珍。那海味呢？就是需卦，其外卦是坎，你看到的是一汪大水，其實裡面也有金，只是藏在深水之中。大山大海之中珍藏無限，到處都是我們廣博學習的對象。但是你不經過坎險，不經過險阻，還是挖不到寶，高高山頂立，深深海底行，山珍海味不是一下子挖得到的，要有耐心去發掘，因為裡面有無量無邊的寶藏。

大畜卦再跟小畜卦來比。小畜卦是密雲不雨，以小博大，夾縫中求生存，很辛苦。大畜卦生存已經沒問題了，只是要進一步求大的發展，所以是比較開闊的，由上面四爻、五爻兩個陰爻就可以知道。小畜只有「六四」一個陰爻，所以空間很窄。簡單講，小畜卦求生存，大畜卦求發展。「小畜」也是養，「大畜」也是養，只是養的對象不大一樣。「小畜」在《孟子》中叫「養其小體」，養肉體；「大畜」叫「養其大體」，養精神。小體就是我們的肉身，大體是我們的精神。故孟子說：「從其大體為大人，從其小體為小人。」再拿「謀」來說，「小畜」要養活自己，不要三餐不濟，叫謀食；「大畜」則是謀道，可是謀道的基礎還是在謀食，生存不能太匱乏，不然也會影響到你的謀道，不能每個人都學顏回。但是人生絕對不能只是謀食，還要進一步謀道，身心各方面的物質、精神領域都要開拓。小畜卦、大畜卦的差別主要也是在這裡。不過，小畜卦雖然是謀食，但謀食到第五爻，「有孚攣如，富以其鄰」，「不獨富也」，自己富了，也照顧人家富，一旦有了這個善心，小畜卦第五爻爻一變，馬上變大畜卦，就不只是謀食，而是謀道了，幫大家解決謀食的問題也是謀道，一定要往這方面昇華。

大畜卦六爻詳述

初爻：心平氣和

初九。有厲，利已。

〈小象〉曰：有厲利已，不犯災也。

我們做學生的，在學校裡或者接受經典的培訓，初爻就是入門。假設三年制大學生，就是內卦畜的系統，「九三」就是大三，即內卦的修學已滿，進入畢業班，面臨畢業考試。到第四爻，就是離開學校，離開內卦到外卦，第四爻是高位，從整個大畜卦看，實際是一個中央執政的高位或者是高級幹部的位置；然後第五爻是做最高領導，這些都跟初爻到三爻所受的基本教育訓練有關。這也是大畜卦本身內卦、外卦的修學過程並重，缺一不可。

「有厲，利已」，初爻只有四個字，說的就是剛入門的菜鳥大家都欺負，每一個都比你大，都可以欺負你這個初生之犢，所以「有厲」，在這個過程中，很辛苦，危險動盪不安，日子過得非常不舒服。這說明乾卦就是有衝動的可能，我們都知道乾卦第一爻是「潛龍勿用」，大畜卦則是內卦三爻都不能輕舉妄動，初爻就更不用想了，你再有陽剛之氣，也得忍，這個時候不能動，只能好好地接受教訓、磨練。「利已」，「已」就是「止」的意思，止就有利，如果你要發作，面臨的就是休學、放棄，但是在大畜卦那是不可能的，因為這個時候就是接受教訓、磨練的時候。這就是「有厲，利已」，很艱苦的學習、操練的過程，即使有任何起心動念或者有浮躁不滿意的心態，都要把它壓制下來，對你才會有利。因為大畜卦就是要「止健」，何況「初九」才是健的第一爻。那麼「初九」相對的是誰？就是「六四」，「六四」跟「初九」相應與，如果「初九」是剛入門的學生，「六四」就是教他的老師，專門帶他的。如果你升到二年級，是「九二」，那就由校長親自下來帶你，即「六五」——大畜卦的君位，「六五」就是去止「九二」的「健」，讓他不要毛毛躁躁，磨掉他的火氣，才能成大器。「六四」止「初九」之「健」，「六五」止「九二」之「健」，「上九」止「九三」之「健」，「九三」與「上九」雖然不是相應與，但「上九」是整個大畜卦終極成功的位置，「九三」雖然覺得自己不錯，要畢業了，可是將來想要扛大任，恐怕得接受更嚴格的就職訓練，還要接受最嚴格的畢業考試，因為他將來出去是要像「上九」那樣負大的責任，要負越大的責任，越要更艱苦、更全方位的磨練。

我們再看「初九」。「初九」自命不凡，卻見識太淺，拚命想往前衝。「六四」就以一個過來人的身份，制止住「初九」的蠢動。所以大畜卦「初九」雖然「有厲」，止卻有利。畢竟前輩的經驗是值得尊重的，靜下心來好好地學習，聽老師的話，對自己絕對有利。正如〈小象傳〉所說的：「有厲利已，不犯災也。」〈雜卦傳〉云：「大畜，時也；无妄，災也。」簡直就是互文見義，「不時」就「災」，這兩卦都包含在內。第一爻不犯災，沒有必要去冒險犯難，規規矩矩地學習，怎麼會去犯災呢？前輩教你，就已經幫你隔離災難了。如果衝動馬上就有災，因為你現在能力不夠，先培養基本能力，才可以冒險犯難。大畜卦必須積蓄一定的實力才可以冒險犯難，利涉大川，絕對不是初爻就可以去冒險的。我們說「大畜，時也」，說的就是時機，「不時」就是「災」，合乎「時」，就不會有災，就「不犯災」。不是去犯災的時候，怎麼可以自己給自己惹麻煩呢？

不聽老人言，吃虧在眼前。「初九」如果不聽，硬是衝動，自不量力，想去涉大川，那一定糟糕。因為不重視基本功的培育，不肯停下來，不肯接受教訓，爻一變就由實變虛，結果就是山風蠱（䷑），馬上就中毒，開始敗壞。初爻通常是「新鮮人」，爻一變蠱卦就不是「新鮮人」了，變成了「腐敗人」。可見，「不犯災也」，不是膽小，而是不具備那個條件，還在養成階段。只有心平氣和，沉住氣，接受磨練，還不到表現的時候。

二爻：不合時宜

九二。輿說輹。

〈小象〉曰：輿說輹，中无尤也。

第二爻就跟小畜卦第三爻有點類似，小畜卦第三爻說：「夫妻反目，輿說輻。」然後〈小象傳〉進一步解釋：「不能正室也。」只是小畜卦第三爻的「輿說輻」是「輻」，大畜卦第二爻的「輿說輹」是「輹」。輻和輹的不同，就是小畜跟大畜的不同之處，兩者都有車子的象，前者著眼於細微末節，後者著眼於大局整體。老子說：「三十輻共一轂。」輻是車輪的組成部分，三十根輻條很緊密，車輪才會緊湊有力量，所以輻代表的是向心力的問題。「說」即「脫」，如果輻條斷掉了，向心力就有問題，好比人事上如果出現這樣的問題，就是離心離德的現象，如此一來夫妻也會反目。輻條斷掉好幾根，車輪的結構鬆散，車子當然就不能動了。「輿說輻」的取象就是這個意思。

大畜卦的「輹」指的則是底盤，是連接車輪和車身的部分，車身代表組織的高層，車輪代表基層，聯繫高層與基層之間的部分就是「輹」，輹一旦脫落，走在崎嶇不平的路上，是要出車禍的。這個聯繫的機制一旦脫落，車子一走，就有可能輪子在前面跑，車身留在了下面。大畜卦是著眼於大處，一個重要的環節絕不能出問題，高層跟承載它的基層之間的聯繫部位如果出了問題，就會上下不合。上面儘管有很多的規劃，因為脫落了中間貫通的環節，下面就不可能幫你執行。所以「輹」要有一定的彈性，溫度高了熱脹，溫度低了冷縮，這種聯繫的機制不可輕視，即使下面的車輪穩固得很，但上面跟高層的聯繫沒有建立，車子還是不能動。

但是「輿說輹」相對於小畜卦第三爻的「輿說輻」來說，還是充滿了善意，因為二爻脫離了初爻初涉人世的過程，覺得自己不錯了，活動力很強，有點蠢蠢欲動，可是在大畜卦來講，二爻還是不能動，還是得「止健」，所以二爻一上戰車就衝出去，是會闖禍的，作為「六五」（注意「九二」也可能是未來的「六五」）的一定要限制「九二」的行動力，「九二」如果想動，他就把

「輹」給拿掉，「九二」想動也動不了，車子沒法開。就像一台複雜的機器，你如果把其中一個重要的環節拿掉，外面看起來還像一台整機，但是依然不能啟動，不能動就不會闖禍，所以說這是一種善意的措施，可以制約「九二」不理智的行為。

〈小象傳〉說：「輿說輹，中无尤也。」「九二」陽居陰位，剛而能柔，又居下卦之中，制止「九二」不合時宜的亂動，是一個善意的措施。所以遭遇「輿說輹」的「九二」，要懂得「六五」的善意，不可以有怨尤，要接受這個過程。

下學而上達

關於「中无尤也」，我們可以聯繫一下《論語》中所說的「不怨天，不尤人」，這是孔老夫子講的：「不怨天，不尤人，下學而上達，知我者其天乎！」「下學而上達」跟大畜卦整個修學的過程是一樣的，第二爻就是不要怨尤，上不怨天，下不尤人，從最基礎開始篤實地學，此謂「下學」，然後到大畜卦上爻通達於天，即「上達」，就是這樣日積月累、日新其德的過程，中間所有學習過程中的滯礙、挫折等，既不怨天，也不尤人，這也是「自天佑之，吉无不利」的先決條件。所以孔子最後講「知我者其天乎」，就是大畜卦上爻的境界。這與賁卦中的官場中好修行，既要保持本身的廉潔，又不要亂得罪人的第四爻「白馬翰如，匪寇婚媾」一樣，也講了「无尤」的概念。但是賁卦的第四爻是「終无尤」，等到你退休下來，才不會有人來找麻煩。那是善終而不得罪人。而大畜卦的第二爻，是人生才剛開始的事業，是「中无尤」，「中道」的「中」，要求的是做事情別太過火。「九二」是剛，有本事、有資源，但要能夠柔，然後還要居於中道。

「不怨天，不尤人，下學而上達」，要求所有的「輿說輹」、所有的挫折、所有的停頓、所有的不順，不要老是歸咎於外在因素，而是老老實實地學，打好自身的基礎。這樣一來，這個爻一變就是賁卦（䷕），是接受人文化成的教養歷程。這就是「輿說輹」善意制約的結果。

另外，賁卦還有一個意思，就是外表好看，其實沒用，只是文飾包裝的象。從這角度講，「輿說輹」說的就是外面看是一輛車子，其實中間有一個重要環節拿掉了，車子是不能動的。「九二」爻一變為賁卦，很多東西是空的，徒具一個架構，沒有實用，中間重要的環節沒有接上，學養未成，怎麼可以亂衝呢？一衝就垮掉了。所以還是死心塌地地學習，不要自視不凡，要好好接受全方位的教養計畫。

三爻：日新其德

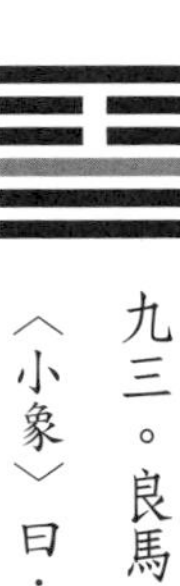

九三。良馬逐，利艱貞。日閑輿衛，利有攸往。

〈小象〉曰：利有攸往，上合志也。

「九三」素有拚命三郎之稱，到「九三」時，已經脫離了「初九」跟「九二」的生澀，雖然過剛不中，卻很努力。「良馬逐」，乾為馬，第三爻健行，覺得自己稱得上是一匹千里馬，於是充滿了企圖心，開始追逐自己人生的目標。從卦象上看，「九三」是由內卦到外卦的邊緣，要去逐鹿中原。

就像很多人大學畢業的時候，快要接觸社會了，可能都有大志，都想將來要幹什麼，甚至想的比天都高，想到跟它相應的那個爻的位置——第六爻，可是三爻不會一步就到上爻，中間還得經過外卦艮重重的阻礙和實務上的訓練——止欲修行的四爻、五爻，還得練習居高位，四爻要做幹部，五爻要做領導，通過這些考驗，才能進入三爻所遙想、追求的大畜卦的終極目標——上爻。所以三爻沒有辦法一步登天，可是它在內卦相對來講比較封閉、沒有外界干擾的環境中學習鍛鍊，學習成績也很優異，經過一關又一關的考驗，只是有時候低估外卦的風險，還不曉得有「社會大學」，到目前為止也並沒有帶人的經驗，沒有實際擔責任的經驗，只是自命不凡，志比天高。「良馬逐」就是這種狀況。這也是好事，但是沒吃苦頭或者不知世事艱難，這樣出去會吃虧的。

整個大畜卦對三爻「良馬逐」充滿了自信的展現，還是怕他吃虧，還得再磨練他，臨畢業出校門前的魔鬼訓練——最難的畢業考試，就是如此。這樣做還是為了他好，與其在外面丟臉，不如在內部嚴格訓練，犯校規總比犯國法好，內部怎麼都好說，因為是教育機構、養成機構，外面的社會可不會跟你講那麼多道理。所以在第三爻的時候，要擔保訓練出來的人真的是棟樑、千里馬，就不能砸了自己的招牌，要重視嚴格的評鑑、管理、內控，這一嚴謹的過程，馬上讓自命不凡的千里馬感受到「利艱貞」，如同噬嗑卦的第四爻那一最苦的爻，面對叢林法則，也得「利艱貞」，將來我們還會學到明夷卦——《易經》最痛苦的一個卦，其卦辭就只有三個字——「利艱貞」。「利艱貞」的目的就是看你能否通過最後的考驗，如果畢業考試不理想，就像在少林寺學武後想出山，你想那些老和尚會直接讓你出山嗎？先過十八銅人像，要是被打得鼻青臉腫，那你還是留下吧，否則下山丟少林寺的臉。等到你打過了十八銅人像，畢業考試通過了，才放你下山，保證「出廠」的品質。

要準備這麼可怕的最後的考試，才「利有攸往」。「利有攸往」就是通過「利艱貞」的考試，但是要準備畢業考試談何容易，必須「日閑輿衛」，每天都得辛勤苦練種種生存的攻防戰技。「輿」就是戰車，在第二爻的時候車子不能動了，少了關鍵零件，徒具其形，不能實際運作；到了第三爻車子可以動了，但現在還不是直接可以開著車下山，且先在教練場開一開。千里馬拖著戰車往前衝鋒陷陣，這就是我們人生進取所做的事情。你確定攻擊力很嫻熟了嗎？是不是得勤學苦練？還有畢業下山之後，人生就是由內卦到外卦，還有很多事情的應對要學習立於不敗之地的本領，要攻防皆備，要懂得保護自己，那就叫「衛」，「輿」是攻，攻防就是「輿衛」。在戰場上，光是進攻，不懂防衛，就會被敵人輕易收拾，所以還要有側翼的掩護，這樣就變成有攻有防的戰鬥體系。在古代來說，「攻」就是戰車的衝撞，「防」就是旁邊保護戰車的設備。我們在社會人生中，一樣是要學習攻防。在學校是小規模的模擬練習，到社會上就是玩真工夫。這樣看來，「閑」是一個動詞，即嫻熟。任何一個專業要熟悉到這個地步，用的時候就會不假思索，憑直覺就能反應。大家都知道門檻的概念，「閑」字就有很高的門檻，《易經》也有很高的門檻，要不然就進不了門。閑就是要你邁過門檻，然後才放心的「利有攸往」。這是一個門禁，而且不是進門的門檻，是出門的門檻。

〈小象傳〉說：「利有攸往，上合志也。」因為你未來可能要成大器，要負重責大任，就是上爻。所以要歷經「天將降大任於斯人也，必先苦其心智，勞其筋骨，餓其體膚」的磨練，這就是「上合志也」，「上」是指「上九」。「九三」將來可能要負擔「上九」那樣的重責大任，現在當然要有各方面的磨練，以便有能夠處理繁劇事務的能力，通過艱難的考驗。「上合志」和小畜卦第四爻與第五爻承乘的關係有點類似，但是大畜卦是用相應的關係，正因為這樣，寄望高，期許大，所以要求嚴。「日閑輿衛」就是日新其德，還是「終日乾乾，夕惕若，厲，无咎」的象，不然怎麼經過考驗？

「九三」爻變是損卦（䷨），需要懲忿窒欲。「九三」自己認為很不錯，但是還要磨掉其銳氣，經歷最嚴格的考驗。其實大畜卦中還有損卦的象，像二、三、四、五、上爻構成的卦中卦也是損卦，「九三」就是大畜卦中藏的損卦「九二」，換句話說，你要理解大畜卦的「九三」到底在講什麼，就要懂得損卦懲忿窒欲的意思，尤其要懂得損卦「九二」在講什麼，就是大畜卦對「九三」的要求。正因為「九三」是可造之材，他才會被這麼磨練，要不是一匹良馬，誰肯花那麼多的教育成本在他身上呢？

我們再比較一下「九三」跟无妄卦的「六三」，看看是什麼差別？「九三」出門的門禁很森嚴，不輕易放你出去。无妄卦的「六三」則完全沒有門禁，外人一進來，就把牛牽走了，裡面的人還不知道自己已經遭受無妄之災，這正是內控不嚴禁、管理鬆懈，外人如入無人之境，一堆人因為門禁不嚴、管理鬆懈，結果倒大楣了。可見內控的嚴謹與否很重要，大畜卦的第三爻就是要求內控很嚴。這一比就看出這兩卦的異同，管理不能太鬆懈，什麼事情都可能發生的。

四爻：初為人師

六四。童牛之牿，元吉。

〈小象〉曰：六四元吉，有喜也。

「六四」就是畢業了，千里馬可以在社會上追逐了。「六四」要輔導的學生就是「初九」，所以卦辭說：「童牛之牿，元吉。」大畜卦就是從畜牧業中得到經驗智慧，什麼都養，三爻教你怎麼養千里馬，四爻教你怎麼養初生之犢，初生之犢就是「初九」，「六四」就是如何去養初生之犢——「童牛」。隨後的「五爻」就是養野豬，五爻養的野豬就是那個浮浮躁躁的「九二」，結果被「輿說輹」。

「六四」為人師、做幹部，現在要教育基層的「童牛」。「童牛」很可愛，但有牛性，初生之犢連老虎都不怕，不過可塑性很高。我們希望童牛將來長成壯牛、成牛的時候，希望角別亂長，要有規矩，那就叫「牿」，給它做一個木架子，按照這樣長就會長得最好。當然，「童牛之牿」是很明顯的畜牧業經驗。「六四」教育「初九」，養這個童牛，給它適度的管理制約，讓它的角不亂長，必須在可以造就的時候，即牠還是小牛的時候，就開始正確的培養，而且是一直盯著。

人不可能不犯錯，犯錯趕快校正，就是靠「牿」來校正的，如果一開始不注意牛角怎麼長，長到最後，牧牛人也沒有辦法，因為它已經成形。可見，「童牛之牿」有先見之明，灌注這樣的愛心和注意力，就有「元吉」的結果。一個爻一旦出現「元吉」，就說明結果很不錯。在童牛的時候，就下這麼深的工夫，最後的結果肯定是充滿了創造性的基因。所以〈小象傳〉說：「六四元吉，有喜也。」一「喜」是個人的喜，就是不會有病。如果一開始就預防到了，牛角長得也正確，就會變成對社會有用的人才。千萬不要發展到无妄之疾，那時用什麼藥都沒得救，因為已經成型，牢不可拔了。

「六四」爻一變叫什麼卦？大有卦（䷍）。這個爻很好，如果做到了大畜卦第四爻，防範於未然，「元吉」，就有大有卦「元亨」的象。

五爻：閹割欲望

六五。豶豕之牙，吉。

〈小象〉曰：六五之吉，有慶也。

「六五」要琢磨的對象，是要訓練野性難馴的「九二」。「九二」受「六五」的輔導，就是「輿說輹」，然後還不能怨尤。那「六五」要怎麼輔導呢？「九二」對「六五」來講如同一頭野豬，野性難馴，一旦失控就不能控制，開始對社會造成破壞。野豬雖然野性難馴，但它也不是一生下來就有獠牙的。「獠牙」是很難防範的，到處違法亂紀、禍國殃民，要對付「獠牙」就變成畜牧業中養野豬的智慧了。像「九二」不服管教，就可能會長成「獠牙」，它不像「童牛之牿」，角沒長成，還好對付。「六五」面對的「九二」，這時起步就已經比較晚了，已經有了一定的驕狂習氣，已經有獠牙了，變成了真正的野豬。那麼要如何對付一頭已經裝備了獠牙的野豬？如果直接去對付野豬的獠牙，已經見機得晚了，這時怎麼辦？「豶豕之牙」。用「豶」的動作，對症下藥，調整作法。要用釜底抽薪的辦法去對付野豬的獠牙，不要硬碰硬，不討好，還傷感情，要用「豶」的動作作為治本之策。既然牙已經長出來了，就不要對付牙，牙之所以對你有威脅，是因為野豬野性難馴，是其病灶之所在。用「豶」的方法，就是閹割，這也是古代畜牧業常有的辦法，野豬之所以會到處衝撞，其實也不能怪它，因為它春情發動，一到青春期，有時就會莫名地煩躁，所以最好把它閹割了，一刀切斷其「塵緣」，或許它會覺得很自在，很多的煩惱突然一下子沒有了，無限的清涼，所以它的獠牙就不會去撞人了，而是變成一個裝飾品。

我們要注意的是，表面上看，「六五」是針對「九二」那頭野豬，其實更深的意思則是「六五」對自己作為領導人心中無限欲望的克制，最好把它閹割掉。像齊宣王的「寡人有疾」，不就是領導人心中的欲望、心魔嗎？在无妄卦第五爻也是這個意思，大畜卦第五爻是負重責大任的領導人，不能有任何私心，才能進一步到上爻。領導人有私心就是「无妄之疾」，只會禍國殃民。要是有私心，他就會像野豬一樣，藉著獠牙荼毒天下，很多人就得受他頂撞、傷害，所以根本之策是把欲望的根切掉，人沒有了私心，才可能成就最高境界，馬上進入大畜卦上爻。要是私心沒有放下，天天想這想那，再加上有「牙」，一定是為禍天下的。

〈小象傳〉說：「六五之吉，有慶也。」皆大歡喜謂「慶」，大畜卦第四爻是有喜，是個人的喜，雙喜叫「嘉」，眾喜叫「慶」。就像佛一講經完畢，不管在家眾還是出家眾，皆大歡喜，這就是「有慶」。所以看著「六五」好像是對付「九二」，其實最重要的是領導人對自己心念的克制，如果真的可以斷欲，「豶豕之牙」，靠他的實力就可以為民謀福，這叫「有慶也」。但是它是「吉」，不是「元吉」，第四爻是見機早，但是影響小，所以它是「元吉」，而這樣的「元吉」也只是有喜。第五爻已經晚了，下手晚更要抓重點，擒賊擒王一刀切，只要「外科手術」切除成功。但是它沒有見機早，所以不叫「元吉」，可是這個吉會擴散，因為君位的領導會讓大家都有慶。「一人有慶，兆民賴之」，大家都跟著歡喜，這是大畜卦；「一人有疾，兆民敗之」，大家都得跟著倒楣，這是无妄卦。所以我們看，无妄卦跟大畜卦，三爻對三爻、五爻對五爻都有明顯的反差。大畜卦第五爻控制得好，就皆大歡喜，控制不好，爻一變就是小畜卦（䷈），密雲不雨，什麼事情都不能做。

上爻：畜極則通

上九。何天之衢，亨。

〈小象〉曰：何天之衢，道大行也。

大畜卦上爻是畜極則通的境界：「何天之衢，亨。」「何」即「荷」，負荷、承擔的意思，你能承擔的責任，不能夠超過你的能力範圍，不然就會引起質疑。大畜卦經過前面五個爻，到最後清心寡欲，沒有走偏，馬上就畜極則通，大徹大悟。「衢」是象徵，就像我們現在四通八達的交通，「衢」作為交會點，以全球商務來講，就是那些最重要的集散地、大都會，空運、海運、陸運都非常繁忙，古代的江西九江，就被稱為九省通衢。「天之衢」，說明還不在地面上，是在天上，海闊天空，沒有任何障礙。所以外卦艮到這裡已經登峰造極，利涉大川。故上爻爻變為泰卦（䷊），天地之間交通無礙。「何天之衢」，可以承擔在天之衢，在所有天道真理的交會點高度上去承擔那個位置的責任，自然就亨。

〈小象傳〉說：「何天之衢，道大行也。」大道之行也，天下為公，所以必須斷私欲，尤其領導人「豶豕之牙」。「六五」的尚賢就是心嚮往之「何天之衢」的境界——「道大行」，然後就進入頤卦，爻變為泰卦，就不難理解了。

其實，我們的人生在大畜卦的時候，要定出人生的方向，「天衢」也指競爭最激烈的交會點，可是那裡充滿了機會，充滿了挑戰，是一個聚寶盆，希望無窮。

占卦實例1：未來十年學《易》的進展？

這個占例是我的一個學生回顧自己過去十年學易的經驗，然後在此基礎上，再看未來十年學《易》會是什麼卦象？結果就是大畜卦，三、四、五爻動，三爻齊變「貞悔相爭」變成履卦（䷉），從「良馬逐」、「童牛之牿」到「豶豕之牙」，步步高，由內而外，由下而上，然後三爻齊變就變成「履虎尾」，履卦注重實踐，需要腳踏實地實行，正如我們平常所說的知《易》簡單，行《易》為難。這個卦象當然是代表其實未來十年可以期待，雖然不可能學到最高境界，但是可以不斷地精進，然後按照《易經》的道理運用在人生的行事上，可以「履虎尾」，履險如夷。

從動物的角度來講，大畜卦三、四、五爻是在畜牧階段，它的對象形形色色，可能是良馬，可能是童牛，可能是大野豬，面對不同的動物，都得因材施教。你不能說只會養良馬，萬一來了一頭野豬，你怎麼辦呢？是不是就要放棄？所以你門下或者訓練機構可以訓練各式各樣的人才，大畜卦本身就有事業想做大的意思，想做到世界各地去，那就需要各方面的人才，要尚賢、養賢。人才不拘一格，有的是千里馬，有的是初生之犢，有的是大野豬，你有沒有恰當的方式來用這些人，可以克制其弱點，發揮其善性，還要恰如其分，這就是大畜卦的本事了。換句話說，這位學生未來十年的學《易》過程，集合了養良馬、養牛、養豬的過程，最後就可以去踩老虎尾巴，要是沒有對這三種動物內外兼修的工夫，如何降服大老虎，還要去踩老虎尾巴？這裡的修為就是大畜，先把良馬（馬就是心）層出不窮的欲望控制住，天天天人交戰。我們講過《西遊記》作為佛教小說是最啟發人的，唐僧已經是得道高僧了，為了更精進，於是西行取經，在途中，他自己心中就常天人交戰，象徵他真理的心猿孫悟空，跟象徵他肉身欲望的豬八戒天天吵，幾乎每一次他都是聽豬八戒的，然後犯錯，再後悔，再跑到花果山把心找回來，有時還不想去找，還得佛菩薩點一下，再回去找心。可見，每個人心中都有「豬八戒」，要把心找回來，談何容易。連一個修行有基礎的人尚且心中是「豬八戒」容易戰勝「孫悟空」，還得歷經九九八十一難，所以我們凡人就不必吹牛了，只有承認自己是「豬八戒」。

另外，老虎是肉食者，在「噬嗑」的叢林世界裡，牠是龐然大物，要與老虎相鬥，先要「大畜」，照料自己，馬也好、牛也好，野豬也好，都必須歷練完，才可以步步高，最後再去鬥大老虎，而且踩老虎尾巴。這就是《易經》的動物象徵意義。如果再動第六爻就更好了，四爻齊變為兌卦（䷹），那真是法喜充滿。

占卦實例2：南韓天安艦事件和平落幕

二〇一〇年七月下旬，因天安艦事件，南北韓陷入劍拔弩張的危機，有人擔心會爆發二次韓戰，我問一年內會出事嗎？得出大畜卦初、二、上爻動，三爻齊變成謙卦。大畜以止健為義，「初九」爻辭：「有厲，利已。」「九二」爻辭：「輿脫輹。」雙方皆會評估風險，不可能輕舉妄動。「上九」爻辭：「何天之衢，亨。」交流管道暢通。謙卦則兼顧到各方利益平衡，保證平和落幕。其後果然如此。

占卦實例3：神探難斷「三一九」槍擊案

二〇〇四年三一九槍擊疑案，對臺灣社會衝擊甚大，藍綠對峙，族群矛盾嚴重。為了澄清疑慮與爭議，旅居在美的神探李昌鈺受邀來台探查勘驗，民間風傳的「月中有貴人來」會應驗嗎？勘驗結果會導致選戰翻盤嗎？我於三月底一占，得出大畜卦初、二、四爻動，「六四」值宜變為大有卦，三爻齊變成旅卦。

大畜也是各方蒐集訊息以求突破之義，不家食吉，仰賴外援。「初九」爻辭：「有厲，利已。」「九二」爻辭：「輿脫輹。」都有遇阻難行之象。「六四」爻辭：「童牛之牿，元吉。」似有些許希望。旅卦失時、失勢、失位，恐怕難以翻轉案情，其〈大象傳〉稱：「明慎用刑而不留獄。」談的正是司法行政的檢調事宜，由於外客在野，沒有權力，很難不受政治力的干預和影響。時過境遷，想重建案發當日的現場實況，也有困難。後來一切發展果如預期。

占卦實例4：宦海新銳前途受限

二〇一四年初，時值甲午年將至，《中國時報》政治組又邀我對國內政治人物當年運勢占斷，其中閣揆江宜樺為大畜卦初、二爻動，齊變為艮卦。大畜志不在小，艮則明顯受阻，難以更上層樓。大畜「初九」爻辭：「有厲，利已。」「九二」爻辭：「輿脫輹。」都無法前進，宦途應該到此為止。果然，當年底九合一大選，執政的國民黨敗潰，江院長辭職下台。

占卦實例5：慾求受阻鴛夢難圓

一九九七年底，我的學生三十多歲未婚，對一位大陸來台的女生有好感，頗思追求，先占順利否？為大畜卦二、三、五爻動，三爻齊變成益卦。大畜內卦乾代表他，「九二」爻辭：「輿脫輹。」「九三」爻辭：「良馬逐，利艱貞。」都有勸止之意。外卦艮代表對方，「六五」爻辭：「豶豕之牙。」出手制其情慾，斷其禍根。嚇得他忙打退堂鼓，這還得了！益卦的〈大象傳〉稱：「君子以見善則遷，有過則改。」惹不起女煞星，還是另尋佳偶為宜。後來他確實也另締良緣，還生了很可愛的兩個小孩，家庭生活美滿，無需「不家食」了！

養生有主——頤卦第二十七（䷚）

頤、大過、坎、離卦卦序分析

頤卦之後就是大過卦、坎卦、離卦，上經的演繹就結束了。我們都知道，坎、離二卦是所謂的八純卦，也是上經闡釋天道自然演化的因果順序，進入了最後的階段。下經從咸卦、恒卦開始，是以人道為主，從人情出發，進入人事的糾葛，是一個再開始，而這個再開始是直接從人情、人間世切入的。上經衍天道，下經衍人事，也就是天人相應，所以咸卦不要看成是接著離卦，雖然它們也不是沒有關聯，但跟那些單卦與單卦之間的關聯不同。

上經最後的四個卦就呈現高度動盪、千變萬化的現象，常常有很多的突發事件，非常難以適應。所以它就呈現了相錯的變化，動則六爻全變，像山雷頤跟澤風大過是相錯的卦，六爻全變，而且是瞬間就變，讓人非常難適應；坎卦跟離卦也是如此，六爻全變，正如〈說卦傳〉說的「水火不相射」。其實從上經一開始就是錯卦，像乾、坤二卦的激烈變化，使得整個宇宙自然界剛開始的時候呈瞬間的劇變，天地的格局一下子就搞定了，確定了以後百億年以上的自然演化，由六陽乾釋出大量能量變成六陰坤，這就是所謂的開天闢地，以後一切宇宙人生的變化，皆以這兩個相錯的卦為根基，這一變化因為不是很好應對，當然也沒有人的存在，生命開始之後由屯、蒙、需、訟一直下來，基本上遵循相綜的規律，是慢慢變化，從從容容，等待因緣具備之後，開始一步一步的演化，中間當然也會出現相錯的現象，像泰（䷊）、否（䷋）二卦和隨（䷐）、蠱（䷑）二卦，它們也是六爻全變，代表瞬間劇變，但是它們不只是相錯的關係，同時也是相綜的關係，既錯又綜，基本上沒有破壞兩卦相綜慢慢變化的形式。可是到了頤、大過二卦和坎、離二卦，就搖身一變，變成瞬間劇變連續相錯。這就說明剛開始一剎那跟最後某一個階段快結束時變化都會加快，所以人很難適應。佛教喜歡講末法時期，中國喜歡講亂世，處在那樣的環境中，人的生存就不那麼從容了，你會發現周遭的形勢，包括你的想法、人際關係、國際關係，都處於動盪不安的變化中，所以你會覺得手足無措，一不小心就會被劇烈變化的形勢吞噬掉。之前所流傳的二〇一二浩劫，不管是怎樣的危言聳聽，至少天災人禍發生的頻率已讓人覺得越來越快、越來越多了，而且越來越不可測。其實我們要是熟悉《易經》卦序錯綜的原理，在進入類似錯卦的變化時，就可以提升自己解讀問題、適應環境的能力，適時調整，否則就無法預測下一步的變化。

頤卦跟大過卦是生死交關的兩個卦。頤卦是中國養生學的大全，養我們的肉身、心靈，像孟子講的「養浩然之氣」；而且身心不可分，如果我們的身體頻出狀況，心情就會比較焦躁。頤卦的養生最重視的是飲食起居，我每次想到這裡就有一點心虛，講起來好容易，做的時候沒有嚴格的生活紀律要求就很難做到，自己總會找藉口。飲食起居的重視，絕對比吃藥好，中國自古以來就有藥補遠遠不如食補的說法。

頤卦這一中國最重要的養生大原則，可以從理論跟實務操作上做印證結合。但是頤卦不是那麼好懂，尤其六個爻的爻辭，大半的爻辭高度抽象，需要結合人生經驗進一步推理，才會感悟並進入養生的殿堂。我們以前也總結過頤、大過這兩個卦，頤卦探討生與食的關係，想活就得吃，飲食要重質、重量、有節，其中講究的學問就大得不得了，既要滿足生命生存、發展的基本需要，又要不陷入縱欲的泥潭，不會有過猶不及的情況。需卦是食色問題濃縮在其中，但是到了噬嗑卦跟賁卦，展開變成一體兩面的兩個卦，一個談食，一個談色，談得很詳盡精彩。到了頤卦跟大過卦，則是更全面地探討食色問題，雖然已經到了人生的最後，還是脫離不了食色這一人生基本問題，而且是生跟死的問題，生死跟食色結合在一起，闡述得很全面、很深透，就在頤、大過兩卦。

生與食、愛與死的生命智慧

頤卦因為要生，就希望生活得好，活得享受、自在，所以要養生。想要生活得好，就要高度重視飲食、起居，同時包括很多生活習慣。《易經》是中華文化的源頭，養生的大原則在頤卦，後面不斷豐富的中醫養生之道就是由此擴展開來，發展到後來，不只是養個人，還擴及同道，跟一切眾生分享。你活得好，當然也希望你的親人活得好，朋友也活得好。你是公司老闆，你調整得不錯，也希望你的員工不錯，甚至整個社會都不錯。所以頤卦的養生是可以從小宇宙到大宇宙無限擴充的，雖然它本身呈現的是個人的生態結構。生態包括自然生態，也包括宇宙生態，任何職場、官場、商場的組織都有生態。這些生態也是生與食的關係，如同一條食物鏈，有在食物鏈頂層，有在食物鏈底層，大魚吃小魚，小魚吃蝦米，蝦米吃泥巴，其中就有相生、相克的生生化化的機制。就像我們的身體也是一個生態，你怎麼讓它平衡？身體的生態如果失衡，就往大過卦走，就要出事情。一旦生態出現重大問題，就要顛覆生態秩序，種種的災難都會出現；一旦超負荷、崩盤，就會從正常的生態平衡的頤卦，瞬間六爻全變，變成高度危機、高度動盪的大過卦。大過卦就是超負荷導致的滅亡。

我們現在常說「非常男女」，「大過」就有非常的意思。但是「非常」也不見得是壞事，當我們處在一個非常的時代，災變頻傳，人心失衡苦悶，沒有出路時，常常會出現一些非常的機緣、非常的人物，憑藉其超凡的膽識、魄力，用特殊的作法，挽狂瀾於既倒。大過卦是瀕臨滅亡的卦，如果用正常的一板一眼的方式是很難救治的，所以要出奇招；在兵法中，大過卦就是「出奇制勝」。如果說你的身體出狀況了，原先可以自我調理、「七日來復」，修復被摧殘、被破壞的身心結構，而現在得了不治之症，等待死亡，面對這種恐懼，那怎麼辦呢？一般人不可能束手待斃，可是它是一種非常狀況，如果用一板一眼的緩慢方式就沒時間了，所以大過卦時就會逼出很多特殊的療法。我們也知道，像有人得癌症，用西醫那一套是割不勝割，很多人都會自然而然去找中醫，或者嘗試民間特殊的療法，這時也得看醫患的緣分了，有時還真的就能創造奇蹟。這就是大過卦的非常之處，人面對死亡，面對組織崩解，正常的方法無效時，只有置之死地而後生，破釜沉舟，用特殊的方法解決問題，那時就不能拘泥於循規蹈矩的方式，因為整個的平衡態已經被破壞了，緩不濟急，沒有「七日來復」這般慢慢修補的時間，一定要冒風險，用特殊手段實施救治。

救命是如此，救組織、救國、救世有時候也是如此，非常時代要用非常方法，負負有時候能夠得正。你如果完全用正的方式，結果還是負的，救不了。所以大過卦是一種非常思維，我們現在剛好是在「大過」的時代，面對這個卦我們不能有成見，要虛心體察。頤卦是生與食，大過卦是愛與死。大過卦時如果不好好處理，立刻就會滅亡，在這個時候人要如何超克對死亡的恐懼，靠頤卦那一套就不行，頤卦是一個正常的生態，長生不老的想法自古就有，秦皇、漢武到晚年的唐太宗都不能免，怕死、戀生，所以以那樣一個英明的頭腦到了晚年面臨生死時，也會呈現那麼幼稚的想法，會去相信有長生不老藥，被人騙、被人耍，可見人之常情不可免。我們要明白，食只能維生，不能救死。當組織面臨各方面的破壞或者個人面臨死亡的時候，不能從食這一方面去想了，要從「愛」這方面出發，愛的世界沒有恐懼。人生最大的恐懼一般來講就是死亡，要超克對肉身死亡的恐懼，身心靈就得高度修煉，有愛的人，有慈悲的人，不會執著於自我一身，甚至可以犧牲小我成全大我或者利益眾生，對他來講，死亡實在是沒什麼好害怕的，本來就是自然的。在愛中沒有恐懼，所以要用愛才能真正超克對死亡的恐懼。人在生老病死面前，吃什麼都沒有用，打胎盤素、養顏針，都是癡心妄想、自找麻煩、自尋煩惱，根本的解決之道就是靠愛來超克。因為有愛，所以不怕死，人一不怕死，就可以超脫於任何困境。

像佛教，也是為生死問題發心的，愛基本上也是跟色相有關，最基本的愛，除了親子之愛之外，就是兩性之愛，有了男歡女愛，才會有上一代、下一代繁衍無窮的生命現象，人際的倫理關係才出來。所以生與食、愛與死這一頤卦、大過卦的主題，比噬嗑（䷔）、賁（䷕）二卦所談的食色問題又高一層，而且更全面。從需卦（䷄）到噬嗑、賁二卦，再到頤、大過二卦，人的生、死、食、色關就看你修得怎麼樣，決定你最後下地獄還是上天堂，即坎卦、離卦。坎卦是下地獄的概念——「本乎地者，親下」，水一直往下流、沉淪；離卦代表天堂，火一直往上燒，「本乎天者，親上」。這是乾卦的〈文言傳〉所說，即天地跟水火有體用關係，從乾、坤開始，到坎、離結束。坎、離就是生前死後的世界，屬於生死之外的，我們這一輩子就檢討到頤卦、大過卦為止，之後、之前則是精神性的存在，那就是坎、離二卦。不管是宗教還是非宗教，古今中外那些傑出的思想家、宗教家，不可能不探討這個問題的，人從哪裡來，到哪裡去，就集中在《易經》上經的坎、離最後兩卦這一自然演化天道的總結論中。肉身的生死，在頤跟大過二卦，在這個關頭去探討人怎麼活、怎麼死，怎麼面對死亡的種種掙扎，非常有啟發意義。

像中國的孟子，就講人的肉身之後，還有精神的存亡，即生死存亡。生死是講身體、講肉身，存亡只有心靈，純精神的永存。正如老子的《道德經》所說的「死而不亡者，壽」，真正的長壽是肉身死了，精神永存，這才是真正的長壽。這些道理古今中外很多哲人都想過了。如果你真的是造孽太多，那就只有下地獄了，那就叫亡，不只是死的問題，比死還嚴重。生死存亡，可以說對應了上經最後這四個卦。孟子云：「魚，我所欲也，熊掌亦我所欲也；二者不可得兼，舍魚而取熊掌者也。生亦我所欲也，義亦我所欲也；二者不可得兼，舍生而取義者也。生亦我所欲，所欲有甚於生者，故不為苟得也；死亦我所惡，所惡有甚於死者，故患有所不辟也。」人都貪生怕死，這是當然，但是「所惡有甚於死者」，我們所厭惡、所害怕的有比肉身的死亡還恐懼的，就是下地獄，就是「坎」，就是怕背萬世的罵名。人都討厭死，但還有比死更可怕的事情，就是坎所代表的東西。還有人都樂生，都想活，可是我們所喜歡的、所願意的，「所欲有甚於生者」，那就是離卦代表的概念，不然你庸庸碌碌活一輩子，糊里糊塗的，活再長也沒有意義。你能不能夠「離」，做到精神性的昇華，「魚與熊掌不可兼得」，可是這兩個如果只能夠選一，「舍魚而取熊掌者也」，生是我所欲，義也是我所欲，如果這兩者只能取其一，只有捨生取義。古今中外做出這樣的抉擇者，不乏其人。人在思考兩者選一的時候，可以看到一個更高的價值，如譚嗣同，選擇等死，不選擇逃離，這些人都是非常人，就是「大過」，面對死亡時他的愛可以成就一些大事情，中國革命流血也從他開始。像文天祥，如果肯投降蒙古人，就可以當高官，但是在那個情況下，他選擇了死。人生很多類似這樣的情況，殺身成仁、捨生取義，影響了不知多少中國人的思維。

大過，顛也；頤，養正也

〈雜卦傳〉云：「大過，顛也……頤，養正也。」頤卦是「養正」，養天地正氣，我們的身心各方面也要用正的方面去養。養生的東西也是五花八門，哪一些是正宗，絕對經得起考驗的，哪一些是嘩眾取寵，經不起考驗的；你一定要尋那個正的，而且這個正有時候也不見得對每個人都一樣。乾卦〈彖傳〉就告訴我們，「乾道變化，各正性命」，「正」也是有變化的，並非一成不變，對你有用的，對他可能有害。我們也知道，醫患的關係很重要，有時你的病碰到這個名醫可能對你一點用也沒有，甚至有害。所以每個人都有他的正，即特異性。「養正」，才會路子對，才可以對症下藥。也就是說，這一套養生的方法、創造平衡的方法，對你完全是量身訂做，終生就走這條路。所以養生才會有那麼多的法門，只有找到那條正路，而且不是一朝一夕之功。前面的大畜卦就是在養，先畜，然後下一步就開始養，進入我們的頤卦。无妄、大畜二卦其實就已經有養生的先兆了，所以它們的卦中卦，都有頤卦的象。无妄卦（䷘）第一爻到第四爻構成的就是頤卦，无妄卦如何從清心寡欲、起心動念的清淨心開始，絕對跟養生有關。如果妄念太多，災難多、身體狀況也多，就會影響到養生。大畜卦（䷙）也是，大畜卦的三爻到上爻，從千里馬到「何天之衢」也是頤卦。噬嗑卦跟賁卦是專門談食色的，裡面也有頤卦，噬嗑卦（䷔）初爻到四爻所構成的卦中卦就是頤卦，賁卦（䷕）三爻到上爻的返璞歸真，也是頤卦。

「大過，顛也」，顛者，顛倒不正常，整個平衡的體系被顛覆，回不了頭了，一切都是一種反常、非常的狀態，這時候就需要扶正、恢復平衡，像濟公和尚，法號濟顛，就是如此。〈雜卦傳〉解釋大過卦就是用一個「顛」字，說明大過卦的時候要怎麼救治。救的方法非常特殊，不是一般人理解的太平盛世的狀況，大過卦用「濟顛」來形容最合適不過，所以濟公活佛本身瘋瘋癲癲的，以顛濟顛，負負得正。如果他像一般的和尚那種法相莊嚴，根本就沒有辦法「濟顛」，他本身就要權變特殊，而且葷腥不忌，我不入地獄誰入地獄，這種看似瘋瘋癲癲的方式，有時候才能真正濟顛，拯救眾生。這就是大過卦的非常之態。

再有，從卦中卦來分析這個結果就很單純。頤卦有剝極而復之理，即浩劫之後重生再造的道理。所有的生態都是剝極而復，都是新陳代謝，一代剝，新一代復，生生不息，就構成一個生態。所以剝、復這兩卦跟頤卦的關係很深，爻變跟卦中有卦，一目了然。頤卦初爻爻變是剝卦（䷖），說明初爻沒守住就剝掉了，一個養生的頤卦變沒了，所以如何讓它不要剝，頤卦的第一個爻就要守得住。頤卦上爻爻變是復卦（䷗），頤卦的目的就是希望能夠復，一直有那個核心的創造力，使得生命能夠有自我修護的能力。換句話說，頤卦的上爻，看了心中就很受鼓舞。因此不管你有哪種狀況，有不治之症或者是特殊危機，要是占到頤卦的上爻，保證過關，而且剛好上爻是宜變之爻，就是點到上爻。這樣的例子很多，百試不爽。也就是說，頤卦初爻教我們如何不「剝」，在養生的頤卦之中，如何能夠不傷、不滅；頤卦的上爻教我們在碰到狀況時，還可以「復」，還可以活下去，重生再造。這就是爻變跟剝、復二卦的關係。

其實，任何一個生態體系都可以分解出剝卦跟復卦。頤卦幾乎就等同於剝跟復的方程式的兩邊。換句話說，活著就是要我們懂得難免有一些東西會剝、會衰老，甚至會滅亡，但是你只要能復，就可以繼續活下去。

相對來講，大過卦就是跟夬、姤二卦關係很深。夬（䷪）、姤（䷫）是五陽對決一陰，夬卦就是剝卦的錯卦，姤卦是復卦的錯卦。也就是說，夬、姤二卦跟剝、復二卦剛好相反，剝、復二卦是剛開始非常恐懼，最後能夠復，是轉成正面的；夬本來是正面的剛決柔，到最後變成姤卦，完全倒過來了，危機呈現，變成陰剝陽。而夬、姤二卦跟大過卦的關係又很密切，大過卦的初爻爻變就是夬卦，上爻爻變就是姤卦，根本就是對稱的。

所以深入之後，兩個卦、四個卦、八個卦，甚至更多卦之間的關聯，對於《易經》義理的內涵，我們就可以駕馭得更得心應手，任何狀況都能找得出生門。

頤卦的卦中卦與爻變

我們再回到頤卦，先看它的卦中卦。頤卦中間四個爻構成的是坤卦（䷁），所以頤卦的養生之道跟坤卦的智慧有關。坤卦是立足於土地，順勢用柔，頤卦的養生原理適用於廣土眾民，放諸四海而皆準，所以頤中有坤的象。倒過來看，大過卦（䷛）中間四個爻有乾卦（䷀）的象，所以你別小看大過卦，裡面的能量同樣驚人，爆發出來，上下兩個陰爻都夾不住，所有問題都已經表面化，積極擴充的四個陽爻的能量，可以使整個崩盤。好比兩塊燒餅夾四根油條，怎麼夾得住？馬上就撐破了。

頤卦初爻、二爻、三爻、四爻構成的卦中卦是復卦（䷗）；初、二、三、四、五爻構成的也是復卦。三、四、五、上爻構成的是剝卦（䷖），而二、三、四、五、上爻構成的還是「山地剝」。這樣一來，頤卦的卦中卦有兩個剝、兩個復，加上爻變，我們就知道要理解頤卦，就要理解剝、復二卦是怎麼回事，同時也要懂得坤卦的智慧。

再看爻變。頤卦的「初九」之所以重要，因為它就是復卦的「初九」，是核心的生命力，性命交關，當然重要，而且這一關一定要守住，守不住就是爻變為剝卦，那樣就太可惜了。復卦核心的生命力被剝掉了，本來多麼有正面的效應，因為沒看好，暴殄天物，爻變是剝。我們這一輩子養生，很多就是一天到晚在糟蹋自己那個復卦的初爻，所以就造成剝的後果。

「上九」爻變是復卦，但它是剝卦的上爻，有被剝的可能，是君子就「得輿」，是小人就「剝廬」。當然依此類推，大過卦裡面也藏了兩個夬、兩個姤，充滿了危機，充滿了剛決柔的當機立斷的智慧，不然就救不了大過卦的危局。剝復、夬姤之所以重要，就是太極圖裡面的魚眼睛，萬物分陰分陽，陰中有陽，陽中有陰；陰極轉陽，陽極轉陰。關鍵點就是雙魚圖的魚眼睛，黑魚有一個白眼，白魚有一個黑眼，就是剝復、夬姤，都是非常極端的變化。

養生、自養、養人

〈序卦傳〉云：「物畜然後可養，故受之以頤。頤者，養也。不養則不可動，故受之以大過。」大畜卦既然要求基本生存以外的更大發展，就得儲備更多有用的資源，儲備到時機成熟了，自然而然就道大行，畜極則通，就進入到頤卦。「頤」就是大畜卦，畜養身到畜養心系統完成所呈現的樣貌生態，構成息息相關的關係。

「頤者，養也」，「養」，生養、教養，不是從復卦的生生不息才開始的，其實從屯卦就開始養了，屯是新生，第一次就得養，到了剝卦的時候，幾乎瀕臨毀滅，所以才有了復卦的再生，又得養，「不養則不可動」，不然你人生怎麼行動呢？營養不足，動都動不了，所以人一定要有養，到了大過卦才有非常人的修養，才能夠屹立不搖、獨立不懼。本錢不夠的人，一到大過卦這種考驗的時候就稀里嘩啦；本錢夠的人，碰到這種情況，表現就不同一般。所以平常就得養，重視養好根基。

「不養則不可動，故受之以大過」，大過卦是高度動盪危險的卦，一定要當機立斷採取有效的救治行動，否則就過不了關。那麼動的時候你根據什麼而動，就看頤卦的養如何，如果養的好，才可臨危不懼，儲備的資源到時候都可以派上用場，免於被大過卦超負荷的考驗壓碎。

「物不可以終過，故受之以坎」，大過是一種非常狀態，雖然考驗人，但不能太久，在瀕臨滅亡的崩盤局面，從個人的身體到組織、企業、國家，生死存亡關頭的時候，當然是拚命想救，要是沒有辦法讓它恢復平衡，又沒有辦法出奇招翻盤，長期持續在大過的危險狀態中，就像夜路走多了，遲早碰到鬼，總有一天一個閃失就會全盤皆輸，不進則退。所以「物不可以終過」。「大過」只是一種狀態，這種非常狀態本身不正常，就不可能持續太久，所以那個時間你要是不能夠創造奇蹟，起死回生，就掉到坎卦裡面去了，陷入連環不斷的風險、危機，就有點萬劫不復的味道了，這就是「故受之以坎」。看來，大過卦還是有時間的壓力。我們必須盡量想辦法解決，最好在短暫的時間內推出有效的辦法，解除危機，不然的話就要掉下去了。下面的路就是坎坷不斷，坑坑洞洞伴你一生，被套牢，前途風險無限。

頤卦卦辭

頤。貞吉。觀頤，自求口實。

頤卦的卦辭很簡練，八個字：「貞吉。觀頤，自求口實。」「貞吉」，即固守正道則吉。這就是頤卦養正的意思。從復卦到无妄卦，都希望走中心的正道，不希望偏離，一偏離馬上校對、調整，不然天災人禍並至。要做到這一點，則要求心要正，行也要正，大原則都跟頤卦有關，即維持生態平衡的繁榮發展，絕對要固守住，貞就吉，如果不貞，或者有程度上的差異，當然就不吉。

頤卦前面的大畜卦，也是如此，「利貞」，貞就有利，儘管可以想得很遠，可以「不家食，吉，利涉大川」，但基本功先要從「利貞」開始，先守住你固有的，再去吸收外來的。如果沒有固有的資源，吸收外來的也無法持續下去，反而被外面帶著走了。這就是沒有本土意識，沒有辨識力，就完全沒有抗拒力。所以大畜卦「貞」就有「利」，頤卦「貞」就能「吉」。无妄卦同樣如此，无妄卦講「元亨利貞」，如果起心動念萬一不正，有妄念妄想，天災人禍就都來了：「不利有攸往，其匪正有眚。」「不利有攸往」，還是在強調「貞」。在這些卦的考驗中，一直強調「貞」，要身正、心正、形正，但是談何容易，稍有偏差就會出狀況。

「觀頤」，觀什麼呢？看頤的狀態。一個人的身心狀態，一個組織、社會、國家的生態，養得怎麼樣，均不均衡，是否畸形發展。這都是要觀的。我們現在去觀察自然生態，就會發現問題很大，正因為我們觀了，覺得已經過了平衡點，回不了頭了，所以要用特殊方法，甚至要做心理準備應對。「觀頤」的時候，對任何一個事物都得仔細冷靜，不能帶有感情因素，不能老是婦孺之見，像「童觀」、「闚觀」則不行，要用「觀我生」、「觀國之光」這些觀卦的法門去看頤卦的狀態，從小宇宙到大宇宙去觀，然後提煉出一條金科玉律，即有關所有生態平衡的大原則——「自求口實」。

「自求口實」，不假外求，最重要的是自求，如果自暴自棄，不盡心，佛菩薩都幫不上你忙。什麼東西都得自求之，如此才會「自天佑之，吉无不利」，所以所有的「頤」都是自求的，不要企圖撞大運、撿便宜、圖僥倖，這些都違反了頤卦的基本原理，一切都得「自求口實」。

頤卦這樣的一個生態空間，是我們體內的內在空間，是六十四卦中用陽爻、陰爻符號圍起來有可能創造的最大空間。從卦象上看，上下兩個陽爻，前門後門一關，中間四個陰爻都是靈氣暢通、空間無限。凡是練拳、練氣的人都知道，人體的空間彈性超過你所想像，但是上下兩個陽爻的把關非常重要，初爻把關不緊就是剝卦，而且它非常強調內在，裡面跟外界是隔絕的，如果外界的環境很糟糕，只要裡面養得好，一樣活得很自在，如同桃花源，世道雖然亂，然而人不亂、心不亂。一個修養有素的人，就如頤卦的外卦艮，不動如山，看不到什麼大動作，可是內卦是震，生機無窮。內震外艮就是修養有素的象，真正的高手就是這樣。那些表面上喧嘩，很愛表現的，外卦可能是震，內在可能很虛。不像頤卦那麼完美，內涵相當豐富。

從卦象上看，「自求口實」也是因為頤是嘴巴咀嚼的象，上下牙床咀嚼，上卦是艮，上顎不動，下顎動，才能把食物嚼碎，變成自己的營養。那麼下卦、內卦震從哪裡來？從復卦的天地之心就建立了。地雷復（䷗）、天雷无妄（䷘），都是內震，一關一關過，到最後進入頤卦，內震這一生命的主體性成型，源頭就有了。頤卦外卦的艮從哪裡來？也是從前面來的，山地剝（䷖）的剝卦外卦為艮，山天大畜（䷙）也是外卦為艮。這樣看來，頤卦的內震是從地雷復、天雷无妄的內震一步一步建構的，造就生命內在的主體性；外卦艮的修為則是從山地剝的臨危不亂到山天大畜的「何天之衢」而來，一旦都修養成熟了，內震外艮就形成完美的結合——頤卦。可見，這一完美的生態不知道經過多少努力，像地球的生態也是一樣，其實是環環相扣、息息相關的，所以要建立這樣的生態平衡不容易，你要是輕易地把平衡打破，再來恢復可就難了。我們的身體也是如此，人一旦得病，體內的代謝平衡就打破了，想要好起來，卻是很難的一件事。

頤卦既然是一張大口，以虛求實，中間就可以填塞很多東西，像我們如果要養心，就要讀很多的書，吸收很多智慧，可以一直往裡面裝，裝了之後消化吸收變成自己的，那就叫「實」。虛心的人什麼都吸收，吸收了可以變成自己的，還有辨識能力。這在大畜卦的博學這一點上，就已經是有先兆了，只是到頤卦才最後轉化成自己的。

另外，「自求口實」也說明人的生存自己負責，自食其力，不能靠別人。我們在社會上生存，包括對自己的身心健康都得自求，不可能靠別人照顧你一輩子，天天撿現成的。物質的、精神的、靈的、肉的，都得「自求口實」。古人說，三日不讀書，就覺得面目可憎，那就要去求口實，自己去找，看什麼東西適合自己，不然精神上會很饑餓。

「口實」最初的意思，還是強調自己，不是別人給你。但是隨著語言習慣的發展，意思就變了，像「貽人口實」，就變成了別人對付你的把柄，所以做任何事情都要謹言慎行，不要落人口實。這樣的變異通不通呢？也通。要知道，病從口入，禍從口出。頤卦是一張嘴的象，嘴做什麼？第一是消化食物，第二是吃飽了沒事幹，就想發表言論，然後搬弄是非，張家長李家短，那就叫「口實」。為什麼要留給人家做題材呢？你如果有弱點、把柄在人家手上，不就是給人口實嗎？其實有時不是空穴來風，所以就要謹言慎行。像〈大象傳〉都講「慎言語，節飲食」，在頤卦的時候，言語有時候比飲食更重要。別人講的話和你講的話，不管是正式的言，還是一般的語，都須謹慎、認真。你有弱點、就承擔苦果；你有強項，就享受樂果，一切自求。不管「口實」是言說是非，還是生存的資源，都是自己求。自作自受，自求自享，這就是頤卦。

運用到組織管理上，頤卦其實是很好的管理模型。如果占到一個不變的頤卦，那麼員工會很主動，有主宰，不亂來，上級根本就不用管，下面很就有活力。垂衣裳而天下治，多麼有管理效益！我們都知道，最有境界的管理就是不管理，即「黃裳元吉」。頤卦上止下動，正是一個很好的管理模型，因為自動自發，不會丟組織的臉，而且配合得很好，所以上面就很省心。如果上面是震卦，下面是艮卦，那就是小過卦（䷽），上下的關係就出問題了，管理上的問題會由積「小過」而釀成「大過」，如果變成大過卦，上卦是兌，一天到晚作秀，下卦是巽，表面很溫順，其實都不是那麼回事。真到大過卦的時候，企業都快倒閉了。所以大過、小過、頤這三個卦，從上下卦、內外卦、高層基層的關係就可以診斷出一個組織或個人身心健康的狀況。

頤卦〈彖傳〉

〈彖〉曰：頤。貞吉。養正則吉也。觀頤，觀其所養也；自求口實，觀其自養也。天地養萬物，聖人養賢以及萬民，頤之時大矣哉。

接著看〈彖傳〉，首先是「頤，貞吉，養正則吉也」，這是解釋卦辭的，養正，就會吉；不養正，就不會吉。這一點不難理解。

「觀頤，觀其所養也。自求口實，觀其自養也」，這一段就要注意，兩者有區別。「觀頤」，是「觀其所養」；而一個人的所養，則是「觀其自養也」。我們還是舉例來說明，且以組織與組織間的互動來舉證。在商業談判中，我們要觀察對手，跟我們發生密切關係的組織，他們到底有沒有實力。我們都希望能夠訪問或者接觸到他們的最高層，因為領導人對組織的影響太大了，那就叫「觀其自養」，核心的靈魂人物會影響到他的組織，那些員工是他所養的，他是自養。你希望徹底了解這個組織的狀況是如何，你能夠一下子就見到那個最高人物嗎？那是不可能的事，因此一定是從周邊的人開始觀察研究，先看員工，「觀其所養」，就知道他是怎麼訓練的，強將之下無弱兵，你就可以有一個觀，因為你不可能每個人都接觸，可是可以間接推理。一個真正訓練很好的機構，下面個個出手不凡，皆能獨當一面。所以你要真正去了解一個龐大的組織，先要從它外圍開始，那就叫「觀其所養」。

領導本身是怎麼修養自己、訓練自己的，一直看不到，沒有關係，先接觸周邊的。之後你心裡有數，慢慢從科長到主任、到經理、到總經理，最後再進入核心，「自求口實，觀其自養也」，對整個組織有了通盤的了解。觀察的程式，一定是先觀其所養，再觀其自養，總是慢慢觀察，一步一步地來。在一個生養系統中的人，由周邊到核心，由「所養」到「自養」都是用「觀」的冷靜觀察、深入觀察的工夫，從而得其結論。「觀」是第一關，後面才是核心，層層的剝到最後才探到核心，核心就是「自求口實」，但先得從周邊「觀」，五蘊皆空，才能渡一切苦厄。

接下來是「天地養萬物，聖人養賢以及萬民」。聖比賢高一個檔次，就像佛養菩薩、老闆養高幹，「萬民」是基層。注意，這也是管理的基本原則，直接管理與間接管理。聖人是養賢，層層負責，不要直接管萬民。萬民是賢人去管的，分層負責，就像易卦從初爻到上爻的金字塔結構一樣，爻中間有承乘關係，隔三個爻有應與關係。如果不承乘應與，則不能因為你位置高，就隨便干涉部屬的職權，去管他該管的事。「以及」就是間接管理，聖人只要專心去培養賢人就行了，訓練出幾個一等一對他負責的高幹，然後逐級管下去。所以聖人如果把賢管好，其影響力、感化力可以間接讓萬民貫徹好。

「聖人養賢」的直接管理和「以及萬民」的間接管理，從管理學上講，是經營管理跨度的問題，因為人的身心有限、時間有限，管理是有跨度的，就像房屋的建築，兩根柱子之間這根梁不能太長。一個管太多的人，一定管理不好。超過七個人，最多到十個人，就得分成不同的管理階層。你不能面對什麼事情都要大權獨攬，一個人統籌一切，那樣一定管不好。而且你也要讓人家有管理的經驗，所以大的組織，像軍隊，就有軍、師、旅、團、營、連、排的建制，道理就在這裡。就是釋迦牟尼佛，他也得組僧團，訓練幾個菩薩、羅漢出來，如果他一天到晚碰到凡夫俗子，直接去普渡萬民，絕對沒有效率。他就是要建立這樣的僧侶組織，把菩薩、羅漢養好了，每一個菩薩羅漢就是一個傳播佛教的種子。再如孔老夫子門下有七十二賢，然後徒子徒孫，把儒學傳下去。

「聖人養賢以及萬民」之後，就是「頤之時大矣哉」，大過卦也是「大過之時大矣哉」，就是說生死交關的養生送死可當大事。頤跟大過特別重視客觀的大環境變化，千萬要了解這個「時」。從養生的角度講，跟「時」的關係很密切，像冬吃蘿蔔夏吃薑，就有很大的講究。所以要懂得「頤」是隨時變化的，不同的「時」會影響不同的「頤」。

頤卦〈大象傳〉

〈大象〉曰：山下有雷，頤。君子以慎言語，節飲食。

「山下有雷，頤」，這是頤卦的象。「君子以慎言語」，真心為「慎」，慎字很重要，〈繫辭傳〉有一章幾乎就在講「慎」。越真心的東西，就越懂得審慎，因為你要維護它，不希望它受到破壞。「慎言語」說的就是要謹慎對待言語，「言」是很正式的，很可能流傳下去，因此需要字斟句酌；「語」就輕鬆多了，比較生活化。「言」當然要重視，因為那是門面的東西，但是在頤卦中，連「語」都不能掉以輕心，都得謹慎。你覺得在這個環境中講這種話絕不會出問題，或者講話的對象絕對不會有問題，但是一旦這種話傳到另一種環境或另一個人的耳邊，結果天下皆知，何況枕邊人都不一定能夠相信，她有閨中密友，同樣會洩密，所謂的風波時常就是因為洩密而導致的。所以連「語」都得下工夫，這也考驗一個人的修為，有些人一天到晚亂講話，不講話好難過，速度又快，講完也不知道他講什麼，就像孔子說的：「群居終日，言不及義，好行小慧，難矣哉！」這種人好搬弄是非，喜歡在平時聊八卦、吐苦水，有時給自己帶來麻煩還不知道。所以不只是慎言，還要慎語。

接下來還有「節飲食」。「節」也很重要，過了不行，不及也不行，所求的是一種平衡，在高度變化的動態中，要使任何身心環境狀況達到平衡，重點就是「節」。節什麼？節飲食。當然這是針對頤卦來說，從養生的角度出發。這是最基本的。

頤卦六爻詳述

初爻：切勿受制於人

初九。舍爾靈龜，觀我朵頤，凶。

〈小象〉曰：觀我朵頤，亦不足貴也。

關於頤卦六個爻，我們先講上下兩個陽爻。這兩個爻事關頤卦整個生態，其微妙精緻不能輕易破壞。

先看初爻：「舍爾靈龜，觀我朵頤，凶。」「爾」就是你。「靈龜」就是內震，就是天地之心、良知良能，人內在生命的主宰。「靈」是天命之所鍾，在天我們就稱天命，在人我們就稱性，在我們的肉身上，就稱作心，心主乎身。一個人內在跟所有人都不一樣的就叫獨，需要審慎對待。「靈龜」就是類似這樣的東西。一般來說，捨棄的「舍」，說的是人在適度的時候要考慮放棄、割捨，不要放不開，但是有些東西可以放開，「靈龜」就不能捨棄，像你的良知良能、你的自性生萬法，要是捨棄了，那還得了，不就蒙塵了嗎？所以初爻爻變當然會成為剝卦（䷖）。拚命追求外面的事物，忘了裡面寶貴的生命根源，自暴自棄，捨棄一切眾生都有的靈明自性，那就是捨棄了你天賦的大寶貝——靈龜。欲望不斷地往外面追求，「觀我朵頤」，大快朵頤於食色，吃得腦滿腸肥的，把人家的資源據為己有。「觀」就是「觀頤」，屬於自己內在的大寶貝，本來都有的，反而暴殄天物，放棄了，然後去追求外面的浮華欲望，想要大吃特吃，滿足口福之欲。跟它相應與的外卦「六四」，正是「虎視眈眈，其欲逐逐」，人生的欲望，食也好、色也好，從噬嗑卦、賁卦一直都在這個觀念上，沒完沒了。吃了這一頓，也不是一了百了，沒幾個小時又餓了，食色全在內，你要是放棄了自己的靈明自性，看人家吃得好、穿得好、活得爽，然後你也掉口水，也想去參與追逐外在的欲望。

在追求無窮欲望的過程中，結果絕對「凶」。因為你放棄了自己的大寶貝，就像講「致良知」的王陽明，曾說「拋卻自家無盡藏，沿門托缽效貧兒」，如此去做外在欲望的無止境追求，永遠不會滿足，欲壑難填，最後還是一場空，然後不去內修自性，把裡面的大寶貝放棄，「舍爾靈龜，觀我朵頤」。人常常是這樣子，那結果絕對凶。這時頤卦所有的修為就破了，就變成剝卦，消亡得也很快，就像縱欲傷身，「觀我朵頤」會傷到你的「靈龜」，一天到晚就爭逐食色，忘了心性靈龜的修為。

所以〈小象傳〉說：「觀我朵頤，亦不足貴也。」這種人太不懂得自己的靈龜，不明白眾生皆有佛性，皆有天地之心的尊貴。人生有爵位，有榮寵，但隨時可以拿掉，那叫「人爵」，有時會如訟卦上爻所說的「或錫之鞶帶，終朝三褫之」；惟有「天爵」，上帝給的，與生俱來的，沒有任何人能給予，也沒有任何人能拿去，除非你自己放棄。追求外在的東西，一定受制於人，建立不了生命的主體性。我們現在要探討頤卦所呈現的內在的無限的生命空間，你反而去追求外面那些東西，要知道「五色令人目盲，五音令人耳聾，五味令人口爽，馳騁田獵令人心發狂」，老子的話在這裡最合適不過了。真正貴重的你不去珍惜，而去追求那些無聊的，這正是「抛卻自家無盡藏，沿門托缽效貧兒」。

這就是「初九」的大致意思。如果占到這個爻就有極大的凶的可能，你很可能要喪失你的靈龜——僅有的靈氣。外在欲望無止境的追求，那絕對凶，俯仰由人、宰割由人，所以「人爵」是不可靠的，就像訟卦上爻，給你官做的人，他可能隨時會把你罷黜，孟子云：「人之所貴者，非良貴也。趙孟之所貴，趙孟能賤之。」趙孟是春秋時代有大權的人，他可以讓你貴，時移世轉，他可以讓你賤，所以是不可靠的。這就是「觀我朵頤」的結果，拚命往外追求，忘了內修。

內修為什麼要用靈龜做比喻呢？這也是很微妙的，因為它在講食物鏈的關係。從生態學的角度來講，有些生物維持生命靠「異營」，像老虎，沒有辦法靠自己活，一定要吃掉別的生命，這個生命的營養就變成牠的營養，進而維持牠的生命。所以牠是靠殘殺異類來滿足自己的生存。如果沒有別的生命供牠維持生存，就很難活下去，這就是肉食動物的食物鏈。但是靈龜不是，牠不必去殘殺外面的生命；牠靠自己內在的營養就能活。因牠與世無爭，如果有什麼不順利，頭一縮進去就沒事，專門練習做忍者龜。靈龜在道教的養生裡面有修煉龜息大法，好長的時間不需要吃東西，也叫辟穀。不吃不喝，完全就靠體內的靈氣流通，可以閉關好多天不吃不喝。換句話說，不去殘害外面的生命，可是可以活得很好，這就是烏龜的生活，而且可以活得很長，牠的壽命絕對長過老虎；老虎一天到晚虎視眈眈，卻不一定活得長。像某些強國就靠殖民手段，併吞、欺負弱小國家，而烏龜根本就與世無傷，可以自食其力，養活自己。但是它是整個頤卦任何生態的最底層，高高在上的老虎，到處去找烏龜吃。進入爻之後，頤卦顯現出太多赤裸裸的現實，強凌弱、眾暴寡，大者恆大，小者恆小，那種現象很明確。

這樣一來，我們不難知道為什麼頤卦上卦全吉，下卦全凶了。高層吃香喝辣，予取予求，坐著吃，躺著吃，站著吃；下卦那些勞苦大眾，輸出勞力，拚搏一輩子還是凶。下卦三爻全凶，而且天天勞動（它是震卦），支撐起整個頤卦的生態；雖然貢獻良多，但是它都沒有好的結果。上卦靠人家供養，每個都吃得肥肥的，而且三爻都吉。這是殘酷的事實，一般人會覺得這簡直是豈有此理。但是，你先別急著生氣，要慢慢去想其中的道理。其實就是因為這種不公平長期存在，高層、下層貧富懸殊，這樣的一個生態就不會長久，下面一定會革命，於是頤卦就變大過卦，此時正值改朝換代，就高度動盪。高度動盪之後，大家反省，要建立一個新的生態，新的生態可能又維繫一陣子，大致可以保障社會正義，過一段時間又開始兩極分化。於是這個生態隔一段時間「頤」，又得變「大過」。

以我們現在全球的財富分佈來講，東、西方的對抗應該已經過去了，現在是南北的貧富懸殊。

北半球可以說是頤卦的上卦，在南半球的非洲、中南美洲的貧窮，跟北半球相比，簡直天差地遠。這就是生態。「舍爾靈龜」，剛好違反自然，放棄了，去追求外面的東西，就是自斷命脈，非凶不可。

上爻：順應自然

上九。由頤，厲吉。利涉大川。

〈小象〉曰：由頤厲吉，大有慶也。

我們跳過中間四爻，來看「上九」：「由頤，厲吉。利涉大川。」我們在講第十六卦豫卦的時候講過，豫卦核心的靈魂人物第四爻叫「由豫」，「九四」是唯一的陽爻，活力無窮，魅力無限，「由豫」的結果就是「大有得」。「由」是順其自然，自由自在的意思，不加諸人工，不揠苗助長，它該怎麼長就怎麼長，給它無限的空間伸枝展葉，那樣才比較順它的性。

「上九」就是中國養生學，要說精妙也精妙，要說單純也單純，真正養生的綱領就只有一句話——順自然養生，遭遇再大的動盪風險都能夠吉，而且安渡彼岸，利涉大川。因為你掌握了「由」的精髓。該睡覺的時候你不睡覺，不知道在幹什麼；該吃飯的時候你也不吃，忍饑帶渴，不該做什麼的時候你就偏偏做，該做什麼的時候你又偏偏不做，這就完全違反自然。晝夜顛倒，你怎麼可能好呢？每一個不同的時機都有講究，如果背天道而行，違反自然去行「頤」的事情，累積下來的痼疾要好也難。

說穿了就是，「由頤」就一定「厲吉」，「利涉大川」，而且全部都沒問題。照顧好自己，還可以美化環境，故〈小象傳〉說：「大有慶也。」皆大歡喜曰「慶」，所以它是要點中的要點，頤卦如果是講養生、講生態平衡，它的結論就是這句話。要順自然，不要違反自然、破壞自然，否則後果很難收拾。

「由頤，厲吉，利涉大川」是頤卦的結論，「舍爾靈龜，觀我朵頤」是重視內在的根基，不能動搖，動搖則非凶不可，這是頤卦一開始建立的第一個觀念。雖然碰到很多剝的事情，但是一定能復，因為底氣厚，故「由頤」爻變一定是復卦。「由頤」這個爻的占例我們經常碰到，不管碰到什麼「厲」的事情，如果占到頤卦上爻，一定點到上爻，爻一變就是復卦（䷗），通常都過關，那個風險不用怕，因為「由」。按規律辦事情，說來容易做就難，人就是不「由」，所以就被很多東西捆綁，不能讓自然的生命達到最和諧的展開，逆其道而行，違反自然。順自然養生為「由」，碰到什麼事情都能遇難呈祥、剝極而復，這就是上爻，只要掌握了「由」的真諦，順著自然的脈絡去「頤」，結果一定好。

頤卦中的「拂」與「顛」

好，我們還剩下中間四個陰爻，中間四個陰爻沒有一個正經，非顛即拂。「六二」、「六四」一劈頭就說它「顛頤」，「顛」即顛倒；「六三」、「六五」劈頭一個字都是「拂」，拂的意思是拂逆、違反，不照常理行事。「拂」與「顛」皆是不照常規行事。反常，就是大過卦的觀點，〈雜卦傳〉說：「大過，顛也。」頤是養正，正就正經，反常就不正經，就是不按照常規行事。

中間四個陰爻都違反正常，非顛即拂。「六三」叫「拂頤」，「六五」叫「拂經」。用養生的觀點去看這個「經」，就是經絡、經脈，不管你看得見看不見，人體總有一個輸送氣血的管道在，其重要性就不用講了，「拂經」不就是違反了正常氣血運行的管道嗎？完全違反了頤養的正道，以及「慎言語，節飲食」的正道。

「六二」更有意思，又「顛」又「拂」，「顛頤」跟「六四」那個大老虎一樣，然後又來一個「拂經」，違反正常行事，跟「六五」的「拂經」一樣，這樣的詞反覆出現並不是累贅，也不是在堆砌，而是在頤卦的這個爻的時位時，就是要這樣才能講清楚。要知道，顛、拂都是反常，「顛」是由上面掉到下面、下面又轉到上面，拂是自左至右或自右至左的動作，都是反常違逆的意思。這說明頤卦的上爻這一養生的最高境界——隨心所欲不逾矩，順其自然自由自在，是一個很難過的學問，中間四個爻就是其艱難的過程。「由頤」就是開放的，自由自在，沒有壓制，也沒有放縱，只是順其自然，本來是什麼就是什麼，適可而止，食無過飽，也無過餓。「由頤」作為頤卦養生的最高法則，支撐起頤卦這個生態最後背書的大靠山，也就是艮卦上爻，止欲修行到了「敦艮吉」的境界，修到最高的時候厚重無比。

這也說明，凡是《易經》的卦外卦、上卦是艮，「上九」通常都不簡單，往往是修為極致的絕頂位置。我們學過的賁卦，上爻「白賁无咎」，一塵不染，返璞歸真。這裡的「由頤，厲吉，利涉大川」也是無限的好，「大有慶也」。還有蒙卦，上卦也是艮，上爻「擊蒙」一出手之後就起效用。還有大畜卦，上爻「何天之衢」，「道大行也」。幾乎沒有壞的爻，都有非凡的功力和高超的境界。甚至即使是剝卦，上爻也是「碩果不食，君子得輿，小人剝廬」；蠱卦到最後「不事王侯，高尚其事」，整個蠱沒了，所有的毒都排光了。由此可見，凡外卦是艮的卦，外面不動如山，止欲修行，第六爻通常都是豐收的時候，沒有例外。

同樣，內卦如果是震的初爻，就要好好地培植保養。像頤卦初爻的靈龜，就一定要護住，千萬別埋葬在欲望中。如果「舍爾靈龜」，你占到這個爻，千萬不要放棄「靈龜」，守不住靈龜，就是凶，生命的根基就流失了。所以初爻要內正，天地之心要捍衛。无妄卦的初爻，「无妄，往吉」，初發心很純淨；還有隨卦的初爻，立於不敗之地，進可攻、退可守，由「出門交有功」，你就知道其內在活力的主宰中心的那個爻多麼的重要。尤其是屯卦的初爻，作為生命的根本、生命的緣起，可見是相當重要的。更為奇怪的是噬嗑卦的初爻，如果不審慎行事，就會戴上很多枷鎖。

緣督以為經，養生有主

「經」在養生學中就是「緣督以為經」，「緣」就是順，就像隨順機緣一樣。「緣督以為經」是莊子的養生之主，「主」就是「帝出乎震」。「督」就是督脈，是人身的重要樞紐，順著督脈，「以為經」，經是人體最重要的資源。氣血運行的管道可以歷歷如繪，所以要解決一個問題，一定要對對象的結構剖析得清清楚楚、明明白白，其縱橫交織的脈絡完全掌握了，就如庖丁解牛般，迎刃而解，出手不會有障礙，得心應手，暢行無阻。

頤卦中間四個爻嗷嗷待哺，因為是陰爻，沒有資源，也沒有自養的能力。陽爻有資源，才有自養的能力。我們要了解頤卦六個爻的爻際互動，除了乘承應與之外，還要知道供養的原則。我們就姑且稱這為頤養的三大原則，要盡可能地遵守。這三條原則也有主從和優先順序。

第一是「自養而後養人」，先知覺後知，先覺覺後覺。聖人自己養成功，還要去養賢；賢養成功了，就要去養萬民。佛能渡菩薩，因為他圓滿；菩薩修得不錯，他就能渡羅漢；羅漢就可以教我們眾生。第二個，陽爻有資源，陰爻缺資源，陽爻才能給陰爻資源，所以「陽爻要養陰爻」。這是實然的層面。還有一個是應然的問題，叫「上應該要養下」，老闆要養員工、養幹部，不然連薪水都發不出來。政府要負責解決民眾問題，上應該養下，這是應該如此。陽養陰是實力相關。自養然後養人，是一個層次的關係。這三個原則交織運用就可以幫助我們了解頤卦六個爻的吉凶，以及爻辭的寫作手法。

頤卦初爻是陽，它應該要養陰，這是沒錯的，可是它好冤，因為在頤卦是上要養下，而「初九」是陽爻，偏偏在最下面，上面那些大老都得靠它供養，還要交稅，不斷地被剝削。所以爻變才為剝卦。地方政府要剝一層，「六二」就要跟「初九」收稅，陰乘陽，柔乘剛，關係很惡劣。它還要繳給「六四」，即中央政府還得扒一層皮，就連「初九」與「六四」的「應與」關係都幫不上忙。因為「六二」、「六四」本身是空的，一定要從「初九」吸收資源。照講，「六四」是上，居人位的上層，可是它不但沒有能力去供養照顧「初九」，反而要壓「初九」，讓「初九」來供養它。所以這就有一點違反社會公義，可是沒有辦法，「初九」是社會最基層，它是陽爻，有實力，陽養陰，天經地義，沒有話講。但「六四」為上，上應該養下，為什麼下要去養上呢？雖然「初九」懂得自養而後養人，可是得量力而為，不能超負荷，否則連生存的空間都沒了，自給自足都困難，還有什麼義務去供養上面，那不是竭澤而漁嗎？所以初爻要是不了解人家在剝你、吃你，大快朵頤吃你的肉，還渾然不覺，忘記了自己的「靈龜」，「觀」人家「朵頤」，結果當然凶，人家壓榨你，你還在幫人家數錢。

在現代社會來說，初爻是有創意的生產商，面對「六四」那個經銷商，要求過高的利潤，你當然要抗議。還有小國跟大國之間要避免弱肉強食的不合理，因為自養然後養人，這是供養原則，所以對「初九」來講，陽養陰，沒話講，下養上自然不甘不願，但是自養然後養人可以，就是要找平衡點，自己要有結餘。從總體來說，「初九」是整個生態的根基，根基沒有了，上面都得垮，這也是剝卦的概念。《易經》很重視初爻，頤卦初爻貴重無比，千萬不要輕慢、看輕了。

四爻：靠山的支援

六四。顛頤，吉。虎視眈眈，其欲逐逐，无咎。

〈小象〉曰：顛頤之吉，上施光也。

「六四」就是專門剝削「初九」的，它是陰，沒有辦法養陽，既然沒有辦法養人，那就根本談不上自養而後養人了，而且它違反了上養下的原理，所以叫「顛頤」，顛倒上下，政府不養民眾，反而要民眾去供養，正是「苛政猛於虎」的剝削，導致民不聊生。國際關係中的強權與弱勢也是如此。這種「顛頤」違反了頤卦頤養的原理，而且欲望無窮。這裡面就隱含著不公正、不合理，但結果「吉」，這就是讓人不服氣的地方，我們剛才多少都暗示了。有太多「顛頤」的人，但卻是吉。違反公義的人卻活得好好的，這是多麼的不合理。那些強權國家發動戰爭、發動殖民侵略，對亞洲、非洲那麼不合理的待遇，一兩百年之後，它還是在排行榜前面，而那些弱勢的國家苦苦追趕都追不上。面對這樣的現狀，我們能有什麼不服氣？

「顛頤，吉」之後，是更大的刺激：「虎視眈眈，其欲逐逐，无咎。」毫不掩飾它的欲望，追逐完這個又去追逐那個，永遠不會厭逐。「虎視眈眈」這個成語，是被老虎眼睛盯住之後那種不寒而慄的感覺，老虎暫時不吃你，但是它已經把你當成了它的下一餐，它絕對讓你跑不掉，所以強凌弱通常都有下一個目標，今天併吞你，下次要併吞誰，都鎖定了。這是老虎的生存哲學，而且「其欲逐逐」，欲望永遠不會完。況且《易經》卦爻的結構是金字塔，越到上面越少，老虎少、烏龜多本來也是事實，這是一個生態的原則。而且，「六四」爻變為噬嗑卦（䷔），正是弱肉強食的狀態。所以雖然「虎視眈眈，其欲逐逐」，但是「无咎」，它穩如泰山。

為什麼這樣呢？〈小象傳〉就要破解我們的疑惑，因為我們覺得太不符合公義了，所以「顛頤，吉」有它的道理：「上施光也。」「上」就是「上九」，「虎視眈眈，其欲逐逐」，這不是老虎的罪惡，生態之中有老虎的角色，也有烏龜的角色。烏龜跟老虎最合理的互動是什麼？數量的控制。所以不要輕易罵老虎，老虎也是「由頤」的一部分。叢林法則也是自然法則，不要只看到生，也有死的，沒有死也無法維持整體的生。「由頤」所代表的靠山原則，就支撐老虎的生存，上爻為什麼要做靠山去照顧「六四」？因為他們是一體的，都是統治階層，都是屬於艮卦，希望統治階層不動如山，不希望他們高高在上的統治，因為老虎的強勢而被烏龜革命整個推翻。「上九」隱身幕後，提供一些資源背書，即支援「六五」做虛位的君王，又支撐「六四」做實際的老虎政策的執行，去壓榨內卦的勞苦大眾。所以「六四」至關重要，「六四」出了問題，「上九」不挺它，誰挺它？它們是生命共同體，都是屬於上卦艮的整體，坐著就可以吃，下面拚命生產，所以「六四」有恃無恐。「六四」如果單靠「初九」的靈龜大快朵頤，中間可能會製造不平的糾紛，就不可能「其欲逐逐」，但是它後面有

「由頤，厲吉」這個自然法則或者某種大靠山奧援最後的背書，保障老虎的生存，就可以維持更深度的平衡。所以「六四」不僅「顛頤，吉」，在相當長一段時間中，只要生態沒有崩解到「大過」，老虎還是耀武揚威、雄視天下、穩如泰山，所以說「上施光也」，「六四」如果不夠，「上九」貼補。「六四」如果經營出狀況了，虧損嚴重，「上九」由國家來背書，國家不行，由世界銀行來背書提供資金。就像希臘出問題，歐盟就得出面，歐洲如果出問題了呢？最後的背書是誰？全世界。這幾年的金融風暴，就是鈔票的危機，為什麼相信鈔票呢？因為最後有「上帝」在支撐（美元上面就有這句話），所以美元要印多少就印多少，跟黃金也不掛鉤，現在美國政府也不能相信了，那就嚴重了，整個金融生態因為最後一個大靠山動搖而變得不可測。現在企業一旦出問題了，後面就有銀行救企業；銀行出問題了，後面還有政府。最後的責任承擔者必須實力無窮，可以供養一切眾生，所以任何一個東西，都要考慮最後的承擔者是誰。假定它的能力幾乎是無限的，你就不用擔心，最後你的損失它一定會賠，可是現在誰敢打包票誰會賠？幾百兆美金的債務，美國政府都沒有辦法，然後拚命印美鈔，最後我們就接受催眠，美鈔是「上帝」製造的，問題不就很大嗎？

所以從頤卦中我們可以得到很多的啟示，可以印證現今的天災人禍的種種生態結構，然後嘗試找出解法，這樣會比較心平氣和，很多事情會如是發展，絕對有它的道理的，不能感情用事。頤卦上爻如果動搖了，「六四」就沒有最後的支撐點了。這就是四爻跟上爻的關係。所以如果占卦占到頤卦動四爻、上爻，宜變的爻位就是「六四」，爻變就是噬嗑卦（䷔），結果沒問題；如果兩爻齊變，變成震卦（䷲），還是掌握主導權，上升力無限，面對一波未平一波又起的考驗，都能夠經過，就是因為有上爻力挺。

五爻：安如泰山

六五。拂經，居貞吉，不可涉大川。

〈小象〉曰：居貞之吉，順以從上也。

五爻開始就是「拂經」，有點違反常態，不像樣子。「六五」是君位，領導人無論如何都得以上養下，應該照顧眾生，就像政府要照顧民眾。但是它也沒實力，也得靠「上九」接濟。「六五」跟「上九」的關係是陰承陽，柔承剛，所以「六五」可以做老闆，不一定要有資源、實力，有大靠山，做個傀儡君王就行。可見，「上九」那個有力人物，如同很多退休的大老，不一定要站在枱面上，但是他是真正的靈魂中心，是政策的決定人物，「六五」只是擺設。「六五」還好有「上九」，沒有「上九」，他連自己的位置都沒有。但是不管怎麼講，領導人沒有辦法去養民，就是「拂經」，反常了。

雖然是「拂經」，但是有後台老闆，有強硬的靠山，還是「居貞吉」。只要可以得到上爻源源不斷地接濟，「六五」的大位還是不動如山。不過「不可涉大川」，如果「六五」不從「上九」的「利涉大川」取得奧援，沒有「上九」的支撐，它啥也不是，絕對不可以自己去冒險，那一定涉不了大川。只要做好跟「上九」的關係，就可以從「上九」那邊轉進資源。所以人要量力而為，千萬不要做勉強的事情，養生亦如是，組織的管理亦如是。「不可涉大川」，只有「居貞吉」，老老實實固守在那邊，別輕舉妄動。你不能自己去幫別人解決問題，只要幫他找到能解決問題的實力派人物，這也是功德。

〈小象傳〉說：「居貞之吉，順以從上也。」「居貞」為什麼吉呢？「順以從上也」，「六五」是陰爻，就得懂得順的工夫，「上九」是主，在幕後；「六五」在台前，是從，「六五」跟隨「上九」，它就沒事。這個關係可是它的命脈，一定要好好經營。一旦懂得了這一點，「六五」爻一變為風雷益（䷩），可以利益眾生，利己益人。這是聰明的作法，只是要量力而為，不能硬趕鴨子上架。人的養生也千萬不要勉強，超過了必然有傷，明明辦不到的事卻硬要去做，那也違反自然，違反「由頤」的原理。偏離了「由頤」，沒有用到「由頤」的順自然的力量，絕對不能涉大川的。

這是「六五」，上卦的三爻全吉，都已經歷歷如繪。「六四」、「六五」能夠繁榮昌盛，維持不錯的局面，都是因為有「上九」，「上九」可能是一個人，可能是一個組織，可能是一個大法則，有了這個靠山，就安如泰山。

二爻：需索無度

六二。顛頤，拂經；于丘頤，征凶。

〈小象〉曰：六二征凶，行失類也。

我們回過頭來看第二爻：「顛頤，拂經；于丘頤，征凶。」「六二」為什麼「征凶」呢？正如〈小象傳〉所說的「行失類也」。「類」是陰陽和的概念，和合才能生生不息，這是基本原理。「行」即行動，你所有的行為都失類的話，就是孤陰不生、獨陽不長，難以活下去，而頤卦就是為了生。換句話說，「六二」有嚴重的瑕疵，所以它強求「征」，結果還是凶。「征」會凶的原因就是它不懂得「類」的道理，違反了自然的物以類聚、觸類旁通的原則和陰陽和合的道理。

「六二」本身要怎麼活？它一定要從陽爻那邊取得資源，「初九」就是現成的壓榨對象，「六二」如果是小魚，被上面的大魚吃，小魚就得去吃蝦米，就是「初九」，但是「初九」要滿足「六二」，又要滿足「六四」，不堪負荷，所以才會講「舍爾靈龜，觀我朵頤，凶」。對「六二」來講，它要活，只有從「初九」這麼近的關係索要，而且需索無度。可是「初九」不是只應付「六二」，它還要應付「六四」，「六四」的胃口更大，所以才會產生「初九」供應不上的危機。對「六二」來講，不可能從「上九」那邊要到東西，因為既不承乘，也不應與。「六二」從一個不正常、有負面傷害的陰乘陽的關係對「初九」壓榨，由此積下不少的民怨，但是至少滿足了生存的需求。「六二」只能從「初九」要到一點資源，也算是命不好了，在頤卦中的地位要不到資源，跟有無限資源的「上九」沒有關係，搭不上線，跟它相應的是「六五」君位，是一個空心的大蘿蔔，沒有任何資源，「六二」怎麼從「六五」那邊得到東西，這不是違反物以類聚、陰陽和的概念嗎？所以它要不到，只好盡量壓榨「初九」，還無法吃飽。

「六二」這時就有點急了，如果再壓榨「初九」就會壓出問題，只好伸手跟「六五」要，「六五」被逼急了，唯一的方法就是跟「上九」要，再轉手給「六二」。對「上九」來講，它要負責任，要使全域能夠維持供養平衡。首先一定要讓「六五」這個象徵性的君位傀儡可以運轉，「六五」要多少，「上九」都給。「六五」自己本身也是大量需要，另外被「六二」糾纏，可能會考慮到分它一點。其次，「上九」還要力挺「六四」，要維持上卦都能夠吉，這是它第一考量，下卦的問題是其次的，而且「上九」也不會直接插手，要等「六五」和「六四」反映，它才會考慮到「六二」的問題。這樣一來，「六二」要等多久？說不定都活不到那個時候，只有舉債度日，中間層層盤剝。下卦凶的原因就在這裡。下卦不利的地方，就是因為最強來源的地方在「上九」。「上九」要先照顧「六五」、「六四」，然後再由「六五」「六四」照顧下來，這正是「六二」倒楣的地方，「行失類也」。

所以二爻「顛頤」，往下求不順利，「拂經」，往上求也不順利。只好「于丘頤」，最後還要找大靠山，它也知道「六五」是空的，可是它沒有辦法直接接觸「上九」，它就施壓、想辦法去煩「六五」，煩到「六五」跟「上九」要東西來間接解決它的問題。誰是那個「丘」？外卦艮的山頂，那個大靠山，但是不能直接通天的，只有逼著「六五」要「上九」出手救助。

不能直接要，還得通過仲介、經紀人轉手，往往會「征凶」，因為有時會按捺不住，就會強求，結果就更糟，所以越征越凶，「六二征凶，行失類也」。這個爻爻變就是損卦（☶☱），很是吃虧，連生氣都得節制。「六二」講起來很倒楣，因為它的時位也是非常的不恰當，本來很有潛在能力的，是「中正」，就是現狀不好，跟這個要，跟那個要，遙不可及，結果忙得要死，既顛又拂，真是辛苦，最後「于丘頤」，態度不好，只好強求了，自然凶。

三爻：自誤誤人

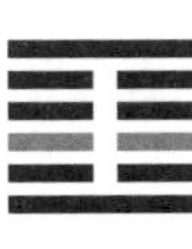

六三。拂頤，貞凶。十年勿用，无攸利。

〈小象〉曰：十年勿用，道大悖也。

比「六二」更凶的一個爻，就是「六三」。「六三」本身的條件嚴格來講，比「六二」要差多了，「六二」中正，有潛力，只是現狀不好。「六三」既不中也不正，陰居陽位，且居於三多凶的位置，還得扮演一個震動過度的內卦震的過動兒。所以這個爻浮躁，先後天失調，於養生不利。「拂頤」是它最可能犯的錯。以前我們學過那麼多的卦，「六三」幾乎沒有好的。「拂頤」徹底違反了頤卦的一切供養法則，「六三」絕對沒有能力自養，更不必講養人了。它是陰，自然無法養陽，要從陽那裡取得供養。「六二」還可以就近從「初九」壓榨一點，取得資源，塞個牙縫。「六三」跟「初九」怎麼要資源，既不承乘，又不應與，無論如何也輪不到它。但是它似乎有一個機會，它跟「上九」關係超好，是人家「小舅子」，有裙帶關係，有特殊關係，因為「六三」跟「上九」相應與，「上九」恰好又是大金主、大靠山，大家都要跟它伸手，然後「六三」跟它有特殊關係，它應該照顧「六三」的。

其實不然，這是「六三」一廂情願的妄念，「上九」為了表示公正，為了避免徇私，而且對「上九」來講，它不只是養「六三」，它要供養一切，「六五」、「六四」是它的第一對象，「六三」畢竟是在下卦，跟「上九」好像有特殊關係，可是那是「六三」的想法，「上九」有義務要照顧它一輩子嗎？沒有。「六三」沒有自食其力的工夫，一輩子希望人家供養，靠特殊關係照顧，沒有出息到極致，違反了「自求口實」的原則，依賴人家供養一生，那種關係脆弱得很。何況對「上九」來講，「六三」不是它心目中唯一要照顧的，所以「六三」只有坐在那邊守株待兔，等「上九」供養，那就等著餓死吧，「貞凶」。坐在那裡等救濟金，結果是凶的，因為已經違反了頤卦自食其力的原則。我們以前在大學時代喜歡講三段話，第一是要自食其力，第二是要自得其樂，第三是遭遇很多不順遂時，要懂得自我解嘲。這和頤卦的原則如出一轍。「六三」自以為有特殊關係照顧，坐等救濟，反而活得很不好，沒有人看得起它。在頤卦維持整體利益的時候，個人的欲求沒有辦法得到滿足，而且這幾乎永遠沒有辦法：「十年勿用，无攸利。」沒有任何利益，它完全判斷錯了，它忽略了對整個頤卦供養關係的全盤深入研究，十年都不能動。

這是我們學的第三個「十年」。第一個是屯卦第二爻的「十年乃字」，第二個是復卦最後一爻的「至于十年不克征」，這是第三個，「十年勿用，无攸利」，這下慘了，正如〈小象傳〉說的：「十年勿用，道大悖也。」完全背離了頤卦的正道，而且是大大的背離，自己還不覺悟，怎麼死的都不知道。仰人鼻息求生，自己完全沒有謀生能力，就是這個結果。所以這個爻看起來跟「上九」有特殊關係，卻因沒有看穿事情的真相，自己就會誤判，所以自誤誤人，最後很慘，是頤卦最慘的一個爻，爻變什麼卦？是一個外強中乾，其實一點都不實惠的賁卦（䷕），在生存的色相中迷失了自己。

占卦實例1：二〇一〇冰島火山爆發卦象

二〇一〇年四月，冰島火山爆發，火山灰至少造成一個星期的歐洲航空停擺，幾十億歐元的損失肯定有的。尤其是航空公司損失慘重。但是任何人不怕一萬，只怕萬一，要是稍微出點事，誰也受不了。這也是我們學《易經》很切合實際的「觀頤的題材」。

這一次冰島火山爆發，地方叫冰島，又是火山，我們往往說冰炭不同爐，現在則是冰炭同爐了。關於這一現象，有沒有一些卦象可以恰當描述？卦象是「火天大有」（䷍），在既定的印象中，我們會覺得大有卦很好。其實這是災難為大家所有，大家都有份。今天冰島，明天熱島，後天搞不好臺灣島，大家都有份，只要同樣是人，大家都得承擔。這已經是人類共同的命運，只要同樣是人，富也以其鄰，不富也以其鄰，不分國界，真正休戚與共。

大有卦下一卦叫謙卦，天地人鬼神各方面的平衡要很注意。人與天爭，人與人爭，爭到一個極致，破壞謙卦是很麻煩的，這個賬算不清。大有卦在這裡動二、三、五三個爻，三爻齊變，「貞悔相爭」變无妄卦（䷘）。「大有」變「无妄」什麼意思？這是「无妄之災」，由豐收的年變災荒的年。冰島火山爆發的意義是從全球商務豐收的大有年，三爻齊變之後變成可怕的无妄卦，當然對全球經濟有立刻的影響，也有未來的威脅。能夠讓大有變无妄之災兩個極端，最值得研究的就是第三爻三多凶的人位。它產生了什麼狀況？因為二跟五至少從爻辭看都很正面，三爻是「公用亨于於天子」，注意「小人弗克」，這個爻還要看君子、小人，同樣面對一個不好的情境，看人類集體的修為是君子還是小人，如果是小人就不容易過這一關，如果是小人，那對不起，這一關應付得灰頭土臉。如果是君子的境界，這一關雖然是一個磨難，但應該可以超克。第三爻如果處置不當，單爻變就是睽卦（䷥），開始對立、鬥爭、猜忌。「火澤睽」是非常不好的卦象，上下內外是分離的，上卦的火往上，下卦澤中的水是往下，內外上下都失調，是典型的不和，甚至國際民族之間的仇恨鬥爭都是一樣的。

換句話說，這種災難讓人覺得惶惶不可終日，有時候我明明坐在這裡，那個國家的火山灰來到我們這邊，你就會有睽的感覺。現在沒有爆發世界大戰衝突的這種環境，共同來面對整個生態系統的維持都不容易了，但是至少心情就是睽，會影響到人。身體會影響到心情的焦躁，整個生態系統環境不舒服，都會引發睽的效應，天災又會造成人禍。第二爻剛好就給第三爻擴大效應，因為交通繁忙，「大車以載」，全球性的飛機飛來飛去，裝滿了貨、裝滿了人，因為交通便利，災難就傳遍到了全球。面臨這種問題，各個國家、各個地區的高層，第五爻的君位就得講信修睦，必須要負責任地面對這個問題的善後，在第二爻的交通繁忙、商務繁忙，一分鐘都不能停的周流不息裡，發生第三爻這種不祥的事情，第五爻一定要去處理，要推出種種政策，要有全盤的考量，然後還要透過國際合作，那就是第五爻的意思。但是三爻齊變為天雷无妄，而且這個問題變成是大家共同的問題，全球化的副產品，好東西富利共享，災難全球分擔。

我們再看大有卦自然的現象是火在天上，火山爆發的灰，隨著風向到處傳佈，大家都有份。所以大家都得「遏惡揚善」。

占卦實例2：鴻海集團郭台銘的經營風格

二〇一〇年二月初，我占問臺灣五大企業家的經營風格，其中鴻海集團郭台銘為頤卦「六四」爻動，爻變為噬嗑卦。「六四」爻辭：「虎視眈眈，其欲逐逐。」郭是雄才大略、嚴格管理的梟雄個性，強勢經營，名聞遐邇。鐵與血的風格，不斷追求擴張成長，易占一語道出，恰如其分。

占卦實例3：統一超商的通路優勢

二〇〇三年五月，臺灣周易文化研究會在臺中東勢林場舉辦春季研習營，邀了當時在政大任商學院院長的吳思華教授來演講。他是企管領域的專家，我們學生中有位大榮貨運總經理陳一雄提問，他們搞冷凍食品運輸與統一超商合作，經常吃虧受氣，覺得不合理。其實依企業競爭「價值鏈」的分析法，外卦第四爻代表行銷通路，內卦初爻代表生產原料，通路是王，市場生態中就像頤卦「六四」的大老虎，強勢壓制「初九」的小烏龜難以動彈。這是最適者生存的叢林法則，常態下不易扭轉。「六四」之所以強勢，也因為「上九」的靠山支持。「價值鏈」的理論中，上爻代表客戶服務。統一超商提供了社區民眾購置生活用品的便利性，終端消費者不會去關心原材料廠商的死活，對產銷之間的利益分配爭議也毫無興趣，這種生態我們必須要看清楚。

非常男女——大過卦第二十八（䷛）

頤卦瞬間崩解變大過

頤卦與大過卦相錯，是養生與送死之間的關聯。養生，說明人們重視健康品質俱佳的生活。頤卦的爻辭講得高度抽象，以過去的學習經驗來講，初學者不容易很快掌握。它的適用性只有落實到具體的養生方面，應用才會特別廣。所謂的「慎言語，節飲食」就是千錘百鍊的經驗，講得非常平易，事實上起居飲食包括一言一行在內，都跟養生密切相關。

頤卦的關鍵在「由頤」，即不要揠苗助長，更不要去壓制，要順其自然，然後落實到起居飲食言語上。但是，說起來簡單，實際上人就是有很多的欲望，有很多亂七八糟的想法，我們一生之中違背自然去活的可能要多過順其自然。

頤卦的〈彖傳〉又講「頤之時大矣哉」，所以跟整個時序節氣，一年中、一個月中、每一天中不同的時辰時機都是有關的，所以要掌握自然的時序。我們人本身的小宇宙，也是隨著時序在輪轉，飲食也好、起居也好，都要合乎時序的規律，要是違反自然，與自然格格不入，這時就有障礙了，就會「顛頤」、「拂經」，正如頤卦的中間四個陰爻都反常，破壞自然的正常時序，時日一久，頤卦中就埋藏了大過卦的因子。〈雜卦傳〉就說：「大過，顛也。」所有的事情顛倒無常，然後失去節制，這樣一個「顛」的結果，就會造成頤卦本來自然的大宇宙、小宇宙的生態平衡整個被破壞，不能夠正常維持，日積月累之後，往往是一夕之間超越容受的平衡點，就會由頤卦變大過卦。從錯卦的變化看，頤卦與大過卦六爻全變，看似瞬間發生，其實不然，而是日積月累的原因造成的。

日積月累，整個平衡一破壞，就要遭報應了，這就是大過。人的生死之間，講的就是平衡，正如《黃帝內經》說的：「人一呼脈再動，一吸脈亦再動，呼吸定息，脈五動，閏以太息，命曰平人。平人者不病也……所謂平人者不病。不病者，脈口人迎應四時也，上下相應而俱往來也，六經之脈不結動也。本末之，寒溫之，相守司也。形肉血氣，必相稱也。是謂平人。」健康的人叫「平人」，說的就是人的身體本身就是非常微妙的動態平衡，人身外的大宇宙有其自然時序，是平衡的整體。因此人身的小宇宙運作也要跟外面的大宇宙維持平衡。一旦因為貪欲或者任性的日積月累，平衡被破壞，養生的頤卦非變成送死的大過卦不可，有朝一日出現狀況，就會整個崩解，原先頤卦的勉強維持平衡（人跟自然平衡、人自己內部的平衡等等），瞬間的崩解就會變成大過卦。而落實到實際的養生操作、生態維護的操作，頤卦的六個爻就只有一個爻最重要，即上爻做對與否。

上爻的「由頤，厲吉。利涉大川」，那是一個指導性的概念，想要由養生而「復」，就非這麼做不可，沒有任何人例外。所有人都應該是順自然養生，才能利涉大川。可是中間四個爻全部違反自然規則，不管位置高低，時位都是非「顛」即「拂」，第四爻更是欲望無窮，需索無度，縱欲過甚；沒有依循自然的法則養生，總是圖一時的享樂、放縱，看到好吃的就吃，吃飽了就思淫欲。「初九」一開始就不聽訓，「舍爾靈龜，觀我朵頤」，完全想著老虎的虎視眈眈，大快朵頤，覺得人生應該這樣；於是放棄清心寡欲，捨棄了靈龜，而靈龜是每一個生命與生俱來的東西，就像復卦的天地之心。可見，頤卦六爻中有六分之五在顛倒生活，整個人生顛倒在始壯究、始壯究的狀態中，從初爻的「舍爾靈龜」到二、三、四、五爻都是顛顛倒倒，等到最後才悟到要「由頤，厲吉」，才可「利涉大川」。積累了許多的痛苦經驗，才悟到了「由頤」；可是犯下這麼多的錯，在頤卦中累積了這麼多不正常的因素，到一個臨界點就很難把持，當然難免一夕之間崩解而變成大過卦。

就看我們人類，在這幾個世紀以來，對地球生態環境的破壞，中間不也是與頤卦的「顛頤」、「拂頤」、「拂經」一樣嗎？捨棄了原先的靈龜，破壞了自然的平衡，沒有遵照「由頤」的原則，一旦回不了頭，自然的反撲、生態異常的變化，就演變成了如今的「大過」，像二〇〇八年的金融風暴就是如此。原先有一個大致平衡的全球生態，就因為有的人欲望無窮，把所有的智慧運用到金錢遊戲上，「虎視眈眈，其欲逐逐」，甚至大量的基層民眾也被吸引跟著投入大快朵頤的逐利活動，怎麼會不出事呢？所以最後的「由頤」要收拾一切，重整山河時，一旦力量不足，就會崩盤，一發而不可收拾，變成大過卦。到了大過卦，一般來講，就很難回到原來的頤卦，只能勇往直前，往前衝，看能否殺出一條血路。一個平衡系統的建立，因為日積月累的破壞，完全要恢復不大可能，只有坦然面對崩解的局面，再繼續摸索，以圖建立一個新的動態平衡系統。一旦建立成功，就是接下來離卦的光明永續；一旦建立失敗了，就惡化成坎卦的萬劫不復。

平衡破壞、身心超負荷的大過卦

人的生老病死也是一樣，由健康青春的頤卦，漸漸往大過卦走，個人的身心，甚至組織的整個結構，由頤到大過，從柔軟到僵硬，然後面臨大過，如何救亡圖存，仍然要掌握動態的平衡觀點，重建平衡。

面臨大過卦危局的時候，要對症下藥，就要有特殊的創意、膽識和魄力。用英文來講，大過卦是overloading，就是身心超負荷，超過了承受的範圍，當然要出問題。承受不了，組織就被破壞，結構就變得撓曲，此時面臨的就是要矯正。我們人生有時候難免會覺得難受，壓力很大，有的人憂鬱兼躁鬱，身心各方面也都會有超過負荷的狀況，所以我們要考量自己在正常的狀況下，到底能夠承擔多少壓力，不要造成「大過」的狀況以致不可收拾。像鴻海富士康的跳樓事件，其主持人的經營風格就是典型的「虎視眈眈，其欲逐逐」，追求高效率、高業績的成長，雖然出了那麼多事，但其還是虎虎生風，看起來好像各方面沒有太大問題。雖然「虎視眈眈，其欲逐逐」，但是「无咎」，因為它還有背書，有一個大的靠山，所以即使有「噬嗑」的象，還是過得不錯。但是，時日一久，這種非常的狀態就會發展成「大過」，它的因果不是很明顯嗎？跳樓事件已經十幾次了。

「非常」這個概念，指的是超越了凡夫俗子正常的狀況。我們常聽人說，非常的時代，有時會出一些非常的人物，用非常的手段來解決問題。當環境已經是「大過」的時候，想要絕處逢生，一定要激發身心最大的潛力，這就是所謂的背水一戰、破釜沉舟，人的身心組織能量在平常的時候不顯，在一種極端的情況下，潛力的迸發有時是非常驚人的。敢為平常所不敢為，就是因為這一拚命，反而會轉危為安，這就是大過卦奧妙的地方。如果不是這種遇強則強、越困難的環境中越有大膽創意，用平常的心態來面對「大過」的難局，恐怕就很難過得了關。

大過卦在《易經》中的地位是很特殊的，跟頤卦不相上下。這兩卦有因果關係，從生到死，出生入死，中間有這種相錯的關係，然後在〈雜卦傳〉中又是進入了一個天翻地覆、動盪加速的最後八個卦。〈雜卦傳〉中第五十七個卦就是大過卦，大過卦一顛，下面就是姤卦，不期而遇的事情、遭遇會特別多，往往需要出奇制勝，然後正常的錯綜關係的卦序都崩解掉。我們學過〈繫辭傳〉的就比較清楚，在〈繫辭下傳〉的第二章講《易經》的緣起從伏羲畫卦開始的那一段：

> 古者包犧氏之王天下也，仰則觀象於天，俯則觀法於地，觀鳥獸之文與地之宜。近取諸身，遠取諸物，於是始作八卦，以通神明之德，以類萬物之情。作結繩而為網罟，以佃以漁，蓋取諸離。包犧氏沒，神農氏作。斲木為耜，揉木為耒，耒耨之利，以教天下，蓋取諸益。日中為市，致天下之民，聚天下之貨，交易而退，各得其所，蓋取諸噬嗑。神農氏沒，黃帝、堯、舜氏作，通其變，使民不倦，神而化之，使民宜之。《易》窮則變，變則通，通則久。是以自天佑之，吉无不利。黃帝、堯、舜，垂衣裳而天下治，蓋取諸乾坤。刳木為舟，剡木為楫，舟楫之利，以濟不通，致遠以利天下，蓋取諸渙。服牛乘馬，引重致遠，以利天下，蓋取諸隨。重門擊柝，以待暴客，蓋取諸豫。斷木為杵，掘地為臼，杵臼之利，萬民以濟，蓋取諸小過。弦木為弧，剡木為矢，弧矢之利，以威天下，蓋取諸睽。上古穴居而野處，後世聖人易之以宮室，上棟下宇，以待風雨，蓋取諸大壯。古之葬者，厚衣之以薪，葬之中野，不封不樹，喪期

數。後世聖人易之以棺槨，蓋取諸大過。上古結繩而治，後世聖人易之以書契，百官以治，萬民以察，蓋取諸夬。

這一段列舉了十三個卦來講古代中國文明的發展。第十二卦就是大過卦，就是不管你怎樣籌劃生活的各個方面，到最後還是得面對由生到死的過程，就得安排身後事，就得有祭祀喪葬的事情，此時棺材的意象就出現了，大過卦就有棺槨之象，槨是外棺，棺是內棺。一般平民是不可能有的，只有皇族、貴族土葬的時候才有。所以大過卦本身在文明上就有很濃烈的死亡意象，人面臨這個必然會來的肉身的死亡，要怎麼想、怎麼面對，這是必須要考慮的。

《易經》六十四卦中有頤、大過之象的卦

上面引用的〈繫辭傳〉一段話中，我們可以看到，在大過卦之前，死亡的陰影還沒有那麼逼近的時候，是住房子的意象，即大壯卦（䷡）。大壯卦是四個陽爻，大過卦也是四個陽爻，大壯卦是初爻到四爻是陽爻，上面兩個是陰爻，所以立腳點很穩，房子很結實，富麗堂皇，陽氣很盛，是陽宅的象。大過卦最上面和最下面都是陰爻，都是空的，正是棺材之象，即所謂的陰宅。我們到現代，為了有一個夠寬敞的生活起居空間，一輩子做房奴，努力存錢買房子，小房子換大房子，換了大房子之後，房子還不是你的，其實是銀行的。人總是希望「厚下安宅」，有自己的宅子，所以就非常重視，在〈繫辭傳〉中講述的文明發展到第十一卦大壯卦，上棟下宇，就是居住的問題。如果

你沒有特殊的收入來源，這輩子大概就為了一棟房子拚命，可是這棟房子你可能還沒住夠，就開始折舊了，下面要住陰宅了，又得面對死亡的問題。

有棺槨之象的大過卦，由生到死，這個意象雖然嚇死人，但是非常提醒人，文明就是這樣，住完陽宅，就要開始考慮住陰宅的問題。但是，不是這樣就結束了。從古到今，文明的發展從離卦的終而復始網絡的象，發展到陽宅的大壯、陰宅的大過，因為永遠要生生不息終而復始，所以文明發展的最後一卦是夬卦，〈雜卦傳〉的最後一卦也是夬卦，有文明永續的意思。換句話說，有死後的世界。

生前死後是一個永恆意義的探討，〈繫辭下傳〉有關文明的十三卦第一卦「離」，「大人以繼明照于四方」，說的就是文明永續，薪盡火傳，最後象徵死亡的大過卦之後是夬卦，有很多東西經過時代累積下來，即文明的積累，那是永恆的，永恆不在肉身，住陽宅也好，住陰宅也好，積累下來的文明是人類或者是後來的人永續發展的突破，也是決策的依據，包括文化藝術、宗教等很多文明的創作。

〈雜卦傳〉的卦序，第六十三卦是未濟卦，第六十四卦也是夬卦：「夬，決也，剛決柔也，君子道長，小人道憂也。」最後成功了，突破了大過卦之後天翻地覆的格局，那一段真可謂驚心動魄，也是〈雜卦傳〉最精彩的。換句話說，大過卦就有這個特殊性。

六十四卦中哪一些卦的卦中卦包含了頤卦（䷚）跟大過卦的卦象？那些卦裡面含了頤卦的，就代表含有深厚的養生智慧，對養生有興趣的，就不能只研究頤卦本身，還要研究那些卦。因為卦中卦裡面有頤卦，絕對有養生之理。那倒過來，哪些外面看了沒問題，其實裡面已經含了大過卦的，就有致命的因素隱藏在裡頭，那就要防範，不要到哪一天失去平衡，悔之晚矣。到目前為止我們只學了上經，頤卦前面的大畜（䷙）、无妄（䷘）二卦裡面都有豐富的養生原理，就是說大畜跟无妄那兩卦所提醒我們的身心種種的蓄養、種種的不要偏離，起心動念都富含頤卦的道理。屯（䷂）、蒙（䷃）二卦裡面也有頤卦，屯卦說的是剛生下來的小孩，裡面就有一個生態，應該要維護生態平衡，所以優生學、養生學從小就得做起。蒙卦是教養、啟蒙、探尋人生知識智慧的過程，二爻到五爻的「包蒙」到「擊蒙」之間就是一個頤卦。還有噬嗑跟賁二卦，食跟色，這跟養生密切相關。噬嗑卦（䷔）的初爻到四爻，賁卦（䷕）的三爻到上爻，都是一個頤卦。當我們學到了頤卦，然後把這些卦串起來，《易經》就是立體的。很多人研究《易經》，一輩子還是糊里糊塗的，卦跟卦根本就串不起來，沒有整個暢通，就像人的任督兩脈未通一樣。

還有澤雷隨（䷐）、山風蠱（䷑）。隨卦「隨時之義大矣哉」，每一個時機裡面都有養生的原理，初爻到四爻就是一個頤卦，所有的養生當然得呼應時的變化。蠱卦中也有頤的象，蠱就是有病了，出狀況了，而且病得不輕，還有傳染性，其三爻到上爻是一個頤卦的象，這說明蠱中也有養生之理，是針對病態而存在的。而且隨、蠱二卦也有大過卦的卦象，所以生死的原理都在隨、蠱二卦之中。隨卦的三爻到上爻、蠱卦的初爻到四爻都是大過卦（䷛）。以卦中卦來講，隨卦就是從生到死，從大過到頤；蠱卦則是大過一開始又恢復頤，重建生態，從死到復生，也就是把病治好，「幹蠱」成功。

這就是從上經中隨便抓一些卦來分析，裡面就有頤卦跟大過卦的象。將來學到下經，立體的建構又會更加豐富。上經講天道自然的衍化，下經講人世的恩怨糾葛，天人相應，像大過卦跟小過卦就是天人相應的關係，而且很奇怪的是上經最後四個卦——頤卦、大過卦、坎卦、離卦與下經最後四個卦——中孚卦、小過卦、既濟卦、未濟卦都是對應的，中孚卦跟頤卦呼應，中孚卦中就有頤卦的象；小過是呼應大過，小過卦中就有大過卦的象；上經天道自然發展的倒數第三個卦是大過卦，按照自然的原理，肉身沒有不死亡的，「大過」是不可避免的，一定會有的。小過卦是大錯不犯，小過不斷，也是人世所不可免，因為人必犯錯。

大過卦卦辭

大過。棟橈。利有攸往，亨。

大過卦的卦辭出乎一般人的意料之外，這麼危險的天翻地覆，很多的事物都在崩解中，很多異常的現象都發生了，它卻只用兩個字來講這種生死恐怖、顛倒夢想的情境——「棟橈」。大壯卦有棟宇之象，房屋的結構建材非常結實，就好像人的身心健康，身強體壯，陽氣非常盛。可是突然一下出狀況之後就變成大過卦，則是衰弱不堪，危險之極。雷天大壯（䷡）跟澤風大過（䷛）的象，同樣是陽氣與陰氣是四比二，可是它的結構最主要的差別是什麼？大過卦的初爻是陰爻，飄起來了，立足之地並不穩當；大壯的初、二、三、四是陽爻，所以它站得很穩，結構很牢固。大過卦整體還是四個陽，只是從二爻到五爻是陽，初爻變成虛的，立腳自然不穩。

依照京房八宮卦的原理，頤卦（屬巽宮）跟大過卦（屬震宮）都是遊魂卦，大過卦更是典型的遊魂的象，初爻輕飄飄，腳不沾地，陽氣沒有地方依靠，根本就站不住。這麼一個象，不是很危險嗎？這等於把大壯卦的四個陽爻往上頂一格就變成了大過卦，由生到死，由陽氣籠罩到陰氣籠罩。大過卦從陽、陰的數量來講是陽盛陰衰，但從實際的陽爻跟陰爻的位置看來，這個結構就相當的危險，上下兩個陰爻怎麼包得住中間這四個陽爻？所以出現棟樑彎曲的象——「棟橈」。一個承載重量的棟樑，跨距不可以太大，它上面承載的重量一旦加大，就會被慢慢壓彎，如果重量超過了負荷，就可能整個瓦解、傾覆。雖然「棟橈」還沒有裂開，但有可能會因為不斷超重的壓力，讓它從彎的危險態整個斷裂。而且「棟橈」這種變形錯位，是無法回復原樣的，即便把壓力抽掉，也已經失去了彈性，這就更可怕了。換句話說，已經反常了。一個組織、大廈將傾，作為樑柱、棟樑的人才出了問題，沒有辦法承載，就是一個極度危險的象，滅亡前的徵兆就是棟橈，可能全部都被推翻。

大過卦的第三爻，就代表這種極度危險的壓力過重，組織結構變形，而且很難自然恢復。那麼面對這樣的局面怎麼辦？它沒有壓力的時候，都是彎的怎麼辦？就看它會不會回到一個平衡點。大過卦的第三爻是人位，三多凶，「九三」為「棟橈，凶」，非常的乾淨俐落，直接告訴你這個局面太危險，「棟橈」的結果很可能就是凶。換句話說，大過卦的第三爻既然是人位，造成這麼危險的大過情境，你不能怪別人，這是自己造成的，為什麼人會造成這樣的局面呢？因為「九三」過剛不中，不重視中道的平衡，過剛則陽氣過重，就像「亢龍有悔」一樣，而且「九三」這個拚命三郎只會拚命工作，拚命追求欲望，失去節制，日積月累就造成「棟橈」，當然凶，這個爻的結果直接呼應卦辭。第三爻因為非常明確跟卦辭直接有關，故〈小象傳〉的解釋也是很乾淨俐落：「棟橈之凶，不可以有輔也。」我們應該覺得很熟悉，因為「亢龍有悔」也是不可以有輔：「賢人在下位而無輔，是以動而有悔也。」這是乾卦〈文言傳〉解釋「亢龍有悔」，「亢龍有悔」就是陽氣過盛導致出問題，而且是「不可以有輔也」，神仙都救不了，誰都不能幫忙，沒有辦法從旁輔助、扳正，這就是「棟橈」之凶，說得驚心動魄。棟橈的原因落實到具體操作的爻時，其實因果都告訴你了，正所謂「知進而不知退，知存而不知亡，貪多務得而不知喪」。

這就是「棟橈」，危險的情況已經發展到大過了，而且回不去了。「棟橈」已經涉及到了基礎，即承重的主體結構出了問題，產生變異、錯位，就如同立國之道出了問題，或者重要人物出了問題，這個時候怎麼辦呢？不能束手待斃、兩手一攤，一定要拯救危亡，力挽狂瀾。怎麼拯救呢？接下來的卦辭就說：「利有攸往，亨。」這五個字就充分代表了《易經》的智慧、主張和一貫的精神，即不退反進，這就超乎人之常情了。「利有攸往」，是根據你既有的主張、核心的實力、心中的主宰有所往，這時反而要往前，不能退縮，因為退縮會越來越萎縮，在高壓力下，一個已經彎曲的東西，根本不能夠退避，越退避，最後被毀滅、壓垮得越快。沒有退路，反而要激發心中的勇氣，勇敢去面對，往前奮鬥，這就是「利有攸往」，不退反進。退縮回去無補於實際，所以反而要去面對，要勇往直前、義無反顧地面對，還有機會得到亨通。下過象棋的都知道，過了河的卒子到了對方非常危險的陣營，如果有機會一步一步走到對方的底線，就會變成「車」，搖身一變，馬上不一樣了，勇猛不可擋。這種毅力、這種反敗為勝的精神就是大過卦所主張的，因為沒有退路，只能往前博一博，那就要有膽氣，勇敢面對，還有亨通的機會。如果不走「利有攸往」的路子，或者你說「不利有攸往」，像剝卦，只有死路一條，就好比武大郎服毒，吃也死，不吃也死。既然已經是這樣子了，還不如表現得英雄一點，死也死得有尊嚴點。人世間很多情形就是這樣，「利有攸往」，搞不好還真有機會「亨」。所以「幹父之蠱」的蠱卦和大過卦，都得用特殊的方法來矯正，有時候還會負負得正，以毒攻毒，反而可以防毒。如果太拘泥於一板一眼的方式，不但「幹蠱」不能成功，「大過」也是必死無疑。

所以「利有攸往，亨」，完全講對了，唯一的生機反而是迎上前去拚，去找對象的弱點。人就怕拚命，一旦拚命，力量就不一樣。我們在理解大過卦時，也要結合下一卦坎卦的運用，到坎的時候你會更清楚，越是危險，越要強悍，不能示弱。一旦你心中的罣礙去掉之後，力量真的很強，氣勢都會震懾住對方。俗話說債多不愁，欠人家一千萬也是欠，欠人家五十億也是欠。既然欠一千萬還不了，乾脆欠五十億，結果縱橫天下，每一個債主都得好好伺候你。這樣一來，就給很多人啟示了，例如說歐洲、美國，錢反正還不了，然後人家不救還不行，債務大到不能倒。當然，我們學了大過卦之後，不要像這種耍賴的人，那有什麼好處呢？我們要學會避免讓人家耍賴，不要造成這種態勢，這種智慧叫套牢與反套牢。借錢的，欠人家錢的，常常比借給人家錢的要大得多，赤腳走路的比穿皮鞋西裝革履的要強悍，這都是從大過卦到坎卦，這個人生的道理一定要懂，不然你會陷到進退兩難的處境。棟橈了，真危險，唯一的對策是「利有攸往」，不能怕死，越怕死，死得越快。

像這幾年對於中醫、西醫關於癌症的探討越來越多，越探討發現意義越深刻。像西醫治療癌症無非是手術、化療、放療，天價的治療費用讓患者比死還難受。一旦進入治療系統之後，其實也是「大過」，有很多癌症患者是被嚇死的，等到醫生一告訴你，要這個要那個，身心飽受負荷，還不見得能夠治癒。如果放棄了自己重建內在平衡的機會，可能就是這個狀況。有些人如果身心不強悍，並且人怕死是天性，經過醫生的渲染，有三分病情就會讓人心神不寧，恐懼變成七分，很多人其實是被嚇死的。恐懼本身比病還要可怕，等到講到大過卦的〈大象傳〉時，你會發現它完全切合實際的情況。所以我們面臨大過的時候，千萬不能怕，越怕越糟糕，這其實也是一種鍛鍊，心力越強，越能夠應對狀況；心力越弱，碰到這種情形，真是生死恐怖，精神戰力全無，完全沒有還手的餘地。我們講過，一切的病都是從心生的，中醫講「心是神明之官，是君主之官」，是有道理的，精神的力量影響一切。我們講无妄卦的時候說過，「无妄之疾，勿藥有喜」，心出問題了，外面所有的藥物都沒有用，心如果強健，根本不用任何外在的工夫，自己就能夠好。

總之，「棟橈」了，「利有攸往」，才會「亨」，往前衝是唯一的路子。在「棟橈」的時候激發危機意識，激發最後內蘊的潛能出來拚命。人一旦不怕死，力量就非常可怕，死都不怕的人，那種能量一定不能低估，很多人就會避開，於是在這種極端的情況下，有些人反而能夠脫穎而出、反敗為勝。

大過卦〈彖傳〉

〈彖〉曰：大過，大者過也。棟橈，本末弱也。剛過而中，巽而說行，利有攸往，乃亨。大過之時大矣哉！

面對這麼嚴重的生死大事，既然經文不囉嗦，〈彖傳〉也是這麼簡簡單單幾句，可是這平平實實的話語中，底蘊卻很深厚，讓你回味無窮。

「大者過也。棟橈，本末弱也」，語詞非常乾淨，該解釋就解釋。「剛過而中」，「而」是能夠的意思，剛雖然過了，能夠矯枉讓它回到中道，「而後可以得乎中」。「巽而說行」，「巽」就是內卦下卦，「說」即悅，因為外卦是兌卦，內卦是巽。「利有攸往，乃亨」，「乃」字我們從乾卦一開始就講，是很不容易的，艱難轉折的象，所以「利有攸往」也是千辛萬苦，但是居然博贏了，在高壓力的情況下，很不容易，能夠這麼勇敢面對，還走出一條解脫的路子來。

最後估計沒有太多東西可以跟我們講了，直接就說「大過之時大矣哉」。大過這種狀況一定要重視時機，危險的環境很特殊，跟一般情形不一樣，我們不能在大過的時候睡大覺，用常規思考處理問題絕對完蛋，一定要用非常規思考問題，用非常手段解決問題，才能夠贏得一線機會。這就是「大過之時大矣哉」的真義。前面的頤卦講正常態，講維持平常的自然平衡，也是「頤之時大矣哉」，這兩卦完全是對照的。我們如果把大過卦當成肉身的死亡，學佛的朋友就知道，像佛教的大德高僧，都預知時至，知道什麼時候走，會精確到哪一月、哪一天，然後很從容面對，要去見佛祖了，平平常常看待，按部就班的安排身後事，交代接班人，這就是「大過之時大矣哉」，對時有相當敏銳的感觸。

棟橈，本末弱也

「本末弱」也比較好理解，但是也不要輕忽。為什麼棟樑會彎曲呢？首先是要面對現象，承認「棟橈」，大局岌岌可危，整個結構已鬆散，搖搖欲墜。為什麼搖搖欲墜呢？光看卦的結構就知道了，本末都弱。最根本的就是初爻，像復卦（䷗）一陽復始就是初爻特別強健，是內心最深處的天地之心，是一切的根本。剝卦（䷖）就是「末」，一陽在上，下面全部掏空，直到最後還是有機會守得住：「君子得輿，小人剝廬。」剝、復是一個很明確的本末的形象化，剝卦是已經到末了，復卦是從頭開始培養根本面，所以能夠一陽復始、萬象更新。可是大過卦很糟糕，因為本末都是陰爻，都很弱。其實原因很簡單，中間四個陽爻很強，強的不是地方，反而增加了壓力，造成極度的不平衡，上下兩個陰爻怎麼包得住、支撐得起中間這麼強大的四個陽爻呢？而且這四個陽爻腳不沾地、上不頂天，所以本跟末都弱，中間強有什麼用呢？中間這麼臃腫，兩邊怎麼支撐？就像棟樑一樣，都快脫鉤了，中間還那麼重。大過卦「初六」本是產生一切力量的來源，但根本面就弱了，就像一個領導的格局，完全失去了初爻基層民意的支持，「民惟邦本，本固邦寧」，沒有「本」的支持，民眾離心離德，上面強有什麼用？這是本弱。然後「上六」是末，也弱，沒有剝極而復的機會。我們看很多人要瘦身、要減肥，就因為在頤卦之中太貪吃，沒有節飲食，所以變成「大過」，極度的不協調，不能產生陰陽平衡的效果，一旦失序，本末都弱。

我們都知道中文造字很美，本跟末都有一個「木」字，是震卦跟巽卦的位置，也是生機的代表，在後天八卦中，東方震、東南巽是春天的象徵，生機勃勃。如果「本」強，生根入土，可大可久，因為它那一橫是在根底的地方，深根固柢，長生久視。「末」就糟糕了，那一橫表示在枝葉，為細微末節。在「大過」的時候麻煩的就是本也弱，末也弱，中間卻是那麼強，力量那麼集中，壓力那麼大，結果非常危險，這就是資源沒有做好分配所造成的「棟橈」，整體結構一旦出問題，當然不能承載重量、承擔大任。

大過，大者過也——愛與死

「大過，大者過也」，這是解釋卦名。人要拚命的時候，面臨大過卦幾乎絕望的情況，不做生還之想的時候，那才可怕。因為一般人如果沒有到不可選擇的地步，就想要求生，貪生就會影響到整體表現，就不敢拚命，所有的潛力都愛惜、保留。一個人不怕死的時候，力量就很可怕。這就是「大者，過也」。

「大者，過也」，陽大陰小，陽氣過盛。好比《神雕俠侶》中的楊過，年輕時就是陽氣過盛而導致「棟橈」，斷了左手，就得練獨臂刀。但他面臨「大過」的時候反而武功更強，要治理這樣的人，要他修得超凡入聖，就得配純陰的小龍女，純陰者不通世事，剛好以柔濟剛，轉陰補陽，所以男主角不叫「楊過」都不行。當然這是題外話。

大過卦在我們進入爻的時候就會知道，它是情色的高潮，百分之百的情色卦。人一到絕望的情境中，「大過」的時候會想什麼，他的人情、人心會產生什麼樣的化學變化，應該做怎樣的面對、怎樣的運用？頤卦的時候看重的是飲食、言語，到大過卦的時候，飲食言語統統不能讓你活，沒有辦法永續，所以一定要提升他的一種情操，即所謂的愛，一切愛的最根本就是男歡女愛，這是不能否認的。那為什麼上帝造人讓男歡女愛，變成一切情的根本？夫妻情不也從男歡女愛來的嗎？整個家庭親子之情，不都是衍生出來的嗎？再擴大到國家民族之愛，最根本的還是那個。探討到根源就是生物性的根源，就是男歡女愛、陰陽和合。為什麼人面對死亡的時候會有這種在情色上的男歡女愛的細膩描寫？很簡單，他能夠生下一代，可能上一代不能活了，可是自然的衝動，讓他反而花很多心思在情上，因為這種情形他就有可能生成下一代，就算在大過這一波劫難中毀滅了，他的精魂也傳下去了。所以大過卦也可叫「愛與死」。飲食言行幫不上忙的時候，透過這種愛可以擴大，犧牲小我，成全大我。

然後愛可以昇華，可以從生物性擴大到博愛，人到那時候就把生死看淡了，這是唯一的一條路。如果心中沒有愛，你有一天面對這種無限的恐怖時，會沒有辦法超脫。你再怎麼飲食山珍海味，再怎麼言行夸夸，必須面對的時候，心中沒有愛，一定過不了這一關。

陽大陰小，陽氣過盛，這也說明大過卦的資源分佈有問題，陽爻統統擠在一堆，使得上下兩個陰爻完全沒有辦法支撐、包裹。四陽的卦有很多，有的就很強，就因為結構分佈平衡。像大壯卦（䷡）就比較強，陽氣就盛；大畜卦（䷙）也是四陽二陰，所以可以大大蓄養。資源分佈一旦不均衡，就有「大過」難以負荷的象；可是「大畜」到最後運作得好，有超凡的負荷力，承擔力無限，就可以「何天之衢」。

大過之時大矣哉

「剛過而中，巽而說行」，才有可能「利有攸往，乃亨」。由「棟橈」的極度危險，做出一個抉擇，最後還可能創造亨通，走出危局。〈彖傳〉就要從結構上把道理講出來。「剛過」就是因為陽剛之氣過重，陰陽失衡，陽往前面衝，陰沒有辦法配合就脫節了，結果「知進不知退，知存不知亡」。過頭了，就得把它拉回來，得讓它由剛轉成柔，下面一定要用柔的手段。

這就是為什麼下卦、內卦和上卦、外卦都是陰柔的卦。下卦巽謙卑、深入，要去了解病因，所以低調、無形。上卦是兌，也是陰柔的卦。這就是「剛過」經過陰的調節，經過「巽而說行」這些陰的資源慢慢投入之後，亢陽的現象就可以慢慢回復到中道。人在「大過」時，常會心情苦悶笑不出來，當然就沒辦法和人家和諧溝通，可是外卦兌就告訴我們不能一副苦相，反而要有好心情，要有歡喜心，心平氣和、愉悅才行，這就是以柔濟剛。然後內巽，一定要很深入去探測原因，要溫和、包容，才能夠讓「剛過」慢慢往平衡的中道修正，在這種情況下「利有攸往，乃亨」，才是真正懂得面對問題、解決問題，而且解決問題不是火上加油，而是根據既定的主張，艱難轉折之下，重獲亨通，達到陰陽的平衡態。

下面當然就是「大過之時大矣哉」，死亡這種事情如果完全要照佛教的講法，那是大事，尤其信阿彌陀佛的信徒要到西方淨土時，死的時候還不能大放悲聲，家屬最好不要哭，免得干擾他去了不該去的地方。這一點在中國社會其實很難，所以在「大過」之時，要考慮得長遠，「時」的智慧特別重要，要超脫凡情，凡情是生離死別都得哭、都得送，但哭有什麼用呢？孟子說養生是大事，送死更是大事，都是把人生的起點、終點當成是最重要的事情，一點也不比國家大事差。所以一個國家的領導者，對於民生甚至民死都要高度重視，要使老百姓養生、送死都沒有遺憾，這就是孟子所謂的「王道之始」。

另外，「大過之時大矣哉」也是說選擇什麼時候死也是智慧，也是學問。有些人不得其所、不得其死，死了還承受無限的羞辱和滿心的不高興，或者是無限的恐懼，那都不好。

大過卦與中醫

蠱卦是疾病，大過卦是瀕臨死亡，從卦象看，它們有什麼差別？下卦是完全一樣的，上卦正好是相錯的關係，蠱卦上卦是艮，大過卦上卦變成兌，艮變兌是三爻全變，性質完全變了。「蠱」就是因為內卦都是巽，我們身體的內部組織可能已經有潛伏很久的問題了，平常無法發現。平常沒有發現不代表你沒病，因為外卦是艮，是封閉的，所以內部深層的問題發現不了，還以為自己很健康。可是巽為風，「風為百病之長」，到大過卦的時候，病就發出來了，艮已經壓不住了，三爻全變變成兌卦，兌是完全顯現出來，一切都浮到了枱面，內卦深入隱微的巽，整個都冒了出來，沒有辦法掩蓋了。任何人一到這種地步就已經是病入膏肓了。

以中醫來講，外卦兌就是四診法之一——望，即看舌苔，為什麼可以看舌苔呢？中醫認為，舌苔上的狀況能反觀內在種種的病變。大過卦內卦是巽，巽藏得很深入；外卦兌，一張開口就會顯現。這就是舌診。以器官來講，大過卦也是一個有殺機的象，是相克的。因為巽為肝，風木；兌為金，是肺，五行中金克木，上卦是克下卦的，所以〈大象傳〉才會講「澤滅木」這麼一個相克的關係，外克內，上克下。在《大學》中就講「誠於中，形於外」，也就是人不要自欺欺人，不管你隱藏得多深，你的一言一動一行，甚至表情都會顯現出你裡面的「狼心狗肺」。很多人都想掩飾自己不可見人的部分，其實何必呢？「人之視己，如見其肺肝然」。兌卦就是肺，巽就是肝，藏得很深，但是它統統能夠顯現出來。「大過」的時候就是整個已經沸沸揚揚，都暴露出來了，壓都壓不住，這時就面對吧，不必掩耳盜鈴、自欺欺人了。

如果我們用人體的六大關節來看，大過卦絕對是病情顯著。踝、膝、胯、腰、椎、頸，把大過卦跟節卦的人體直立身軀六大關節環環相扣，一節扣一節去看，弱點很明顯。節卦（䷻）跟大過卦所差的是初爻跟三爻、四爻，節卦鬆腰柔胯，三爻、四爻都是陰爻，是很正常的身體狀況；可是大過卦三爻、四爻關節部分硬梆梆的，僵直而不通暢。更要命的是初爻立足之地腳踝的踝關節脫落了，站立不穩，無法支撐整體的重量，而節卦的初爻是陽爻，立得很穩。由於大過卦腰胯全部僵硬，撐重量的踝關節又整體的鬆軟無力，從一個正常的「平人」的身體關節來看，大過卦就是有一半都有問題。

還有從頤卦到大過卦，再結合後天八卦的方位去看，認識就更深一層。頤卦（䷚）是從東方的震卦發展到東北方的艮卦，走了一圈，等於是人生走一遭，從呱呱墜地的震到最後老年的艮，還是真氣循環終而復始，生生不息。所以從後天八卦來講，頤卦是完整地走了一圈，從正東方走東北方，從動到不能動。可是大過卦只走陰卦那半圈，從東南方的巽卦開始走，走到正西方的兌卦，然後中間經過正南方的離卦、西南方坤卦，他走的是陰暗的半圈，陽光的那一面完全沒有碰到，可見真是有棺材的象，全部是陰氣籠罩。我們從這裡去體會，好好地分析這些耐人尋味的現象，大過卦確實是死象昭著，一定要想辦法以柔克剛，不然難逃一死。

大過卦〈大象傳〉

〈大象〉曰：澤滅木，大過。君子以獨立不懼，遯世无悶。

頤卦是以動物為象，不管是烏龜還是耀武揚威的老虎，甚至包括人，都是動物。大過卦則不同，在其死象昭著的時候，以植物來取象，沒有生機勃勃的動能，反而都像植物一樣不動。像爻辭裡面的「枯楊」，不但不是茂盛的植物，而是快要枯萎的楊樹；「白茅」也是植物，「棟橈」的「棟」也是植物做的房樑，「棟橈」就是建材已腐朽彎曲，也是植物的象。從頤卦到大過卦，一個以動物取象，一個是以植物取象，這個取象就給我們很多的思考，由動物慢慢往植物轉，由植物慢慢往化石轉，很多東西都硬化不能動了。當然，在大過卦具體的六個爻的操作時，我們要絕處逢生、死裡求生，用種種非常手段，施展妙手，讓它能夠回春，恢復生機。

在頤卦的時候就已經告訴我們為什麼要「節飲食，慎言語」，因為整個頤卦的象，就是上顎不動，下顎動，一張大口，無限的空間，希望把外面的東西吃進去，有時貪得無厭，吃飽了還想拚命吃，尤其是吃飽了拚命造謠，造成言多必失、禍從口出的後果。這是生與食的現象。大過卦則是愛與死的象徵，卦象正是男歡女愛的象，下巽而上兌，巽卦是深入的象，上卦是兌，兩情相悅，「下入而上悅」，正是男女交歡的象，從這樣的一個符號象徵，就創造了非常豐富、很有深度的資訊給我們。其實還原這個象根本就是食色而已，比噬嗑、賁二卦更深入展開，讓我們探討生死、食色的關聯，動向就是「下入」所以「上悅」。

〈大象傳〉：「澤滅木，大過。」「滅」字出來了，我們講過噬嗑卦六個爻就有三個「滅」，剝卦劈頭就是兩個「滅」，所以不重視噬嗑的飲食，偏食肉食，失去平衡，口腹之欲會造成先天的好東西滅掉，噬嗑累積了三個「滅」到賁卦，外面看著還不錯，其實追求的美麗跟真正的身心健康已經有距離了，外面的美麗不能粉飾太平了，後面就是整個剝卦出來。

現在是清算總帳了，面對大過卦的一切都崩解，死亡的危機浮現前，不是哪一個爻的滅，整個卦都是「澤滅木」，木是生機、生氣的代表，生已經要滅了，為什麼？因為澤氾濫成災，即兌卦所象徵的情欲、欲望失控，就像縱欲傷身，整個「大過」了，全卦都是滅，比噬嗑卦的三個爻的滅、比剝卦從下面開始的滅更明顯，是全滅的象。還有，巽是軟木頭，所以才會取楊柳的象，它不是震卦那種很堅硬的木頭。所以「澤滅木」還真的是滅頂的象。像以前的船都是木頭做的，但船絕對不能用硬木頭做，要柔軟，能夠飄浮。下卦沉在兌卦的澤水中，沉到水底的是一艘木船，正是行舟滅頂的象。這就是大過卦的象，全卦在一個滅的範圍內，沒有生機。

下面就是因為隨時可能滅亡，隨時可能離開這個世間，所以《易經》的〈大象傳〉永遠有無限的勇氣去面對死亡。越不怕死的，說不定還能活，至少有尊嚴，所以它說：「君子以獨立不懼，遯世无悶。」「遯世」是離開這個世界，「无悶」是指心中完全沒有一點不快樂，連一點點憋氣的沉悶都沒有。這就是解脫，勇於面對死亡。「遯世无悶」對我們來講，一點也不生疏，因為乾卦〈文言傳〉的時候就講過了。什麼叫潛龍呢？「遯世而无悶，不見是而无悶，樂則行之，憂則違之，確乎其不可拔，潛龍也。」那種超凡的意志就叫「遯世无悶」，耐得住寂寞、孤獨，堅持自己的操守，做自己愛做的事情，不受別人的左右，這就是潛龍「遯世无悶」的修為，絕對不是尋常人能辦得到的。一般人是拚命去迎合這個世界，去爭名求利，不然會感覺悶死了。「遯世无悶」則是撒手放開，沒有一點不愉快。這就是「大過」的另一面，要訓練出這種態度就要「獨立不懼」，「不懼」就是不怕死，為什麼不怕死？因為生命獨立的主宰完全樹立了，所以不怕。獨立不懼，就是大過卦的結果。

金庸小說《倚天屠龍記》中，當明教教眾在光明頂上齊聚，然後決定要殺「韃子」，那種情懷在人的那種情境下，很切合頤卦跟大過卦的情境。人都貪生怕死，其實細想生有什麼好貪的，死有什麼好怕的呢？非顛即拂，想要的東西要不到，到處找靠山，有時候還為虎作倀。所以人生有很多東西顛顛倒倒，不徹底，徒然增加我們的痛苦。光明頂上，明教教眾齊唱著：「生亦何歡，死亦何苦。憐我世人，憂患時多。熊熊烈火，焚我殘軀……」這是一個超脫的想法，生有什麼歡呢？一般人追求生的歡，有什麼歡樂呢？看看那個頤卦，歡樂在哪裡？等到把大過卦鑽研透了，又到底有什麼地方苦呢？可是一般人沒有辦法解脫，所以大過卦充滿了悲憫心。世人困在這個生死的憂患裡，最後都解脫不開，不斷地輪迴，沒有辦法超越。生亦何歡，死亦何苦，最後就一把火燒掉了又如何，它追求的還是精神永恆的境界。肉身的業障之深，能不能解脫，這是我們要修煉的。我們曾講過，面對死亡，又追求一個生，這個生有時不一定是肉身的苟延殘喘，而是一種精神的永生，所以大過卦第二爻和第五爻的枯楊都冒出了生命，在一個象徵死亡、毀滅的「澤滅木」的陰影籠罩氛圍下，人還是有求生的意志，都要想辦法讓它回春。可是在頤卦，人的生裡面卻出現了大過卦的象——「顛頤」，過分講求養生，反而招致速死，自己毀滅自己。其實人從生下來的那一剎那，生命剛開始就受死亡的影響，然後這一生都在面對生死的修煉，生中有死，死中有生。

大過卦六爻詳述

三爻：超負荷

九三。棟橈，凶。

〈小象〉曰：棟橈之凶，不可以有輔也。

我們來看大過卦六個爻，第三爻其實在上文中已經講完了：「棟橈，凶。」「棟橈之凶，不可以有輔也」，這個爻的爻變是什麼卦？澤水困（䷮）。你看真衰，遇到了「大過」之（「之」即「走向」）「困」，在大過的情境中，不以柔濟剛，爻的操作還過剛，當然非垮不可。硬是不回頭，誰都沒有辦法救你，結果就是困，一籌莫展。然後看「困」字，象徵生機的「木」四面都被堵死，一點生機都沒有了。大過卦想絕處逢生，可是結果是困卦，四面都堵死了，出不去。

有這樣的結果，都是因為自找的，在大過卦那樣的環境，在實際的操作上，「九三」當然也是壓力太大，超過它的負荷，會把它壓垮，變成困，四處都沒有出路。面對這些壓力，作為一個棟樑要怎麼辦？要抗壓，就要比一般人看得更遠，想得透，才有超強的意志。

四爻：平衡之道

九四。棟隆，吉。有它吝。

〈小象〉曰：棟隆之吉，不橈乎下也。

我們看第四爻。三爻是照鏡子，鏡中投出去的影像就是第四爻，形影不離。三爻是「棟橈，凶」，四爻正好相反，是用種種非常手段拯救「棟橈」的局面，三爻本身不可能救的，是以剛濟剛，再拚命都沒有用，第四爻就懂得以柔濟剛，「九四」陽居陰位，用陰位來調節陽剛的屬性，就懂得「剛過而中，巽而說行」，看到第三爻不能解決問題，於是調整方法，對症下藥，結果就真的有效。壓彎的棟樑又恢復了原狀——「棟隆」，隆起來了，原本已彎下去，隨時可能會斷掉，結果把它救起來了，又反彈上來。同時，「九四」又是執政高層，必須救「大過」的「棟橈」，因為方法對，結果造成了「棟隆」，彎曲的棟樑恢復原狀。但還不是完全恢復原狀，而是有點凸起來了；原先是凹下去，現在是凸起來，因為矯枉過正下猛藥，以陰濟陽，讓「棟橈」的局面反彈回來變成相反的「棟隆」，由凶轉吉。其實我們在很多這種高度動盪的情況下，經過一段人為的三多凶、四多懼的調整都是如此，幾次之後，慢慢蕩平，就步入了中道。在「棟橈」、「棟隆」之間找到平衡之道，都是靠人為的努力，從而恢復正常的狀態。可是這個時候要注意，第一要專注，第二不要從一個極端擺蕩到另外一個極端而回不了頭。

要注意的是，「有它吝」，本來「棟隆，吉」，恢復到平衡就好了，可以不用吃藥，卻因不放心而多吃三天藥，反而從陽剛過度變成陰柔過度了，陰柔過度就是「吝」，陽剛過度則是「悔」。所以要求平衡真的不容易，在高度動盪的時候，下猛藥有時候也可能過火，過火就是「有它吝」，由這個極端擺蕩到另外一個極端，這種補泄、生滅、剛柔、悔吝之間的掌握要恰到好處，要懂得陰陽二者之間的諧和中道。如果你想得太多，留個蛇尾巴，就是「有它」，「它」是第三者，另外的想法讓你分了心，結果好不容易是「棟隆，吉」的局面，又變成「吝」的陰柔過度。

這就告訴我們人生絕沒有那麼容易，不是東倒就是西歪，很少完全壓著中道而行。所以〈小象傳〉說：「棟隆之吉，不橈乎下也。」「下」是指「初六」，因為「九四」跟「初六」陰陽互補相應與，「初六」是新生的陰爻，那個白茅善加處理，生機無限，正好可以解上面那些陽爻過分亢陽的局面。「初六」是一個新生的陰爻，這個生力軍對於「九四」懂得相應與，本身就可以達到一定的平衡。中醫的思維中，有一種方法是啟動你與生俱來的內部生命的治癒能力，「九三」沒有辦法，因為它全部是剛，整個環境也是剛過頭了，一點陰的死守空間都沒有，靠自己也不行，那它靠誰？如果從外面去取陰可不可以救「九三」呢？外面可以取的陰是「上六」，已經滅頂的陰爻，衰弱到極點的陰，怎麼濟「九三」這個亢陽？完全不平衡。「上六」的陰爻是已經衰老到極點快死亡的陰，跟「初六」剛剛發展的陰完全不成比例的。所以「初六」可以去濟「九四」，「九四」靠自己的陰位可以調整陽剛的屬性，去取「初六」的陰以柔濟剛；但不要取太多，適度就好，外來的陰過多，反而會造成「九四」自我的平衡又開始「橈」了，偏到了另外一個極端。「九三」因為無法從「上六」那邊去找救助，所以它死路一條——「棟隆，凶」。杯水車薪，一車子的乾柴烈火燒起來，「上六」那一點點陰怎麼救火？一點用都沒有，所以它就是凶，就是困，沒有任何滋潤的象。但是「九四」就可以做到。

「九四」爻變為水風井（䷯），地面上沒有水，只有去挖井，開發內在的新資源出來紓困。按照卦序，困卦後面就是井卦，井卦後面就是煥然一新的革卦，原理就在這裡。

二爻：移花接木

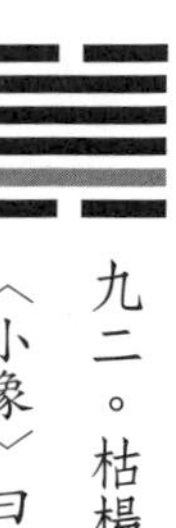

九二。枯楊生稊，老夫得其女妻，无不利。

〈小象〉曰：老夫女妻，過以相與也。

我們再看二爻跟五爻。二爻、五爻皆是黃昏之戀，它們都是枯楊，女性都過了七七四十九歲，男性都過了八八六十四歲，結果爆發燦爛的火花。大過卦第二爻和第五爻就是在一種不是很對稱且本身過了生育年齡的非常搭配，即老少配，老夫少妻或者老妻少夫，這也是一個鏡像對稱的關係。「九二」是鏡子前面的形，「九五」是鏡中的投影，它們這種形影相照的關係，在鏡子前面照了以後，可能青春正盛，但是不要太迷戀現在的青春了，要時常看一看鏡子，因為三個爻之後就是衰老態，照出原形了。這種虛虛實實之間，往往使人對人生有某種感悟，從而調整狀態，掌握當下，面臨未來。

「枯楊生稊」與「枯楊生華」，就是兩種不同的人生狀態，都要求生。人有強烈的求生意志，不到萬念俱灰、一點生機都沒有的時候，不要輕言厭世輕生。枯萎的楊樹「生華」，「華」就是「花」，《詩經》裡面的「桃之夭夭，灼灼其華」，「華」就是花的意思。中華的「華」其實也是花的意思，中就是持中之道的「中」，陰陽平衡最美的狀態，不是說我們的地理在中間，而是一種中道，隨時可變的與時俱進的持中之道。這種中道很可貴，養生也好，治國也好，要懂得掌握中道，把中道華於天下，像開花結果一樣，在適當的時間讓它發揚光大，燦爛無邊，這就是「中華」的意思，把中道作為「花」的推演，讓它開花結果，變得很燦爛。「華夏」的「夏」是比「華」字更早，「夏」為中國之人，不是夏朝的時候才稱夏，在堯的時候就有夏的說法了。

「枯楊生稊」是急救得早，有機會讓枯萎的楊樹有生機。第五爻的「枯楊生華」則救得太晚，第六爻就滅頂了。快要滅頂前才去救，用什麼方法都救不過來；而且「花」就是末梢、枝葉，從外面看起來好像很燦爛，其實是加速滅亡。「枯楊生稊」的「稊」就是樹枝上又冒出了一個嫩芽，這是本，才有生機。像花，為末，哪有生機？開花是結果之前的樣子，要消耗元氣，才能開那麼燦爛的花。

「九二」離本不遠，即離「初六」不遠，雖然是枯楊，但是救得早，依然可以讓它枯木逢春，又活過來，注入新的生命力。「生華」的結果是沒有生出新芽，反而是消耗很多能量開花，元氣耗盡加速滅亡。這兩者的差別，在於一個是碰到大過卦的危局時救得早，一個救得太晚，只有表面的光華。但是「枯楊生華」這種花招常常會騙到一些不知就裡的人上當。像大過卦的君位「九五」，好用這種奇招，包裝得非常繁榮昌盛，別人就被其花果的表象迷住。很多人心懷貪欲或者認為這是個奇蹟，就加入進來，加入之後結果統統死成一片。而「枯楊生稊」那個小芽不細看還看不到，沒有人理睬，但是它卻有生機，假以時日就能夠回春。「稊」這個字造字可真美，是不是禾苗中的小弟弟？當然生機無限，就像復卦「碩果不食」的那個核心的生機，它慢慢在「本」的地方冒出新芽來，那就是新希望。

「枯楊生稊，老夫得其女妻，无不利」，「无不利」一講出來，說明問題解決了。原先的「枯」慢慢充滿生機，重生再造成功。其實作者用楊樹也是有考量的，楊柳都是靠著水邊生的，是親水性的植物，它一定不能脫離水。可是水如果太多了呢？就會「澤滅木」，所以水要恰到好處，如果澤水氾濫成災，原來生你的東西會滅掉你。所以必須「節飲食」。

關於「枯楊生稊」，還有栽培植物的常識在內。枯楊怎麼能夠生出新芽呢？用什麼方法？移花接木，即嫁接。嫁接才有新的生機、新的優良品種出來。移花接木式的釜底抽薪，是一種從根本上救急的、很有巧思的救法。如果拘泥於固定的思維，枯楊還是救不了，還是不可能生出新東西，所以絕對要有巧思，懂得拿哪一些東西去搭配，像「老夫得其女妻」，這是典型的老少配，已經是老頭子了，結果越娶越年輕，娶了一個很年輕的女子續弦，這個時代現在當然已經一去不復返，當時的社會評判認為「无不利」，因為可以延續下一代，年齡懸殊有什麼關係呢？只要可以生，對祖宗有個交代。那麼老夫少妻的條件是什麼？女妻再小、再年輕也得過二七一十四歲，她才有生育能力，老夫只要不超過八八六十四歲，還有可能生，這就是「七日來復」生生化化的基本原理。

「九二」爻變為咸卦（䷞），「咸」為感情的象徵，可謂是「大過」之「咸」。就如〈小象傳〉說：「老夫女妻，過以相與也。」「相與」即水乳交融，雙方真是絕配，完全互補。我們不要老是認為女妻嫁給老夫是覬覦他的財產，不一定，「過以相與也」，還是有感情的，不要用世俗的觀點去看大過卦這種感情的象。

這是大過卦第二爻。這個爻我們十幾年前曾經占過一個卦，那時我們覺得易占為什麼總是這麼準？什麼道理呢？就占一卦，結果就是大過卦「九二」，爻變為咸卦，感應就到了，而且「无不利」，甚至我們人生面臨枯楊的環境時，能夠指點我們一個生門，絕處逢生。大過卦變咸卦，絕對有感通、感應的原理，你如果剛好能夠接受，就會成就奇蹟。易占也是這樣，感應越精純，效果越奇特、越準確。

五爻：迴光返照

九五。枯楊生華，老婦得其士夫，无咎无譽。

〈小象〉曰：枯楊生華，何可久也？老婦士夫，亦可醜也。

「枯楊生華」就不同了，這個方法是不行的。「老婦得其士夫，无咎无譽」，沒有說「无不利」，語氣平平。「老婦得其士夫」，老婦就是過了四十九歲的女性，沒有了生育能力，可是她要找一個「士夫」，「士夫」就是血氣方剛的青年，正是有很強大的生產力的時候。可是這個不能生，因為「士夫」在二八一十六歲以上，老婦應該是過了七七四十九歲，「老婦」也想回春，想藉著「士夫」以陽濟陰，證明是否有奇蹟，但是再怎麼樣努力也不能生。

「老婦得其士夫」，結果是生不出來。生不出來所以「无咎」，但她至少得到片刻的歡愉。「无譽」是因為沒成，你也不敢批評他、怪罪他。面對「无咎无譽」，我們絕對不敢赤裸裸地批評，也不敢稱讚，只有保持沉默。〈小象傳〉說：「枯楊生華，何可久也？」這裡一語點破，不像經文那麼含蓄，又「无咎」又「无譽」。「枯楊生華」本身消耗元氣，怎麼可能久呢？然後又說：「老婦士夫，亦可醜也。」對於老太太嫁一個小夥子，〈小象傳〉好像要罵人了。

「枯楊生華，何可久也」，這句話深具諷刺意味，因為老婦明明不可能懷孕了，可是她居於君位，居於大過卦這一危局組織的最高領導，她有政治或者私人的考量，所以找了一個年齡可以做她孫子的來做配偶，即「老婦得其士夫」。她可能想藉這個方式，做一個政治含義的安排，領導人這麼安排，大家就算有反對意見，也會統統閉嘴。就像廣土眾民的坤卦第四爻，一個執政的高層為了免於政治迫害，謹言慎行，把嘴巴都封起來。老婦這麼安排，真的是完全因為追求愛情，想要有後代嗎？不一定，可能有很深層的考量，只是不足為外人道也。但是她一定希望達成某種政治效果或者是個人追求的目的，只是她位置太高，我們不敢直接點名批判，所以才會產生封口的效果，大家不予置評，保持靜默，免得自己遭遇政治迫害。

這樣的安排最終的目的是希望拖得比較久一點，所以爻變是恒卦（䷟），「恒」就是穩定而長久的象。換句話說，大過卦可能沒有多久就得完蛋了，這種危局要用某一種方法、某一種政治安排，其實也有一點像嫁接、移花接木的現象，引進一種很不協調、很奇怪的搭配，居然能夠刺激別人，結果好像也有生機。

二爻的生機是真的，小孩生出來了；五爻的生機是騙人的，是假的，不會生。可是實質上不會生，表面上看起來好像儼然恢復了生機，找回了青春，所以這個爻就值得深思。「枯楊生華」它到底在講什麼？讓枯楊爆出燦爛的花朵，把大家都騙過了，而且希望恒久，延續政權。結果卻是「何可久也」，〈小象傳〉一語道破，這還是癡心妄想。你想恒不一定能恒，因為沒有生育能力，後繼無人，空有表面的形式，沒有實質的效果。為了要「枯楊生華」，還得投入很多資源，做進一步的宣傳，把僅有的一些資源耗盡，讓枯楊開了一個燦爛的花朵，耗盡元氣，不是加速滅亡嗎？所以它說：「何可久也？」這個爻的下一個爻就真的是走到了最後一步，在大過卦的時候還可以用盡一切非常手段救活，如果沒救活，「物不可以終過，故受之以坎」，下一步不就到坎卦了嗎？到地獄去報到，到水裡面淹死了。上爻就是大過卦接到坎卦，所以「過涉滅頂」。第五爻就是最後一點急救的機會，但是它是君位，可以做很多複雜的安排。

如果我們把大過卦這種瀕臨滅死的過程展示出來，從初爻到上爻就是「誠於中，形於外」，從「初六」伊始，第二爻救活了，第三爻一看要垮了，第四爻又讓它「棟隆」，打強心針。第五爻就一步一步走向最後的「過涉滅頂」雖然其中有一些非常的手段來拯救，有時我們也會發現好像恢復了活力，枯楊都開花了，簡直是奇蹟。是奇蹟嗎？「何可久也」，這只是一個暫時的表象，越接近毀滅，前面綻放得越燦爛，人瀕臨死亡時也有這種現象，即迴光返照。就像蠟燭要燒完了，或者燈花要滅之前是最燦爛的，那個時間其實就是讓你從容安排後事的時候。這一爻就與泰卦第五爻跟第六爻的關係很像，第五爻「帝乙歸妹，以祉元吉」，風風光光招駙馬，其實那是一個政治婚姻，和「老婦得其士夫」一樣，不一定有真實的感情基礎。政治婚姻就不需要這樣的東西，它需要的是外面華麗的包裝來維繫表面的存在。所以你不要被那個所迷惑，像泰卦第五爻做了那麼一個奢侈豪華的安排，因為欠缺所以強調，一旦被識破，沒有發揮效果，就是第六爻「城復于隍」的毀滅，大過卦上爻的「過涉滅頂」就是「城復于隍」，「枯楊生華，老婦得其士夫」就是政治婚姻，一種妥協的安排，希望讓高度動盪的大過卦變成平穩的恒卦。大過跟恒這兩卦截然相反，「恒」是恒常之道，正常、穩定、長久；「大過」是很快就要滅亡，高度動盪不穩定。正常的恒卦跟非常的大過卦，透過彼此君位這個爻的爻變，是可以通的。第五爻因為位置特殊，有時候會有很多安排，明明是徒勞，但是爭取時間，會有一些一般人看不懂的舉動，這些政治安排並不會產生實質效應，而是企圖度過那段時間，等待更好的安排，就像剝極而復，在剝的時候還能夠把種子找個地方安頓下來。可是「老婦士夫」，一般來講實在是太不均衡、太離譜，一般人都要批判其「亦可醜也」。

如果把「亦可醜也」跟「何可久也」同一個語氣來看的話，這是開口罵人。爻辭對於「老婦得其士夫」，沒有任何道德批判，反而說大家都跟她一樣，「无咎无譽」，不會有正面也不會有負面。可是〈小象傳〉就沒有這個包袱，就說「老婦士夫」怎麼看都不順眼，「亦可醜也」。但是「亦可醜」也不一定是罵人的意思，不見得絕對不同意，而是批判。「醜」是「類」的意思，如果這個「亦可醜也」未必有罵人的意思，我們也要包容、接受。「亦可醜也」是有負面的意思，可是它也可以是慈悲包容的意思。

第五爻為什麼爻辭那麼客氣呢？因為經跟傳不一樣，傳好像就是開炮，經文就很含蓄，不說好，也不說不好，反正就不說。「老婦得其士夫」這一特殊的安排，枯楊生華這一徒然的努力，沒有結果，甚至是冒險一搏，把僅有的資源孤注一擲，希望它產生開花的效果，世人怎敢置評呢？

上爻：滅頂之災

上六。過涉滅頂，凶，无咎。

〈小象〉曰：過涉之凶，不可咎也。

我們看「上六」。「過涉滅頂」，幾乎不用解釋了，意思很明顯，這條河太深、太危險了，稍有不慎就是滅頂之災。最後一爻真的是「澤滅木」，前面所有的掙扎、急救都無效。其實這也在意料中，人自不量力，扛過重的擔子硬要過河或者第五爻的急救招式無效，最後因為你「過涉」，所以「滅頂」，所以凶。但是這個爻最值得玩味的就是「凶」，滅頂了當然凶，後面卻來一個「无咎」，這就大有學問了。為什麼凶了之後還无咎，哪有這種事呢？一個完整的「凶，无咎」就在這裡，這也是一個典型的範例，經文絕對沒有多寫，分寸抓得很準，為什麼凶了還能无咎？這個問題不能迴避，你不能說一個人淹死了，他還平安、還无咎，這是沒道理的。初爻追求的是无咎，第五爻也追求无咎，上爻「過涉滅頂」還是希望无咎，這到底什麼意思？我們先看〈小象傳〉的直接解釋：「過涉之凶，不可咎也。」這個解釋也不能說錯，但是這個爻的意思，不一定就這麼簡單。

「過涉之凶」，因為你已經盡力了，結果還是慘敗，還是沒救活，所以對於「過涉滅頂」這種凶，我們一定要心存寬厚，「不可咎」，畢竟形勢比人強，在大過卦的時候，沒有辦法力挽狂瀾，該做的都做了，也就不要有遺憾了，我們不要再責怪。光是「獨立不懼，遯世无悶」的面對危局盡量求生的那個勇氣，我們就不能責怪。

看起來〈小象傳〉就是這個意思，可是經文真的就只有這一層意思嗎？經文可能更深。遲早「過涉滅頂」，可是我們明知徒勞，還要去澆灌它，希望枯楊可以生華。但是它已經沒有生命力，僅存一個軀殼，植物人就是這個境界。

初爻：真情創造奇蹟

初六。藉用白茅，无咎。

〈小象〉曰：藉用白茅，柔在下也。

最後我們看初爻：「藉用白茅，无咎。」「藉」就是找東西墊著，我們常說做事情要找一個藉口，找一個東西鋪墊緩和它的衝擊，這就是「藉」的意思。「初六」是大過卦的危局剛開始，第一爻危機出現，還有很多來得及救的時間、空間，但是要早救。拿著白色的茅草，鋪在地上作為一個柔軟的鋪墊，然後就轉危為安，這一招很厲害。那麼白色茅草代表什麼？「藉」就是讓你跟危局之間隔開，跟你直接產生關係的是白茅，這樣就避免了直接硬碰硬的痛苦；就像在崎嶇不平的地上，直接躺上去很不舒服，如果中間有一個東西墊著，而且很柔軟，很乾淨，又是非常便宜的白茅草，那樣就會舒服很多。

為什麼「藉用白茅」呢？〈小象傳〉說：「柔在下也。」「初六」就是「柔在下」，因為下面白色的茅草非常柔軟，躺著很舒服，好像得到一個暫時的安全。這個爻爻變為夬卦（䷪），剛決柔，是決戰的象，有了鋪墊的白茅草，大過卦初爻的瑕疵完全篤實了，變成可以決戰的剛決柔，所以這個效果不可思議。

在〈繫辭傳〉中，關於這一爻，孔子就認為大有文章。孔子說：

> 苟錯諸地而可矣，藉之用茅，何咎之有？慎之至也。夫茅之為物薄，而用可重也。慎斯術也以往，其無所失矣。

「苟錯諸地而可矣」，「錯」就是「措」，把一個東西直接擺在地上就可以了。「藉之用茅，何咎之有」，如果把東西直接擺在地上，擺在地上的東西跟地面有時會格格不入，如果我們再想到用白色茅草墊著，就更不會有咎了，也不會有人怪你了，因為「慎之至也」，真心愛護到極致，感動了所有的人。「夫茅之為物薄」，茅草本就是很輕薄的東西，不值錢、很賤的，可是產生了這麼不可思議的效果，善用小東西創造重大奇蹟的效果多好！「而用可重也」，你可以重用，不要小看白茅，用對了就有奇效。「慎斯術也以往，其無所失矣」，用這種謹慎的方法去做事，一生中都不會有過失。

我們回到這個爻的本身。那麼，這個爻到底在講什麼？一般的解釋就是祭祀。人生碰到大過卦的絕望情境時要恢復信心，就有祭祀的需要，可是祭祀並不是在廟裡面，有時沒有現成的祭台，犧牲供獻都沒有，而是在荒郊野地。從卦象上看，方法很簡單，上卦是兌為澤，下卦巽就是叢生的草。那是在荒郊野地，非常的場所，不是正式的場所，面臨這種澤滅木的危機時，就像人遭遇危險喊爹喊娘，再不然就喊上帝，求佛菩薩保佑。此時，內心必須先定下來，祭祀時身邊雖沒有任何犧牲供獻，但總是有一些表達心意的微薄祭品，由於沒有祭壇，直接就擺在野地上祈禱，以求得到心的安定，因為這是一種非常的場地，所以神靈不會見怪的。可是比較用心的人想盡量表達虔誠，在荒郊野外，他就不好意思直接把供品擺在地上祭祀，而是選用身邊乾淨的白茅草，把地掃乾淨，把白茅草鋪在上面，再把祭品擺在白茅草上面，這些都是舉手之勞，可是他這種用心就會感動上帝，這就是所謂的「慎之至也」，所以白茅草因為這種真情創造了重大的奇蹟，在面臨大過卦危急的第一爻時，就可以換得无咎。以祭祀來講，這樣的解釋是對的，因為下卦巽本身就有低頭膜拜的象。但是不是真的就是這麼簡單？不然。孔子真的把所有道理都講出來了嗎？也不一定，所以大過卦的兩個陰爻大有玄機，真正的解釋是什麼呢？就是我們前面一再提起的大過卦的原始取象——男歡女愛。

如此看來，初爻有其深刻的意思，我們一旦懂得了這個意思，再擴充昇華，就能夠明白很多事情。這個爻我們可以結合跟《易經》同時代的《詩經》裡面非常有名的一首詩來講，跟「藉用白茅」的意象非常相似，這首詩載於《詩經．召南．野有死麇》：

野有死麇，白茅包之。有女懷春，吉士誘之。林有樸樕，野有死鹿。白茅純束，有女如玉。「舒而脫脫兮！無感我帨兮！無使尨也吠！」

大概意思是，一個年輕的獵人打到一隻小鹿，然後用白茅草把鹿包起來，送給他想求歡的女朋友，女朋友一看很高興，真是溫柔體貼，就答應跟他燕好。這是上半段。下半段的事態發展下去，過去很多人讀了就有點臉紅心跳，衛道之士更是批判。下半段講白色的茅草鋪在地上，兩個人就有了柔軟的白色的床——「柔在下也」。從這裡看，大過卦這個爻其實講的就是野合的概念。在那種野外，男女二人有真情實意，要成就好事，也不能求之過急。獵人先送女朋友禮物後，徵求女方點頭同意交歡，在交歡的時候，當然不能直接就在地上，獵人就用白色茅草掃地鋪床，然後後面就講女的對男的很滿意，但還是嫌他太急躁，就說你不要那麼急著把衣帶解開，旁邊的狗都叫起來了。狗一旦叫起來，可能父母親或者外人就聽到了。整首詩就這個意思。雖然是寫野合，但是整個過程寫得很美。

對大過卦初爻來說，這首詩就很契合。因為場地特殊，又有需要當場解決，所以用盡一切心思，為對方設想，做柔軟的鋪墊，結果可以換來无咎。其實不要花多少錢，只需多用一點心思。社會上有些人完全不替別人設想，所以讓人厭；而有些人讓你感動不已，其實就是一些小地方讓人覺得他體貼入微，這就是人生中永遠不失敗的地方。

大過卦六個爻的情色觀點

大過卦六爻都講完了，我們再把所有的爻串起來，全部的意象就是男歡女愛的事情。像二爻的「枯楊生稊」和五爻的「枯楊生華」就很明顯；初爻我們剛才說了，是野合，那麼上爻在情色的觀點下就很容易懂，「過涉滅頂」就是縱欲過度，所以導致傷身而亡，正如「牡丹花下死，做鬼也風流」，即使是要命的，但是了無遺憾，這也是人的一種激情，用這種方式以示決心。

三爻、四爻看起來跟情色無關了，其實關係很大。三爻的「棟橈」之「棟」就是陽根，也就是陽爻。「棟橈」就是不能盡人道，三爻不是人位嗎？要生育或者幹什麼，都是「不可以有輔也」，結果是「困」，搞不定。四爻「棟隆」，就是用別的方法矯治回春，讓「棟」又隆起來，又恢復了雄風。怎麼又說有「吝」了呢？因為這種強力診治的結果，還是有後遺症。

這樣一來，整個卦全部六個爻在講什麼，非常明顯了。二爻、五爻就是老少配，有可能有這種非常的感情關係，所以二爻、五爻強調的是「年齡不是問題」。初爻是「場所沒有關係」，上爻是「為了情愛，死都無所謂」。三爻、四爻就是拚命想辦法讓「棟橈」變「棟隆」。當然，這樣講不是性教育，只是告訴我們在大過卦的情境下，人情往哪裡走，如何昇華。這就需要體會得很深刻。

從另一個角度講，初爻的「藉用白茅，无咎」，這是一種偉大的犧牲精神，甘願做白茅草，讓人踐踏，墊在地上，直接面對崎嶇不平的地面的衝擊，可是在上面走的人，得到了鋪墊。明朝萬曆年間的宰相張居正，就說自己願意做最卑微的基層，承擔一切的痛苦，讓上面的人得到安寧。這樣的犧牲精神，就是扮演白茅草，甘心做鋪墊，換取大家的无咎。鴉片戰爭時林則徐說：「苟利國家生死以，豈因禍福趨避之。」一般人就趨吉避凶，而他只考慮到盡責任，考慮到犧牲奮鬥，這都是「藉用白茅」精神的發揮，有信仰的人才願意這麼做。

占卦實例1：歐巴馬可以救美國經濟嗎？

美國總統歐巴馬就任那一年，我們就占了一卦問：「歐巴馬能不能救美國經濟？」如果他能救起美國經濟，世界經濟就有一個正向的發展，否則就糟了。結果占出來的是大過卦第三爻，爻變為困卦（䷮），答案是根本就救不了。「大過」是一個高度動盪的狀態，快要進棺材了。可見，整個美國經濟是超負荷的狀態，債務沉重，問題嚴重。第三爻象徵人位，很多棟樑之材都試圖力挽狂瀾，能不能呢？爻辭曰「棟橈，凶」，結果棟樑被壓垮了，當然凶。〈小象傳〉說得更清楚：「棟橈之凶，不可以有輔也。」也就是說，連財經專業團隊出手輔助都沒救。這個卦爻跟我們原先的判斷其實差不多。後來證實，歐巴馬在四年任期內對美國經濟一籌莫展，而且他採取的很多搶救措施也並未發揮效果。不管美國造了多少孽，但他畢竟是當時全球經濟的棟樑，這根棟樑要是斷了，肯定會造成很大的負面影響。可見這個卦象是相當有參考性的，代表這件事的嚴重性超出一般的想像。

這個看法是比較負面的，若要往更遠更深去看，我們多多少少有點幸災樂禍。因為美國經濟是這樣，並不等於世界經濟也一定是這樣。美國的經濟問題沒法解決，代表中美經濟實力的差距越來越近，這就叫天助中國，正是「自天佑之，吉无不利」，老天爺越來越偏心，現在上帝是不是快變成「中國籍」了。

占卦實例2：歐元未來的十年？

歐元未來的十年確實是高度動盪，結果是大過卦的第一爻、第五爻動，第一爻「藉用白茅，无咎」，然後第五爻的領導人就是講德國的女總理，德國是一個大國，歐元它非救不可。要為民除千苦，要緩歐洲債務的衝擊，要想辦法讓白茅墊實，這種犧牲、承擔的精神是非做不可的。整個歐元區已經成為一體了，但是要注意可能有很多「枯楊生華」，也就是華而不實的招式，未必有實用。初爻很偉大，做出犧牲，五爻是君位，是歐元區的高層所做的。第一爻、第五爻都動，兩爻變就是大壯卦（䷡）的象，由陰宅變陽宅的象，所以未來十年還是有效果的，但是非常危險。一個是藉用白茅，初爻得到改善，一個是五爻君位力量的發動，必須出手，沒有效也得出手，然後整個看起來又像年輕小夥子「大壯」的象，陽氣很盛，由陰宅到陽宅的象。這就是歐元未來十年的發展。

占卦實例3：《春秋經》的微言大義

孔子寫《春秋》，目的是警誡後世君王，那麼《春秋經》的微言大義是什麼？這個占例也是我曾經在講述《春秋》的課程時一位學生占的。結果是大過卦，第二爻、第四爻、第五爻動。

三個爻一起變就是謙卦（䷎），天地人鬼神的平衡，結果一定很好。《春秋》是一部很特殊的非比尋常的經典，裡面有第五爻的避諱，算出這個卦的人，是一個完全不懂這部經典的學生。可是《易經》的感應力讓他算得這麼準確，我就很吃驚。這個結果完全合乎《春秋》最微妙的意思。大過為非常亂世，謙為同人，大有之後更圓融和平的卦，「遇大過之謙」，即撥亂反正而致太平。大過卦「九四」「棟隆」挽救危亡，「九二」移花接木，假借春秋時列國史事以寓改革大義，「九五」居君位，「无咎无譽」頗有避諱，以免觸怒當道而生危害。

占卦實例4：陳水扁二〇〇四年大選逆轉勝

二〇〇四年初，我在市長官邸授易教占，大家問：三月大選藍綠兩大陣營的勝負。連戰為不變的升卦，機會應該很大，當時民調也確實領先。陳水扁為大過卦初、五、上爻動，三爻齊變為大有卦，大過「初六」恰值宜變為關鍵變數，單爻變成夬卦。大過瀕臨崩滅，大有得眾元亨，由大過轉變成大有，這是以非常手法操作的逆轉勝啊！關鍵在大過「初六」的激發群眾熱情，「藉用白茅」，用薄物而發揮了大用啊！爻變成夬卦，取得決戰的優勢。「上六」爻辭：「過涉滅頂，凶，无咎。」情急拚命，置之死地而後生。「九五」枯楊生華，為了君位的爭奪，巧用花招續命，「无咎无譽」正合坤卦「六四」絕密守口之意。當年三一九案爆發，陳水扁的苦肉計奏效，以兩顆子彈扭轉了敗局。

水深火熱——坎卦第二十九（☵）

由《易經》看《孫子兵法》

以經文來講，《易經》全文四千多字，但是我們都明白，歷朝歷代的人註解發揮易理，依然是無窮無盡，歷久彌新。六千來字的《孫子兵法》也是如此。

對於軍事戰爭、組織鬥爭等大規模的對抗來說，無論古今，《孫子兵法》都是一種高級的鬥智藝術。雖然現代社會不再流行打仗，代之以政治、外交、文化等諸多形式來解決衝突問題，但是《孫子兵法》反而比古代更流行。在中華文化的底蘊薰陶下出現孫武這樣的人物，其兵法是講戰爭，在一個不再用大規模的戰爭解決問題的二十一世紀，《孫子兵法》的運用非常廣泛，充滿了彈性，居然還越來越盛行，這當然與其智慧理論、方法原則分不開的。其理論雖然是從戰爭出發，但是他的終極目標反而是締造永久的和平。在今天來說，這個觀點尤其重要。

我們以前曾把《易經》跟《孫子兵法》很生動地結合起來，即「大易兵法」。通過理論的檢驗，這二者不但相干，而且就是體用的關係。所謂的「大易兵法」的概念，結合《易經》跟兵法的智慧效驗如何？就是復卦（䷗）的第四爻動，「中行獨復」，爻變為震卦（䷲）。這也是《易經》迷人的地方，它運用到各個領域，不管是中醫養生、兵法之類，只要《易經》核心的創造思維一發動，都可以促進第四爻那一專業領域上的運用更精深、更高明。

兵法跟《易經》的配合，復卦第四爻「中行獨復」爻變的結果就是震卦，是積極奮戰的生命力、行動力。這說明不要灰頹喪志，人生遭遇一些困難或者什麼，兵法裡面就有很多解脫之道。佛經有佛經的解脫之道，佛教講慈悲，要我們不要殺生；兵法有兵法的解脫之道，兵法雖是專門研究殺生的學問，但它並不是有意要殺生，而是面對人生種種衝突時，尋求最好的化解方式。中華兵法的最高境界是追求終極的和平，不戰而屈人之兵，這一思想很了不起，也充滿了發展性。尤其是希望能夠避開戰爭所造成的大破壞，既不讓自己受損，受到戰爭的破壞，也不希望傷到敵方所有資源，更不希望傷害到自然的生態環境，以及人類幾千年傳下來的地區文明的人文資源。這些從《孫子兵法》的大原則、大智慧中都可以推出來，剛好也迎合二十一世紀厭戰的人心。

天道演變的最後二卦——坎、離

我們看坎、離二卦，這是《易經》上經的最後兩卦。上經用《易經》的話講就是「天則」，乾卦「群龍無首」之眾生平等就是天則的表現。自然法則、天道的演變，到坎、離二卦做了一個結束。下經咸、恒二卦開始之後則是人世間的演變，所以不可以把咸卦（䷞）、恒卦（䷟）當成接著坎卦、離卦的直線關係，這樣就違背了先聖、先賢們把《易經》變成上經、下經的苦心。

關於《易經》分上、下經的主旨，如果純粹就自然論自然，上經自乾卦、坤卦、屯卦、蒙卦開始一直到肉身的生死交關的頤卦、大過卦，人生基本而複雜、難纏的問題在頤、大過二卦都談到了，但是不可以至此結束，因為那只是肉身的問題，沒有涉及精神性的生前死後或者是影響更深遠的問題，這就是坎、離二卦。生死、存亡自古以來就有差別，生死是指肉身，即頤卦和大過卦，那是一個人必然經歷的階段；存亡則不同，是精神的影響，就是坎、離二卦，可以說是千秋萬世。肉身的生死階段結束之後，生前死後的永恆性問題，如同佛教的輪迴轉世，說的就是最終去處的問題，即遊魂、歸魂的問題。西方宗教所謂的天堂地獄，就是對一個人最後的審判，人從哪裡來到哪裡去，坎卦、離卦就有這樣的含義。講得通俗點，頤卦和大過卦說的是人一輩子的出生入死、由生到死的奮鬥結束，但是結束之後精神價值的歸屬，就由坎、離二卦來做總結。

坎卦是下地獄、萬劫不復，「坎」字本身就是「欠土」，沒有地面的平台支撐，就一直往下走，無限地沉淪；離卦就是宗教中所謂的天堂，或者佛教所說的極樂世界、光明世界。離為火，為太陽，為光明，為天羅地網。一個人活著的時候，有很多的網絡關係存在，諸如人際、組織網絡，不可能遺世而獨立，一定是隸屬於某一個網絡。離開現實人生，還有很多看不見的天羅地網，如老子《道德經》講的「天網恢恢，疏而不失」。人不可能在這些網的外頭，即使離開了人間的網，還有天網。人一定要附著於某一種網，在這個網上找到合理的定位，然後跟周遭前後左右、上下八方搞好關係，去檢討所謂的永恆、永續的問題。離為火，也有火種之意，像莊子講火種沒有滅，只是換一塊木材燒，薪盡火傳，就是離卦的含義，理解了這一點，永恆的光明意義就讓你追求到了，結果可能就是無限的歡喜。

如果一個人造孽太多，陷入坎卦就麻煩了。坎是拚命往下流，越來越下流，下面是無限的深淵、罪惡的淵藪，到那裡可能要受盡千千萬萬的折磨。離卦就不是，是升天的象、發光的象，有著無限的光明，其影響就是老子講的「死而不亡者壽」，這就說明生死是肉身的，存亡則是精神是否永續。肉身死了還可以精神不亡，這才是真正的長壽。「存」字我以前講過，一定是考慮到子孫萬代，才有「前人種樹，後人乘涼」的福報。不像「在」字，只重視當下這塊「土」。所以人生圓滿的智慧，既要重視「在」，還要重視「存」，要往遠處想，要有遠慮。所以人不要自私，目光短淺，天天打小算盤；心量要大，不能只考慮生死的問題，還要考慮存亡的問題。

坎、離之說文解字

「坎」字字形是「欠土」，《說文解字》曰：「坎，陷也。」在八卦中，「坎」又是自然界中水的象，水的流動一般會造成地表的坑坑窪窪，形成水道、河川。所以任何一種水流的象，都是窪下去的感覺，就是沒有土。動物掉入獵人所設的陷阱，這種陷阱往往是表面上看不出來的，這也是坎。人生也充滿了這樣的坎，人情也是，外表看起來好像沒問題，一切如常。遇到這樣的情況，我們要練習自己的眼光，做好人生風險的管控，面對這種隱藏得非常深的風險，稍一不慎，被表象所騙，就有可能一失足成千古恨。

但是在現實中，這些說起來容易，實際很難。人生很多的坎坷就是因為沒有看出隱藏的可怕風險，被表面粉飾太平的包裝所吸引，等到你踏上去，就掉下去了。金融風暴就是如此，很多事情表面上看起來充滿誘惑性的發展機會，其實未必，在人生這種世路難行的坎坷中，有諸多形形色色的風險不容易辨識，面對這種風險，如何做好風險的控制，就需要智慧的眼光。這些風險有的比較單純，有的非常複雜；有短期的，也有長期的；有偶發性的，也有結構性的。用現代的眼光去研究這些「坎」，我們會有很多不一樣的感受。

自然界當然也充滿了這樣的「坎」，除了山河大地的地表崎嶇不平，在外太空也有，如黑洞。根據宇宙天文學的研究，黑洞這種現象很可怕，比我們一般從地表所看到的還要可怕，因為它會吞噬一切暗淡無光的星辰，像噬嗑卦一樣屍骨無存。

「坎」如果象徵地獄，還是分層的，即十八層地獄。人生的風險也是如此，如果剛剛掉下去，可能還有人拉一把，或者你拚命掙扎還能夠翻身，平安回到地面上。要是掉得更深的時候，又沒有人敢救你，那就越陷越深了。所以「坎」是有層級的，有的是非常深層的風險，坎中還有坎，險中還有險。如果掉得太深，難以自拔，那真的是沒有辦法，萬死莫贖。人生類似這樣的事情，真的要敬慎不敗，戰戰兢兢，多加提防小心。

「離」是一種網絡，人永遠在某一種網絡中，沒有離開，也離不開。離卦的卦象就是聯繫緊密的網絡的象，孔目相連，連續縱橫，像漁網、獵網一樣不斷地延伸。「離」字後來的中文意思反而是「分開」、「分離」的意思，離群了。但是「離」的本意是附麗、附著，要在人群中找到恰當的地位，永遠要合群，不可能遺世而獨立。「離」的意思在《易經》來說是「麗」，就是兩頭鹿——雌雄雙鹿相依相偎靠在一起，那種傳遞溫暖、互相依賴的感覺，說明彼此的交情很深。「離」的關係也是一種平行的關係，你需要我，我需要你，不分彼此，合為一體，所以它是一個合的概念；而中孚的「孚」跟教育的「育」字，則是上下的關係，因此離、孚、育就構成了一切眾生上下之間的關聯、平行之間的需要。

從正常的角度來講，「離」是異性相吸，是「一陰一陽之謂道」的相依相伴的關係，所以是合。可是我們現在用的都是分開的意思。聚在一起跟分開是截然不同的概念，可是「離」字二者兼而有之，這就是中文最有意思的地方，也是老外很頭疼的地方。尤其讀《易經》，讓老外讀《易經》簡直是難上加難。中文常常不需要主詞，有時候根本就沒有主詞，外國人就覺得好奇怪，中國人幾千年就這樣用下來了。像中國人的太極圖這種思維，相反相成的關係太奇怪了，是離，又是合。其實這個意思正是告訴你，有分必有合，有聚必有散，如何珍惜、維護這個難得聚在一起的緣分，才是最重要的。

還有離這個字，右邊的「隹」跟鳥類有關，左邊的「离」跟野獸有關，《說文解字》曰：「离，山神，獸也。」關於離卦，〈繫辭傳〉有一大段文字做闡述：

> 古者包犧氏之王天下也，仰則觀象於天，俯則觀法於地，觀鳥獸之文與地之宜。近取諸身，遠取諸物，於是始作八卦，以通神明之德，以類萬物之情。作結繩而為網罟，以佃以漁，蓋取諸離。

可見，「離」字的分析都可以寫一篇很長很長的文章了，一般讀《易經》的人頭疼的就是這個「離」字，尤其是以前文言的解釋是「離者，麗也」，講了等於沒講一樣，還是不懂，然後說「麗」是「附麗」，那就更不懂了。

先坎後離：永遠不要放棄希望

坎（䷜）、離（䷝）二卦可謂水火不容，雖然性質相反，但是在下經，我們知道水火既濟（䷾）和火水未濟（䷿）二卦，反而是相反相成。上經的卦序給人一個信心，就是先坎後離。這就告訴我們，永遠不要放棄希望。不管在任何情況下，像大過卦已經夠慘的了，肉身已經面臨那麼大的痛苦，精神上不能救贖，還得受無量苦，掉入坎陷中，有沒有再上天的機會，再回到光明的機會？有。有很多在坎卦險境中的奮鬥者，就是希望有出頭天，能夠由坎到離，哪一天六爻全變，就由極度陰暗的北方水變成光明燦爛南方火（後天八卦中，坎居北方，離居南方），可以提升，可以救贖，可以摺下屠刀立地成佛，在坎中受一定磨難之後，最後得到究竟的光明。

用《易經》的話來講，這兩卦又分別叫「習坎」、「繼明」，這是很有名的觀念。「習坎」就是坎卦中的險象環生，你必須習慣，因為這種磨難是必然存在的，在坎險中的學習也是必要的。隨著坎卦的波浪起伏，受盡折磨，我們能不能學到一些厚實的人生智慧經驗，以幫助我們超克痛苦？所以坎卦也有生於憂患的意思，在「坎」中可以學習到很多經驗，學習之後，你會發光，不但自己發光，還可以幫助別人發光，影響到千百代以後，就像離卦〈大象傳〉所講的「大人以繼明照于四方」，這個影響就很大。可是你要「繼明」，先決條件是「習坎」，接受憂患的磨練。正如孟子所說的「天將降大任於斯人也，必先苦其心智，勞其筋骨，餓其體膚，空乏其身，行拂亂其所為」，讓你什麼都不順，最後就養成你的韌性，「所以動心忍性，增益其所不能」。歷史上的那些明君賢相，都經過這麼一個「坎」的過程，那就是展開他們的學習之旅，在痛苦中成長，然後就是

「離」，創造了光明的圖景，影響非常深遠。

先「坎」後「離」不像下經到最後很吊詭地先「既濟」再「未濟」，當然它又有更深的含義。像我們學過的泰極否來，就讓人戰戰兢兢，好日子不長，由泰（䷊）變成否（䷋），也是錯卦的變化。可是由坎變成離，是一種救贖、掙脫，解脫自在，先受苦再放光，跟我們前面的頤卦到大過卦一樣的由生到死，完全合乎自然原理。由生到死是很多人不願意面對的，可是它是事實，照自然的卦序，絕對不會是先「大過」再「頤」。但是在永恆的精神修煉的世界，是有可能由坎卦中超拔出來變成離卦的，主要看你怎麼修，要是修不好，當然還是在坎卦裡受苦。

另外坎卦中就有頤卦的象，坎卦（䷜）的中間四個爻構成的卦中卦就是頤卦（䷚）的象，所以「坎」是很補的，對人有滋養，人在坎卦中可以養生、修煉，抵抗「坎」的磨練，讓你的精神能夠大無畏，不僅養身，還養心、養氣、養賢、養眾，養一切眾生。坎中有頤象，這個意義就不言而喻了。所以為什麼要怕坎呢，一掉到坎就慌張得全無主張，怨天尤人，其實這可能是上天要造就你，給你機會坎一坎，在坎卦中修煉。離卦（䷝）看著是光明無限，可是二、三、四、五爻構成的是大過卦（䷛），好可怕，光明裡面有恐怖的搖搖欲墜，有一天會有棟橈彎曲折斷的大毀滅。所以我們說世界文明（離也是文明的象徵）、文明的末日、文明的浩劫都在有名的離卦中，第四爻為天下第一凶爻，一個突然的大災難毀滅了一切。這裡面就有無窮的智慧，是過去很多經驗累積錘鍊出來的，確實值得好好吸收。離中有大過之象，所以我們不要只看到外面的光明，要注意裡面有朝一日致命的崩解危機。

坎、離二卦告訴我們很多寶貴的訊息、經驗的法則，我們可以吸收這一活的智慧來應對當今不可測的世界。利在裡頭，弊也在裡頭，就像離卦中有大過卦的可能，物極必反，要小心文明負擔不了。承載的棟樑會斷掉，會有魚死網破的危機。網破之後，怎麼補破網，重新修建起來，這就是所謂的「浩劫餘生，重建文明」。重建安全的秩序很辛苦，但是我們對坎卦不要有成見，因為裡面有無限的生機可以好好修煉。他的期望之火是不會滅的。如果他了解《易經》的卦序，坎卦後面是接著離卦的可能，就不會在坎中懷憂喪志了。

坎卦的卦中卦

我們稍微看一下坎卦的卦中卦。上面提到坎卦中間四個爻構成頤卦，說明人在坎中可以修煉、養生。二、三、四、五、上爻構成的是屯卦（䷂），有屯卦，就知道坎卦跟頤卦有關，屯卦代表養出一個新生命，很清新。那麼初、二、三、四、五爻構成的是什麼卦呢？蒙卦（䷃）。屯蒙相綜一體，通常在卦中卦中也是雙雙出現的，有「屯」必有「蒙」，這是絕對脫離不了的。既然生下來就要教養，要學習知識，經歷磨練，才能順利成長，所以叫「習坎」，在坎中學習，習慣人生有這麼多風險、這麼多不順。不如意之事十之八九，沒有什麼好奇怪的，只有坦然面對，然後從中學習如何脫險，在憂患中成長，這就是蒙卦的啟蒙之路。當然，也不是那麼好學的，要有良師益友幫助啟蒙，不然在坎中就找不到出路。坎中有屯、有蒙、有頤，另外三、四、五、上爻構成的是什麼卦？蹇卦（䷦）。坎中有蹇象，這是很明顯的，蹇是動不了，整個套牢；但是初、二、三、四爻構成的是解卦（䷧），套牢的風險絕對有解，不然坎卦後面的離卦就是騙人的了。

所以在坎中有頤，好好修煉，有屯、有蒙，有生機，可以學習成長，可以浴火重生，然後有蹇，蹇是必然有的，可是絕對有解，有化解、解脫之道。如果坎卦是宗教中講的地獄，有無限的恐怖，它必定也有解脫之道。針對困難的蹇的問題，還有救贖之路，端看你如何解脫、化解。地藏王菩薩就是專門到坎卦中救人，住在那裡頭很從容，一副「我不入地獄，誰入地獄」的氣魄，可見，坎中也是有佛的。所以大慈大悲不能夠迴避坎，坎中自有解脫之道。

〈序卦傳〉說坎、離

〈序卦傳〉說：「物不可以終過，故受之以坎。坎者，陷也。陷必有所麗，故受之以離。離者，麗也。」「物不可以終過」，「物」代表一切人、事、物，都不會永遠在「大過」那個非常的狀況，如果那樣的話，這個世界就有問題了。它只是一種非常過度的狀態，長期在一種超壓力的狀況下，畢竟不正常。結果只有兩種，一種就是在大過中翻盤，置之死地而後生；一種就是被壓垮了，滅亡、完蛋了。如果說是後者，在一種極度「棟橈」的情況下，撐持不住，用種種的方法求生都沒有成功突破，掉入無限的坎坷危機，面臨險象環生的環境，這就是「故受之以坎」，那是更深層的恐怖。現代很多企業陷入財務危機的時候也是這樣，挖東牆補西牆，尋求種種的救援，最後救不過來，下面就是「坎」。

「坎者，陷也」，這一點我們上面講過，「坎」就是陷阱的意思，凹下去了。「陷必有所麗，故受之以離。離者，麗也」，其實這就是人性人情，人掉到水裡的時候，一定有生存的意志，會掙扎，一定兩隻手亂抓，希望抓到一些東西，那個東西就是「麗」，希望重新回到正常光明的人群世界，回到平穩的地面。如果他抓的是比較堅實的東西，可能就真的上岸了，就回到溫暖的人群。「陷必有所麗」就說明人有求生存的動作，訴諸過去人際網絡的關係，就像債務很沉重的人，一定先把他的家人、親友掃一遍，跟他們借錢。這個經驗是必然的。像冰島倒下去，歐洲的希臘也快要倒下去，就要求援，希望歐洲的德國、法國這些老大哥可以去救它，銀行如果不借，就可能尋求民間貸款。那有沒有能力救它呢？這就涉及到很多人情的掙扎，「故受之以離」，就是離卦網絡的關係，攀著這個網絡轉危為安，「離者，麗也」，大致就是如此。

〈序卦傳〉講到「離者，麗也」，在下經開始的時候，並沒有說「離」之後，「故受之以咸」，而是一個新的開始，是天人相應的開始。復卦的天地之心到離卦的人類文明永續，至此上經告一段落，可是從復卦的人的創意伊始到離卦的文明永續為止，總共七個談自然演化的卦中，人類出現了，然後創造了超越生死的光輝燦爛的文明。這樣說來，上經最後的七個卦，是人建立的，以人獨特的創造力建立的。下經就有點像把這七個卦放大，變成從咸、恒到既濟、未濟的三十四個卦。從復卦到離卦，都跟心有關，是天地之心，這是禽獸所不具備的，下經就專門談人間世，也可以說離卦如果象徵人類文明，但是離卦一個卦六個爻，講得太粗略，只能大致提到文明的建立和發展高峰，最後甚至有可能滅亡，然後在浩劫之後如何重建，這是不夠精細的，所以下經的三十四卦也可以看成是把離卦放大，去細密研究人際的成功失敗、愛恨情仇，大致如此。雖然下經是一個新的開始，但是我們如果不把第三十卦跟第三十一卦聯繫起來，那就失去了當時《易經》作者編纂的本意，即上經天道與下經人世的呼應關係。有天地之後才有人，人就很值得研究，所以下經特別琢磨這一點。

〈雜卦傳〉說「離上而坎下也」，宇宙間一切往上的力量統統叫「離」，往下墜落的種種傾向為「坎」。這說明離、坎二卦是高度抽象的，過去很多解釋說離為火，火一定是往上燒，當然對；坎為水，水一定是往下流，當然也對，這一點小學生都知道。事實上離、坎二卦所象徵的不只是水火，其象徵的範疇是無限擴大的，一切往上追求光明的傾向力量謂「離」，反過來就是「坎」。這就是〈雜卦傳〉所要告訴我們的，關於這一點，在後續的章節中還會詳細說明。

北方之卦與南方之卦

〈說卦傳〉云：「離也者，明也；萬物皆相見，南方之卦也；聖人南面而聽天下，嚮明而治，蓋取諸此也……坎者，水也，正北方之卦也；勞卦也，萬物之所歸也，故曰勞乎坎。」

「坎者，水也，正北方之卦也」，後天八卦中，坎卦居北方，為水。「勞卦也」，坎卦是勞碌命，一輩子闖蕩江湖，真的是辛苦。我們曾學過謙卦的「勞謙」，那是天下第一好卦的第一好爻——謙卦第三爻：「勞謙，君子有終」，「萬民服也」。為什麼叫「勞謙」呢？因為有坎卦的象，謙卦二、三、四爻構成的互卦就是坎（☵），第三爻居中，上下兩個都是陰爻。所以你不要認為那些贏得萬民敬重的人很風光，其實他辛苦極了，一輩子都是勞碌的命。就是因為他處在坎位中心，在後天八卦中，坎是屬於勞卦。北方水為黑色，「萬物之所歸也，故曰勞乎坎。」再一次強調辛苦，「勞謙」也是說經過了很多勞心勞力的努力，對社會有大貢獻，願無伐善，無施勞，用《金剛經》講就是菩薩要「無所住而行於布施」，坎必然要應付這個風險，那是很耗精力的，可是也能夠訓練、琢磨人，從生澀到成熟。

離卦簡單講就是南方之卦，帝王坐北朝南，從廟宇到衙門，都是坐北朝南，面向光明，南面為王就是這個象。因為政治或者是所有的管理都追求光明，所以離卦是光明的象。南面就是這個意思。「離也者，明也」，在〈序卦傳〉是用「麗」來解釋，〈說卦傳〉強調「明」，智慧、光明、文明。「萬物皆相見」，既然是發光，大家都無法隱藏，只有坦誠相見。不像坎卦中就有很大的隱藏空間，烏黑、陰沉、寒冷，人說江湖險，其實人心更險，因為人心根本看不到。而「離也者，明也；萬物皆相見」，與坎卦剛好相反，是互動溫暖交流的象。「南方之卦也」，這是很明確地告訴我們正南方。「聖人南面而聽天下」，做帝王的、做國君的坐北朝南，面向南方「聽天下」；「聽」就是治理、管理，即領導統御，要善用耳朵去聽民意，聽取臣下的報告，要虛心、仔細、冷靜去聽。如果下面不報告，他不仔細聽，怎麼下判斷？怎麼做決策？所以這個「聽」字既美且深刻，領導人一定要能夠「聽」，還要「視」，即「視聽」。如果光用肉眼去看，能夠看的東西很有限，容易被蒙蔽；但是光用肉耳去聽也不行，所以他一定要藉著組織的能力，擴大到他能看到什麼，就能聽到什麼。天下之大，他都能夠視聽，才能夠準確掌握，調和鼎鼐以治天下。

《尚書》有言：「天視自我民視，天聽自我民聽。百姓有過，在予一人，今朕必往。」「視」跟「聽」在中國都被稱為政治學的名詞。其實辦公廳的「廳」也是從這裡來的，像日本的「警視廳」。那種辦公廳是衙門斷案、決策的地方，都跟聽有關，做官的就要會聽。「聖人南面」，而且要光明，不要偏頗，不要被蒙蔽，面向南方，就是「嚮明而治」，嚮往光明來聽天下。像鼎卦的

〈彖傳〉，就講「耳目聰明」，耳聰目明就是視聽，藉著種種的管理工具、管理辦法，種種視聽的智慧去治理國家和組織，善用決斷的智慧，「聖人南面而聽天下」就取這個象徵意義。這一象徵意義對後世的影響非常大，後世的風水傳統、設計規劃，都離不開這個。現在當然亂了，以前的建築基本上都是坐北朝南，一方面方便採光，另一方面也是為了避開嚴寒的北風，如果面向北方，冬天就得天天吃冷風；然後也取面向光明、文明永續的意思，即政治要清明，「南面而聽天下」。廟宇也是一樣，因為它是人終極信仰的寄託，從北京故宮開始，很多留存下來的宮殿及廟宇古蹟都是坐北朝南的。只有蘇州的寒山寺例外，不是坐北朝南，好像是東西向，這是很罕見的。中國傳統的軸線，一般來講不會破壞這個規矩，但現代建築考慮的是太陽不西曬、東曬，還管什麼坐北朝南。

如果「聖人南面而聽天下，嚮明而治，蓋取諸此也」，推測至此，離卦的意思就運用到這裡，南面為王的道理也在這裡。「坐北朝南」是君王的位置，那麼坎卦是什麼？坎卦就是做臣子的位置嘛，坐南面北。因此君王要用離卦的智慧、嚮往光明的智慧來領導統御，臣子剛好是坎卦的方向，負責執行，執行就很辛苦。至此，坎卦的意思就了解了，也知道為什麼會「勞」了。而離卦的「南面而聽天下」，「聽」得好可以無為而治，就不需要管到執行的層次，但是一定要腦筋清楚，要有智慧，不可以偏聽而被蒙蔽，就像法官斷案一樣，「君明而臣勞」。

我再重申一下「嚮明而治」。其實政治一般是最不光明的，嚮往光明是因為欠缺所以強調。後天八卦正南方這個位置歷來就有民俗文化象徵的含義。升卦卦辭有「南征吉」，這是高度成長的卦。在下經第六卦，很痛苦黑暗的地火明夷卦，要突破黑暗，恢復光明，第三爻就講「南狩」，那也是改朝換代的革命，「南狩」就是換人南面為王，狩獵就是獵人頭，就像武王伐紂一樣，把禍國殃民的君王除掉。因為出問題的正是領導人，所以要發動狩獵的革命，希望政治能夠清明、上軌道。

〈雜卦傳〉說坎、離

〈雜卦傳〉說：「離上而坎下也。」注意，在〈雜卦傳〉中，位置是很關鍵的。一般來講，〈雜卦傳〉如同天書，很難破解。從古人到今人，能夠把〈雜卦傳〉解釋得頭頭是道，深入挖掘其義理的幾乎沒有，所以它是一個有待完成的工作。

「離上而坎下」在〈雜卦傳〉中，已經很接近後面，而且離「大過，顛也」很近。在大過卦中我講過，〈雜卦傳〉最後八個卦天翻地覆，自大過卦伊始，進入末法時期，什麼都被顛覆掉了，所以到最後才是「未濟，男之窮也」，夬卦整個給它翻過來，「君子道長，小人道憂」。從大過卦到夬卦，歷經了八個卦的混沌管理。「離上而坎下」在〈雜卦傳〉中，離「大過，顛也」的系統顛覆崩潰很近。「大過，顛也」這一劇變的前因就是因為原先我們想「離」，人都希望好，可是辦不到，有太多的弱點，所以拚命想要往上，結果卻偏偏往下掉。下面就是諸般不順，到最後「大過，顛也」，還得花好大的力氣才可能恢復正常。

「離上」的結果是「坎下」，往往是遭遇人性、人情的貪婪等問題。一到歷史的關鍵時刻，本來想要往上的結果偏是坎下，如此就不容易上來，而且可能一直發展到「大過，顛也」，還要用加倍的力氣才可扳回一局。這一下就不知錯失了多少卦，而且「離上而坎下」的各種負面因素普遍呈現了出來。像「小畜，寡也」，密雲不雨，在夾縫中求生存。「履，不處也」，沒有辦法和平相處，淒淒惶惶待在那邊，因為踩老虎尾巴而戰戰兢兢，如臨深淵，如履薄冰。「需，不進也；訟，不親也」，純粹就是停滯不前，原地踏步，健行遇險；爭訟則特別不親。所以一旦「離上」的機會錯過，結果就是「坎下」，往下沉淪。

乾、坤與坎、離：先天後天的體用關係

《易經》的卦序非常嚴密，是深刻觀察自然，從自然裡面提煉出來的千錘百鍊的法則。上經自乾、坤開始，至坎、離結束，剛好是體用關係。乾、坤為天地，當然是「體」，坎、離為水火，則」是乾、坤天地的大「用」。由「體」起「用」，坎、離就是整個天道開始的乾、坤的最後一個「用」的發揮，曾有人戲稱為「無情大用」，水火無情，「本乎天者親上，本乎地者親下，則各從其類也」，這是乾卦〈文言傳〉中的，從卦象上講其實就是將來發揮作用的坎、離二卦。「本乎天」，所以火在天上，太陽在天上；「本乎地」，水一定沿著地面往下面流淌。

先天八卦方位中，乾在南方，坤在北方，後天八卦方位中，離南坎北，先、後天八卦在南方的就是乾卦跟離卦，離的「本」就在乾，即「本乎天者親上」，所以天火同人（䷌）、火天大有（䷍）。北方是坤卦、坎卦，因為水永遠是跟地有關的，由體起用至山河大地，所以地水師（䷆）、水地比（䷇）就會出現那個象，「本乎地者」一定「親下」。「水流濕，火就燥」，對於乾卦〈文言傳〉中的這句話就會恍然大悟，原來講的就是坎、離跟乾、坤的體用關係。所以「水流濕，火就

燥；雲從龍，風從虎；聖人作而萬物睹」，這就是「各從其類」的概念。

我們再看先天八卦方位，要注意，乾、坤、坎、離剛好是東南西北，是一個十字架，叫做四正卦。巽、震、兌、艮在先天八卦中位居角落，所以叫做四隅卦。後天八卦中，坎、離的「用」還是源於乾、坤的「體」。在上經三十個卦中，絕大部分都是由前面乾、坤跟後面坎、離組合成的六畫卦，有少數的例外也都有其道理。也就是說，到現在為止的三十個卦，極大部分都是在乾、坤、坎、離中變來變去，乾、坤、坎、離就是它的基本結構。只有兩組四個卦是例外的，首先是山風蠱（䷑）與澤雷隨（䷐），沒有乾、坤天地，也沒有坎、離水火，還有就是頤卦（䷚）跟大過卦（䷛），不是天地水火構成的卦。

下經三十四個卦，基本構成就是震、艮、巽、兌四隅卦，也就是說，雷、風、山、澤構成下經三十四個六畫卦的基本構造條件，在下經發揮其影響力，組構成人間世繁複的變化。也許角隅比較偏，比較不正，所以人世多偏離天道。上經再怎麼動，乾、坤、坎、離四個正卦，那個十字架構撐起整個天道自然的演變，只有頤、大過、隨、蠱四個卦例外；而下經從咸、恒二卦開始，四隅卦就發揮了主導作用，決定下經那些卦主體的構成。不過下經中也有四個卦不是由雷、風、山、澤構成的，也是兩組，一組是日出日落的火地晉（䷢）與地火明夷（䷣），還有水火既濟（䷾）與火水未濟（䷿）最後兩個卦，是坎、離構成的，也跟上經最後的坎、離二卦相應，這種結構可謂「天衣無縫」，是深入觀察才建構的自然卦序。

習坎——小鳥練飛、自強不息、終日乾乾

我們看坎卦的卦辭開始是「習坎」二字，其實舊的《易經》版本，「坎」前面真的有一個「習」字，六十四卦中只有這一個卦是這樣。怎麼會跑出一個「習」字呢？這就大有深意。對於坎卦來說，人一定要習慣人生多險難，不要怨天尤人，大家都在坎中掙扎，為什麼你可以例外呢？還是先習慣吧。不過，光習慣不行，那只是一種被動的承受；最好是借助上天給予的很好的學習機會，在艱險而坎坷的人生路上，這是一個最好的人生學習道場，你就要好好學習，不要抱怨，抱怨還是有「坎」，要學會降低痛苦，要轉換人生的坎險為你的成就，然後一步步往離卦走。這個過程就是「習坎」之旅。俗話說「吃苦當吃補」，在風險中成長，人生的坎是必修的學分，六十四卦中唯獨在「坎」前面加一個「習」，就說明這是非修不可的歷程，沒有習過「坎」，絕不可能發現光明，創造永恆的價值。

〈彖傳〉中，「坎」的卦名前也有「習」字。有「習」字，並不是說這個卦叫習坎卦，而是「坎」你一定要學，一定要習慣。〈大象傳〉照講是比〈彖傳〉還早的，它也是說「習坎」，而且後面說要「習教事」，一直強調這個「習」。「習」字原來下面是「自」字（現在變成「白」字），這就說明要靠自己自強不息。師傅領過門，修行在個人，母鳥要帶小鳥飛，只能帶一段，不可能代替小鳥飛。如果不靠自己拚命掙扎，小鳥永遠不會飛；從字面上看，小鳥要練習駕馭自己的羽毛，要學會飛，在不斷的嘗試錯誤中學會生存該具備的一些技巧，那就必須天天練，自強不息，終日乾乾。所以「習」字的「羽」下面除了是「自」的意思，也是「日」的意思，日新又新，必須

每天練，要習慣，日久天長才能學到東西。古話說「拳不離手，曲不離口」，身心的鍛鍊都是如此，每一個念頭都不能放過，「一曝十寒」的學習是不會有任何效果的。

同時，「習坎」說明一定有一個後天的學習，對人生之坎才有深刻的認識。也有人說這與《周易》的重要作者之一——周文王姬昌有關聯。因為坎卦跟下經的明夷卦這兩個險象環生、痛苦無限的卦，跟周文王羑里七年牢獄之災親情的考驗，即被逼著吃自己大兒子的肉醬再吐掉這一催肝裂肺的痛苦有關，但是這個卦並非全由他個人的憂患而生，他想到的是每一個人，對普世的人性人情的探討，所以他可以寫入經典。坎卦六個爻有很多爻辭根本就是政治犯周文王當時親身痛苦的經歷，像第四爻情境的描寫，就是政治犯在死牢中絕望的囚禁。第六爻是國家監獄的象。所以《周易》創作的機緣與重大的改朝換代、天翻地覆的大事件及歷史故事是有關聯的。尤其到有了文字之後，這些受苦受難的英雄、聖哲，覺得要把個人受苦的經驗提供給後世參考，以便深刻了解人性，將來不要有這麼多折磨人的情形再發生。當然也包括在下經裡面的明夷卦之永恆的教訓。所以周文王以自己親身的經歷，作為前車之鑑，認為人都要從坎卦中學習，而且是必修的。從卦辭、爻辭開始，重視的就是「習」字，然後「習」跟「坎」就完全不能分開了，故叫「習坎」。這樣的說法也是有可能的，因為它並不像大過、大畜、大壯、小畜、中孚、既濟、未濟等是雙名的卦，它是單名的卦，只是加了一個「習」字。透過這個「習」字，坎卦跟坤卦也有很密切的關係，坤卦第二爻「不習无不利」，這是坤卦最重要、最正面的一爻。一個人先天的本質良好，但後天一定是充滿了誘惑、習氣業障的污染，廣土眾民也不能免，由乾卦純粹的天理進入坤卦，就容易迷途，「先迷後得主」就是迷於「習」。如果能不受習氣的污染，在世不染，「不習」當然「无不利」，在人世歡歡喜喜走一遭，保留了你「直方大」的清新本質。這樣說來，坤的「體」會發展成坎的「用」，坎卦的「習」字就找到了源頭。從坤卦開始就期望你不習染，直到「習坎」，可謂是用心良苦，告誡人們在後天學習的過程中，不要染上很多壞習氣。有些人知識學得越多，道德越敗壞、越墮落，靈魂越沉淪。老子稱：「為學日益，為道日損，損之又損，以至於無為，無為而無不為。」莊子說，嗜欲越淺，天機越深。這也是學習的範疇，我們不只是學習知識和生存技巧，還要學習在坎卦中維持人性的尊嚴那些基本的原則，不能因為坎險而放棄，如果在坎中放棄了，就不會有離卦的永續經營。知識、技能、生存、成長是廣義的坎卦要學習的東西，可是道德情操這些永恆價值的維護，如人性的尊嚴，更不可以在坎險中迷失掉，不可以被習氣污染。

小過卦（䷽）也跟坎卦有關係，小過卦有大坎之象，「小過」就跟「習」有關，是小鳥練飛的象。這個習字，還影響到下經另外一個卦，就是兌卦（䷹），兌卦〈大象傳〉說「君子以朋友講習」，《論語》開篇的「學而時習之，不亦說乎」，「說」同「悅」，就是兌卦的概念，學習而且不脫離這個時代，與時俱進。

坎卦卦辭

習坎。有孚。維心亨。行有尚。

我在上文提到，「坎」前面加「習」，可能跟周文王個人慘痛的經歷有關，這是特殊的地方，一定要講清楚。「習坎」之後，才是真正的卦辭。卦辭只有八個字。先是「有孚」，要有信望愛。在人生種種艱險不順中，信仰和價值觀不能動搖，要保持你堅定的信心；還要對未來有熱切的盼望，如果有盼望，坎卦未來就有可能趨向離卦；然後心中要有愛，有愛才有希望，人生在最艱險的時候不能失去這些。「有孚」的人，有信望愛的人，雖然歷險，但是他不會放棄，而是從容自在地面對，積極努力奮鬥。沒有信心的人，對未來沒有盼望的人，沒有愛心的人，在坎中就不成人形，天天抱怨，散發負面的能量，甚至會把個人的險、個人的不順散佈到周遭，使得大家都遭殃。

可見，「有孚」是坎卦最重要的心理建設，環境坎險是事實，但要用「孚」的能量去征服突破外面的坎險。如此一來，在坎卦中，「有孚」顯得尤為重要，因為這時真的沒有什麼資源了，只有靠自己心裡的能量、戰力去克服。就像在泰卦第三爻到了一個高峰，要開始往下掉了，「勿恤其孚」，也是講「孚」，同樣環境要開始逆轉了，變得艱險不順了，那個「孚」不能因為環境由順轉逆、由泰轉否、由盛轉衰而大打折扣。「孚」一旦都打折，何談未來呢？

「有孚」之後，就是「維心亨，行有尚」，在這麼艱險的情況下，因為「有孚」，能夠維持、維繫內心世界的暢通無阻。一般人在坎的時候心亂如麻，方寸大亂，什麼事情都不知道怎麼辦，那就不能夠維持「心亨」了。坎卦在「有孚」的情況下，能夠維持自己內心世界的亨通，不放棄希望，就會生機不斷。如果這樣脫險，依此行動，未來一定有希望，還可以創造出高尚的價值或人生難得的精彩經歷。「行有尚」，對未來有希望，「尚」是還沒達成，但是有信心能夠達成，脫離坎而進入離卦的光明。如何行動呢？根據我的心能夠維持如如不動，亨通，而且「有孚」絕不動搖，「心亨」決定我的行動，「行」就「有尚」，就有脫險的希望、成功的機會，在憂患之中學習成長。

坎卦〈大象傳〉

〈大象〉曰：水洊至，習坎。君子以常德行，習教事。

我們先看〈大象傳〉。坎卦是上坎下坎、內坎外坎，險象環生，這就是「水洊至」，「洊」就是水相永存、連續不斷的意思。一波未平，一波又起，險象環生，一個險關過了，下一個險關又來，這有點像衝浪，一個浪頭過來，下面可能是一個更大的浪頭、更艱難的考驗來臨。如果你要去衝浪，不被浪頭吞噬，就要講究技巧、智慧，這就要學習。「水洊至」的考驗不斷，險關不斷，幾乎是連續的一波一波的衝擊。在一波的衝擊跟下一波的險難衝擊之間，在這個喘息的空間，要怎麼思維應對，都是要學習的。如果第一波衝擊就讓你差不多了，如何面對第二波衝擊呢？就像大家擔心金融風暴之後，還會不會有二次風暴？因為第一波的還沒「痊癒」，第二波又來了，能夠經得起「水洊至」的連續衝擊，還能夠站得住，才有離卦的光明。「洊」這個字，在震卦中〈大象傳〉也出現過，「洊雷震」，打雷一定是餘響不絕。這說明人生的震撼、人生的坎險是連續不斷的，就這種考驗，你不能只做應付一次衝擊的準備，那是不夠的。

「洊」字現在很少用，在以前衙門人事考核中，常用在一個人的工作表現上，看是晉升還是罷黜。有些人在每個職位都有不凡的表現，累積了很多處理風險的能力，就可以給他提升職務，讓他承擔更大的責任、負責更大的風險，這就叫「洊升」。「洊升」就是累積你的履歷，從基層一步一步往上爬，是熬上來的，不是空降的，並非一下就得到高位，是逐漸地上來。

「習坎」，還是習坎。「君子以」，一個有智慧、有德性、有上進心的人，「常德行，習教事」，講得很平常、很懇切，人在「水洊至」的現象中體悟人生，就拿這個坎卦來「常德行」，雖然經歷種種人生的艱險，還是以平常心看待，而且在裡面剛好可以磨練自己。況且坎本來就是人生常態，每個人都會遭遇到，不是一種非常態，不像大過卦。坎是到處都存在的，所以我們要坦然面對，把它看成是一件很平常的事情，然後在其中修煉。「習教事」就是練習、學習教育。以前我們在講蠱卦、臨卦、觀卦時講過，一個社會的劇烈轉型期都強調教育的重要性。蠱卦的改革叫「振民育德」，臨卦叫「教思无窮，容保民无疆」，觀卦是「先王以省方觀民設教」。現在坎卦也是一個好的教育時期，人生一定要在這裡歷練、闖蕩，不要嬌生慣養。這就如同所謂的魔鬼訓練，在軍隊中有時突然來一個夜間緊急集合或者災難演習，就是用坎來磨練，等到你平常習慣了，一旦發生真正的戰爭，面對突襲、災難，就會憑直覺反應去救災、抗戰。這就是「常德行，習教事」。所以沒有事情時，平常也要設計一些訓練，嘗嘗坎的滋味，最後習慣了，知道如何應對，就能夠化險為夷。平常如果很順，完全沒有任何坎的訓練，一旦有事，就會手足無措、六神無主。

坎卦〈彖傳〉

〈彖〉曰：習坎，重險也。水流而不盈，行險而不失其信。維心亨，乃以剛中也。行有尚，往有功也。天險，不可升也；地險，山川丘陵也。王公設險以守其國。險之時用大矣哉！

「習坎，重險也」，「習」本來就有重的意思，還會連續不斷。就像小鳥練飛，不是一次就能一飛衝天的，而是每天不斷地練，精益求精，跌倒了再爬起來。

「水流而不盈，行險而不失其信。維心亨，乃以剛中也。」「以」就是「因」，「乃」字說明不容易，「剛中」是指「九二」和「九五」，這兩個唯二的陽剛的爻分居內外上下坎險之中，雖然身陷於險，但是堅強如鋼鐵一樣耐操耐磨。「九二」的「剛中」是先求自保、自救，在遭遇坎卦中第一個衝擊時，還無力救人，於是先求自保，千萬不要變成泥菩薩，如此就修到第二爻的立於不敗之地。也就是說，此時不必奢言救人，先自保，等到「九二」站住腳跟，屹立不搖，下一步就要考慮救人，救同樣在坎險中受到衝擊的受苦受難的其他人，它就是坎卦的君位「九五」，它自保絕對沒有問題，經驗上也算得上是老江湖了，面對君位以外受苦受難的眾生，就要想辦法拯救。所以「九五」的「剛中」能耐遠勝「九二」。「九二」只是一個配角，只求先立於不敗之地，能自保，才能保別人。對「九五」來說，是陽剛居上卦之中，而且是不管前途有多少風險，都經得起考驗；不但自己不會倒，還可以拯救其他人，人溺己溺，人饑己饑。可見，第五爻是坎卦中最重要的一個爻。

「九五」自救救人，「九二」先求自保，都要「維心亨」。其實坎卦講「維心亨」，就是外面世界沒有一點是亨通的，只能要求裡面的能量，內心世界的亨通，用亨通的心力去征服突破那一切。資源如果非常匱乏，確實是非常危險的，但只要我們的「孚」夠，我們的心是「亨」的，那就完全不用怕。坎卦如果是地獄，心如果亨，地獄就像天堂一樣，地藏王菩薩就是如此，他覺得一切如常，盡他的本分，心一旦淨了，國土就淨了，坎卦就像離卦一樣，充滿光明。

「行險不失其信」，人生總是會行險，在險難中行，然而可以永遠保持「孚」，絕對不因為在行險就拋棄自己的信仰，改變自己的人生價值觀，經得起險難的考驗。行險之後為了生存而拋棄了「孚」，失去了誠信的原則，這樣的人太多了。行險還能夠不失其信，這才是真工夫。然後「水流而不盈」，不會氾濫成災，不會驕傲自滿。如果是「亢龍有悔」，就是「盈不可久也」，裝滿了會驕傲，會跑出來。河川的水是一天到晚在流動的，是高度動盪的，由高處往低處流，黃河、長江的氾濫就是失控，因為動盪太大，所以會突破外面的屏障而氾濫。

坎卦在動盪的人生中，始終維持平衡，不會滿出來，不會氾濫成災，在動盪中絕對不驕傲，就不會走上「亢龍」之路。而且還懂得心平氣和地用過去的經驗幫助那些小老弟們渡過險難。「水流而不盈」說明駕馭得很好，以「九五」掛帥的枱面很穩定，坎卦的第五爻裡面就講「坎不盈」，「坎不盈」就是「水流而不盈」

下面就介紹卦辭的最後了：「行有尚，往有功也。」這說的是剛中行險不失信，水流而不滿出來，去行動一定有希望，而且會贏得大家的尊重，是可以期待的。「行有尚，往有功也」，意思是根據你的主張往前奮鬥，行之有主，終有突破險難成功的一天。人生成功不容易，有無量的風險，不是有一個山擋著，就是有一個坑在前面等著你掉下去，要是都克服過去了，跋山涉水，突破險難，吉凶生大業，你就成功了。所以坎險反而是建功立業，在水深火熱之中闖蕩江湖的歷練。

卦辭解釋完了，下面贊易的部分，就是講整個坎險形式的轉化運用突破：「天險，不可升也；地險，山川丘陵也。王公設險以守其國。險之時用大矣哉。」直接就用「險」來替代「坎」，天地人都談到了，「地險」是山川丘陵，地勢很險峻，一夫當關，萬夫莫敵。三國時候蜀國最弱，但是可以苟延殘喘那麼久才被滅亡，就因為山川地勢易守難攻，這是大地上的險。「天險，不可升也」，去月球，現在辦到了，在古人想都不敢想。天險怎麼克服呢？「不可升也」，這時候就要廢然而歎了，沒有辦法突破自然的這種險。我們在大地上活動，地險也是最危險的，山川丘陵很難征服。可見，天有天之險，地有地之險，但是最可怕的是人對險的運用。如果領導階層懂得經過人為的設計，利用險，設圈套、陷阱以做誘餌，來防衛、捍衛國土、疆域，這就叫「王公設險以守其國」，利用自然天地的險，加上一定的兵力配置，把自己守得堅如鐵桶。

最後「險之時用大矣哉」，對你來講，現在是陷在坎險中，要是跟人家有關聯，也險了，兩頭害怕。所以在那種情況下，陷於逆境，跟人家又有千絲萬縷的關係，那跟你有關係的，怕被你拖下去，有時候不救都不行。「險之時用」的「用」字是一個網絡的象，要懂得反面利用，你是很危險，不要老想著有危險，其實人家也夠危險，他就不敢下重手。從被動的習慣接受到積極主動地想開，從險中去學習，到最後就可以轉不利的因素為有利，而造成那些對你有威脅的人也有威脅感，你的險變成了他的險，災難轉移了，險難共同承擔了，甚至結成患難同盟、風雨同舟，這就是「險之時用大矣哉」的意義所在。當然，這並非是常用的辦法，只是在險難中的拚命招式。

坎卦六爻詳述

初爻：有所節制

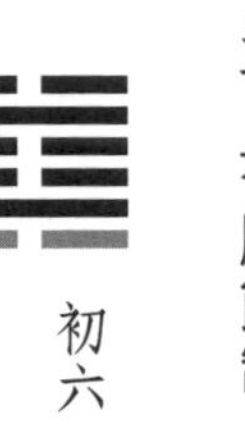

初六。習坎，入于坎窞，凶。

〈小象〉曰：習坎入坎，失道凶也。

坎卦六個爻很豐富，也真是很險。這六個爻我幾乎全都經歷過，算是有第一手的經驗，包括很多學生碰到坎的實際經歷，對這些爻算是深有體會，坎卦裡面這些爻難纏、難解的程度，真的會讓你頭皮發麻。但是，卦辭給人無限的鼓舞，〈大象傳〉也充滿著鼓勵。練習這種面對坎的基本心態，用強悍的「剛中」的能力去面對，實際的六爻就不見得有那麼可怕，依然是有生機可尋。坎卦「初六」與「上六」的對應關係，不是承乘應與，跟一般的相應不一樣。但是二爻跟五爻既是相應的關係，又是鏡像對稱的投射關係。所以坎卦的二爻、五爻這唯二的陽爻之間的關聯，與初爻的坎之初、上爻的險之極之間的因果關係，以及三爻、四爻多凶、多懼的坎中人位之間的呼應關係，都是典型的鏡像關係。

我們看初爻，坎險剛剛開始，首先就是「習坎」。「初六」軟弱無能，本身也不正，陰居陽位。為什麼會掉到水裡呢？跟前面的大過卦有關，大過卦最後一個爻是「過涉滅頂」，真的是淹到水裡面去了，心慌意亂中，就進入坎險之初的「初六」。「習坎」就說明遇到這樣的情況不習慣是不行的，因為它是很具體的現實，不能逃避。即使晚上睡著了，暫時不做噩夢，但早上一睜開眼睛，鑽到腦海中的意識就是你依然在坎中。那就馬上要想出路脫險，不能老在坎裡頭，先習慣，再學習。

可是學得太晚了，掉下水才開始想著要學游泳、學潛水，早幹什麼去了？為什麼平時不「習教事」，一旦險難發生了，才開始學？坎卦初爻的險難剛剛發生，平常沒有學會應對的，一定是亂掙扎，不懂得在坎中的生存法門，就好比平常沒有受過訓練，一下子掉到水裡，心裡一緊張，就會拚命喝水，兩隻手亂抓，還希望別人來救命。如果大家都掉到水裡，人人自危的時候，期待外援，那不是等死嗎？「習」就是要靠自己，大環境已經是坎險，你希望別人救，別人又要誰救呢？這就是

「平時不燒香，臨時抱佛腳」，「習坎」太晚了，以為人生始終很平順，不會碰到大的險難，一旦真正來臨，力量不足時才要學，臨時學，掙扎不得法，又得不到外援。「入于坎窞，凶」，不當的掙扎，越來越往下沉，結果越陷越深。

初爻明確告訴我們「凶」，很無情地指出來，因為前面大過卦超負荷所造成的結果，不能怪別人，加上沒有早練習應對坎的準備工作，臨時又學不會，那沒有辦法；可是人一定會掙扎，越掙扎，越陷越深。就像剛開始可能欠一千萬元，銀行不借給你了，於是跟黑道借、跟民間借高利貸，無異於飲鴆止渴，到最後債務嚴重到不能還的地步。這都是因為「習坎」，臨時想先渡過眼前的危難，結果是包袱越來越重，從第一層地獄、第二層地獄，直到十八層地獄。所以我們平常就要做好準備，不要臨時面對險關才做無謂的掙扎。

「窞」字從字面上看，就是陷在洞穴中，「入于坎窞」在「六三」又出現一次，這說明人生越是想往上爬，可結果是越被打到下面，因為掙扎不得其法，反而讓原先的險難因為這種掙扎而越來越嚴重，甚至到不可救藥。這就是「入于坎窞」的累積，陷在洞穴中，掉得很深，卡在裡頭根本就沒有辦法爬出來。「初六」為什麼沒有人救呢？從爻際關係去推，「九二」與其是乘承關係，陰承陽，柔承剛，有很深厚的交情，應該可以救它。可是「九二」為什麼不救呢？因為「九二」自保都不一定有把握，怕因為救「初六」反被拖下水，白白搭上一條命；所以「九二」是有心救而無力救，因為它也在坎險之中。況且這是坎的大環境，不要對任何人抱有希望，依賴別人很可能失望。「九二」跟「初六」的關係，在正常的時候都幫不上忙，誰知道那個黑洞有多深呢？所以「初六」在自己不行、外援不至，險難才剛剛開始的時候，不具備那樣的能量，越掙扎危機越深，這就是〈小象傳〉所說的：

「習坎入坎，失道凶也。」

這樣看來，《易經》比較主張強悍的生命哲學，從卦、〈大象傳〉、〈彖傳〉來看就是這樣，然後爻也不客氣，根本就不同情你，〈小象傳〉直言「失道凶也」，認為你會凶是因為你完全失道，偏離了正道，自己要負責任，人家不救你，是天經地義，況且人家也沒有能力救你。自己造成的後果，又沒做好失敗的準備；一失敗，就希望求援，哪有這種事啊？「失道凶也」，沒有按照中道行事，結果凶，不能怪人，這是〈小象傳〉很無情地告誡我們。

「初六」爻變為水澤節（䷻），奔流的坎水，之所以會流，就是因為洩底，「初六」的底是洞開的，坎裡面裝不到水，一定是流動而且晃蕩不安的。如果「初六」這個爻要避開「入于坎窞」的凶，就不要太晚「習坎」，把虛的轉成實的，讓資源變成「初九」而不是「初六」，馬上就得到一定的節制。節卦就是水庫蓄水的象，水就不會流失。下卦兌代表湖泊、水庫，水是安靜的，所以才有喜悅的象。人生在面臨坎卦初爻時，要特別小心，一定要有所節制，要是不節制，就是「習坎，入于坎窞，凶。」

二爻：風險預防

䷜ 九二。坎有險，求小得。

〈小象〉曰：求小得，未出中也。

「九二」陽居陰位，「剛中」，陷入內卦、下卦的坎險之中，一定要求自保。「坎有險，求小得」，爻辭很好懂。自己有很大的風險，在最深的坎險中，還好是陽爻，有實力，且剛而能柔，能屈能伸，有彈性，不會硬拚硬幹，所以懂得保留實力，謹慎小心以「求小得」。只能「求小得」，不能「求大得」，其實是沒機會，因為風險太高，自己陷入險難時，光有俠義心腸去救「初六」，卻苦於沒實力，與「初六」關係再深，也不能去救，要狠下心來。因為人有時候實力不夠，沒有辦法救別人，只能夠照顧自己，關係再好，也是愛莫能助。這就是人人自危的情況，所以「初六」才會那麼慘。

「坎有險」，只能「求小得」。「求小得」很有講究的，第一不能求大得，第二絕對不可能有大成就，可是「小得」還是有機會的。人在力求自保、立於不敗之地，面對高風險的時候，若更謹慎一點，連「小得」都不要去求，不是更安全嗎？但是這樣又太消極了，假如什麼都不做，會有什麼問題呢？求任何東西都有風險，「求小得」有小風險，「求大得」有大風險。最好是零風險，根本就不求，不求怎麼會有風險呢？但是不求的問題在哪裡？因為坎險不止一波，過得了初一，不見得過得了十五，是「水洊至」。第一個坎來臨時，若什麼都不做，完全被動承受，等到下一波更大的浪頭來，有可能滅頂。「求小得」有什麼好處呢？就是在一定的安全範圍內，能夠撈一點資源來強化本身的實力，提高應變能力，不但這一波安全，而且也不因為「求小得」出問題。在安全跟「大得」之間，一定還有一個安全區域，要了解界限在哪裡，可以增強自己的實力，到下一波更危險的時候還能過關。你實力有增長，就是因為「求小得」的消化吸收之後，碰到上卦、外卦連續的坎險時，應變能力增強了。現在不「求小得」，應變能力是不會增強的。眼前的險過了，將來的險呢？還是照樣翻船。

所以人即便是在「坎有險」的時候，還要盡量「求小得」來增強自己的實力，預備將來的風險，中國人常說「養兒防老，積穀防饑」，總是要有一些準備，以防風險不測。為什麼要「求小得」？正如〈小象傳〉所說：「未出中也。」沒有離開坎險之中，所以要有憂患意識，要預防，不能想眼前的禍患過了就萬事大吉，還要預防未來有更大的風險，所以就得累積實力。

三爻：喘息之機

六三。來之坎坎，險且枕，入于坎窞，勿用。

〈小象〉曰：來之坎坎，終无功也。

現在進入坎卦的第三爻。越到上面，坎險真是險得沒話講，需要更高的能耐去對付。三爻是卦中卦蹇卦（䷦，三、四、五、上爻構成）的第一爻，坎險中的蹇象，真是寸步難行，痛苦死了。

「六三」本身的條件又很差，不中不正，陰居陽位，先後天的條件都不行。明明是個陰爻，還居於常常要求要有陽剛表現的陽位。我們都知道，凡是「六三」，一般都不好，不中不正，陰居陽位，底氣不足，資源也不夠，可是那個位置還非得有積極的行動不可。並且「六三」從「九二」那邊得不到任何援助，因為跟「九二」的關係太壞了，陰乘陽，柔乘剛，「九二」一心求自保，連跟它關係好的理應照顧的「初六」，尚且見死不救，它還會去救跟它交惡的「六三」嗎？更不可能。坎險中有實力資源的，是「九二」跟「九五」，「九二」勉強自保，「九五」有很多資源，可是「六三」跟它們沒有關係，就得孤軍奮戰，但又苦於沒有實力，所以就很慘——「來之坎坎」，來也坎，去也坎。「之」就是往前走，繞曲線走，「來」就是回頭。「六三」怎麼回頭呢，回頭就是「九二」，那一定碰壁。「來」居於下卦第一個坎的時候，在當時一定很難受，如果想回頭，卻是「一失足成千古恨，再回頭已百年身」，掉到深坑裡頭去了，想回頭，被「九二」擋住了，而且「九二」還不會伸手救你。所以「六三」如果想做「來」的動作，就是險，進退兩難。「之」是硬著頭皮往前衝，下面是更大的外卦的坎險，第二波更大的浪頭。所以來也坎，去也坎，夾在這兩波浪頭中短暫的喘息空間，前一波已經把你打得稀哩嘩啦，但厄運不是到此為止，後面還有更大的一個坎要來。

看著就要來了，怎麼辦？「險且枕，入于坎窞，勿用」，這是什麼文法呢？這是沒有辦法中的辦法，不能自殺，不能自焚，也不能跳樓。危險是現成的，暫時沒事，馬上就有事。前面那個險已經驚心動魄，所以險是實際，這個險怎麼辦呢？已經告訴你此路不通，束手待斃嗎？不行。「且」字就告訴我們在這種沒有辦法、無可奈何的情況下，「且枕」，爭取時間休息，枕戈待旦，姑且退而求其次，選還可以用的方法，唯一可行之策是委屈將就，在不能夠講究的環境中，人必須要練習將就，艱難困苦、資源匱乏的情況下，要能夠忍，不然生機渺茫。沒有辦法，姑且如是、暫且如此，這就是「且」的概念。

既然什麼辦法也沒有，又預期大風險還會來，現在既然還可以休息就休息，多少可以恢復第一波險難中被折損的體力資源，安心睡覺。可是一般人在艱難危險的殺戮戰場，怎麼睡得著？但是睡不著，煩惱又何濟於事？所以人生在這種險難的時候，要看清形勢，不要亂撞亂打，一動不如一靜，爭取幾分鐘的時間站著也睡一睡，坐著也睡一睡，打坐也睡一睡，反正下一波險難現在還沒來，憂悲煩惱也無濟於事，乾脆靜下心來坦然等待。在那幾分鐘靜下心來去修養，體力也恢復一些，度過下一波險難的機會至少大一點。亂跑亂竄，浪費氣力也出不去，等到下一波浪頭來的時候，不是死路一條嗎？

沒有安寧舒適可言，在最危險的地方都要睡得著覺，「險且枕」也說明睡覺的地方不是很舒適，在那種險峻的形勢下，根本不允許你安睡，而且人到這時只有這麼大的地方，要休息就要練習站著能睡，坐著也能睡。把自己蜷起來有什麼好處呢？就像很多大企業在面臨這種無限的風險，可能會掀翻一切的時候，馬上採取裁員的方式，這樣一來就「瘦」了，受打擊面減小。人在蜷臥的時候可以降低能量的耗費，等到變故再起來的時候，馬上就可以起來應變，如果睡死了，大浪來了都不知道。所以人就要在任何狹隘、侷促的環境中都要睡得著覺，都能夠爭取時間休息。「險且枕」雖然有點強人所難，但是不這樣做，後面就一點機會都沒有。

如果不利用這個時間盡可能地喘息，結果不卜而知，一定跟初爻最後結果一樣，「入于坎窞」，越陷越深，本來不動還沒有那麼危險，因為亂動，更危險。明明是一盤死棋，到處跑，小心掉到山谷裡頭。「勿用」，要學「潛龍勿用」，不能亂動，如果亂動，就「入于坎窞」。初爻、三爻都是這樣，所以在這個時候就要養你的心。但是這個爻的〈小象傳〉基本上是不樂觀的，不管你是哪一種狀況，基本上機會不大，〈小象傳〉說：「來之坎坎，終无功也。」陷到這種環境中進退兩難，到最後可能不能脫險，至少不可能建功立業。跟坎卦〈彖傳〉說的「行有尚，往有功」正好相反，我們希望冒險犯難，建立事功，可是坎卦第三爻因為把自己陷到這種環境中，因此不管任何情況都「終无功」。但這個爻當然還是希望找到突破口，山窮水盡的時候柳暗花明，唯一的就是

「險且枕」這個作法，其他方法只有更危險，所以「六三」爻變為水風井（䷯），看可不可以找到突破的創新之路，擺脫困局。姑且一試，人生有很多情境就是這樣，行事一定要研判。

上爻：無間地獄

上六。係用徽纆，寘于叢棘，三歲不得，凶。

〈小象〉曰：上六失道，凶三歲也。

第三爻可稱為「有間地獄」，第六爻則是「無間地獄」了，沒有任何喘息的空間。假定你這輩子造孽太多，到地獄去，坎卦第三爻還算輕罪，今天排好的是上刀山，上完刀山之後，休息一下，「險且枕」，明天再去油鍋。至少在刀山跟油鍋之間還可以休息休息。第六爻則是刀山剛上完，馬上下油鍋，讓你一直不停地受折磨，沒有任何喘息的空間。人生的險，只要中間有一點喘息的時機，都有一點復原的機會。可是上爻是連續的，而且看不到終點，真正是無間地獄。沒有喘息空間，而且也不知道什麼時候能夠脫險，這就是坎險之極的第六爻。換句話說，你過去犯了錯誤或者是人的業障，到時候嚐到這個果報，簡直是絕望，幾乎會擊潰人的生存意志，十八層地獄大概跟這個有點接近了。這就是三爻跟上爻的差別。

我們且看上六的爻辭。「係用徽纆」，「係」即綁得牢牢的，用什麼東西綁牢了呢？用徽跟纆的大麻繩，而且是黑色的，絕對沒有脫逃的機會。業障太深，完全擺脫不了。如果就這麼綁著，那也沒有關係，習慣了就不會感覺怎麼痛苦。但沒有這麼容易，坎中就是要折磨人，它會把你「寘于叢棘」，「寘」就是放置，「叢棘」即荊棘叢，荊棘叢長滿了刺。先是把你綁得牢牢的，無法掙扎，但是沒有這麼安穩，綁牢了之後還要丟到荊棘叢中刺得滿地打滾、滿身流血，這就折磨人了。而且「三歲不得」，至少長達三年時間不能夠從這種最苦的情境中擺脫，結果當然是「凶」。

〈小象傳〉說：「上六失道，凶三歲也。」《易經》完全不同情你，自己的過去造成現在的凶，一定要償還三年的債。讓一個人這麼苦，一定有原因，所以才會受這種惡果。沒有行動自由，也沒有靜養的空間，而且每一分每一秒都是無限的錐心刺血的痛苦，這個爻就有夠嗆，我也占過這個爻，算是被朋友套牢，占過這個爻之後心裡就有數了，苦日子至少是三年沒有辦法擺脫。

我們看坎卦的「初六」跟「上六」有一個共同點。〈小象傳〉的解釋都說「失道」，所以凶。「初六」是凶，沒講要凶多久，到了「上六」，說至少三年，三年象徵很長的時間，這三年中啥也不能幹，就天天在那邊接受折磨。這就是無間地獄。人即便有再堅強的意志，都可能渙散，「上六」爻變為渙卦（䷺），徹底瓦解，折磨得不成人形，套牢套得太深。

「叢棘」其實是一個專用名詞，在古代，國家監獄的集中營就叫叢棘，像河南的羑里，關周文王的地方，專稱就是「叢棘」，這是一個象徵的意思，荊棘滿佈，很多人只能望洋興嘆。要防止人逃獄，在地牢兩邊就種滿了荊棘，你就算勉強爬上去，也很難超越荊棘叢。就像鐵絲網，你根本出不去，純粹是絕望的環境，只有老老實實受苦，一點辦法都沒有。所以這裡就有文王受苦受難的象了，他把親身的經驗寫出來，在那種環境、那種狹隘的空間，而且會接受折磨，人要怎麼活呢？

四爻：引進光明

六四。樽酒，簋貳，用缶，納約自牖，終无咎。

〈小象〉曰：樽酒簋貳，剛柔際也。

「六四」就是一個典型政治犯的經歷，死牢中一方小天地，黑黑暗暗的。這個爻是坎卦中爻辭最長的，也是最費解的爻辭。

「樽酒，簋貳，用缶」，「樽」就是酒器，裡面裝了酒，「簋」就是盛飯的青銅器皿，基本上的形制是圓形的，也有方的，在商周時期是重要的禮器，常與鼎相配，一般以偶數出現，天子為九鼎八簋，諸侯用七鼎六簋，卿大夫用五鼎四簋，士用三鼎二簋，但在戰國以後，簋就很少見了。這樣說來，「六四」作為監獄中的政治犯，肯定大有來頭。西伯姬昌當時身在殷朝的監獄，就是代表貴族在受難，不是他作奸犯科，而是他的思想不容於當道。他是一個貴族，只是現在變階下囚，所以蹲監獄時吃飯的規格也不小，需要「樽酒」，就是一壺酒，「簋貳」，「貳」是副詞，配套、配對的意思，假定有一個主官，副手就叫做「儲貳」。所以它不是一二三四的「二」，跟損卦的「二簋可用享」不一樣。人可以不吃飯，但不喝水絕對不行，因為他身分尊貴，吃牢飯時還搞了一壺酒，然後用一個飯盒，一日三餐就是如此，「貳」的動作就是去配合那一壺酒。「樽酒，簋貳」看起來還不錯，但這是個幻想，不管你是什麼了不起的政治犯，地位再高，還是階下囚，人家要整你，還會讓你喝酒，給你那麼精緻的貴族用器嗎？那是自我安慰而已，但必須要這麼想，才活得下去。現實是「用缶」，哪裡有「樽酒，簋貳」，其實用的就是最樸素的瓦器、陶器，缶是平民用的。這裡的象徵比喻充滿著文學性的反差，實際周文王這個政治犯，在監牢中一定是用最粗的瓦器裝水，哪裡會有酒，然後裝一點殘羹剩飯，讓他活著就好了。在這種待遇中他要活下去，就要用他的「有孚，維心亨」，化腐朽為神奇，用這個缶可以想像成以前的錦衣玉食，這樣他才活得下去，有點像現代的阿Q精神。你再怎樣對待我，羞辱我，可是我甘之若飴。人如果有這樣的心力，任何「用缶」的糟糕待遇依然可以過得很好，永遠不會屈服。所以你面臨「用缶」的人生逆境時，就要把它想像成「樽酒，簋貳」一樣，活得很自在，任何人對你都沒有辦法。

但是實際是很苦的，還很沒有尊嚴。「納約自牖」，「約」有兩個意思，一個是簡約、粗糙，好歹是一方諸侯，因為反對當道被拘，所以他給你的絕對不是很精美的待遇，跟狗吃的差不多，那就叫「約」。可是人在屋簷下，不能不低頭。人家這樣簡約怠慢你，還是虛心接納，絕對不會賭氣不吃，賭氣不吃就得餓死、渴死，只有坦然接受——「納約」，這麼糟糕的東西，還是接納。而且這麼糟糕的東西，還不是從大門畢恭畢敬送進來的，是從狗洞送進來的，像小窗子一樣的洞，即「自牖」，像餵狗一樣，夜以繼日，維續你的生命。在這種情況下，能夠堅強地活著，不以為意。如果這些考驗統統都能夠接受，「終无咎」，最後无咎，還可以得善終。所以文王被關了七年，最後還是放出來了。

「約」還有第二個意思，即訂合約，保持與外界的聯繫。這麼不理想的環境，可是人要有希望才能活著，所以任何糟糕的待遇，把它看成是自己透過唯一透光的小洞口所在跟外界的聯繫，這個聯繫千萬不能斷。再怎麼不理想都得聯繫外界，了解外面的形勢，將來說不定還可以出去。了解外面的東西就可以支撐自己活下去，唯一的洞口裡面雖然是暗無天日的黑牢，但是再看遠一點還可以看到下一卦離卦的萬丈光芒。記得有位詩人說過，人生有時在很痛苦的時候，期待救贖，不放棄希望。整個人生就是個坎，可是始終不忘記後面的佛光。即使活得很苦，但是不放棄人的尊嚴，永遠要開一個小洞，引進光明。「牖」就是這個概念，充滿了象徵意義。洞口很小，卻很有用，是唯一透光的所在，千萬不要把它關了，否則就是死路一條。「納約自牖」就能「終无咎」，這樣的人太強悍了，心裡可以創造奇蹟，永遠不放棄希望，而且還懂得善於「約牖」。

「六四」爻變為困卦（䷮），坎中困象。〈小象傳〉說：「樽酒簋貳，剛柔際也。」「六四」為什麼要跟外面保持一個訂合約的聯繫，就是離卦的概念，因為「六四」跟「九五」是陰承陽、柔承剛，它要爭取跟「九五」之間建立緊密的聯繫，互相安慰，這個關係就叫「剛柔際」，「六四」必須要跟旁邊的「九五」有難同當，落難人風雨同舟，建立柔跟剛之間微妙的互動關係，搞好這個關係，就有可能得到解脫。注意，如果你占到坎卦四、五爻動，恭喜你，你可能現狀是四爻，可是有機會，因為有靠山，有在患難中建立同盟關係的「九五」，「九五」為了他自己，也會救你。「九五」跟「六四」兩爻動，「六四」本身是受困，如果加上「九五」兩爻動是什麼卦？解卦（䷧），脫困了。最怕的就是同牢的難友「九五」還欺負「六四」，或者「六四」跟「九五」對抗，這樣雙方都不會有好下場。患難同盟、患難之交，建立的關係就叫「剛柔際」，要掌握人際的分寸，洞口就可以通到「九五」。

五爻：寬宏大量

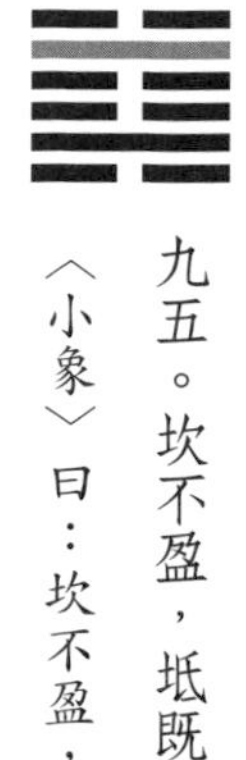

九五。坎不盈，坻既平，无咎。

〈小象〉曰：坎不盈，中未大也。

第五爻最值得學習了，說的是要寬宏大量，要能夠包容。剛才講「六四」解脫的生機是要靠跟「九五」經營好的關係。「九五」自保絕對有餘，但也不要放棄患難之交，要照顧它，兩爻都動才能解脫。

「九五」爻辭首先是「坎不盈」，即不要驕傲，不要氣焰熏天。「九五」是坎卦地獄中的牢頭老大，他雖然本身受難，但絕對混得好，地獄有地獄的生態，黑道有黑道的生態。坎卦中的生態就是卦中卦頤卦（䷚，二爻到五爻），「九五」就是坎中頤卦的上爻，是不是一切的靠山？所以他在裡面活得很自在，還要管那些囚犯，「六四」作為高位的囚犯，一定要跟「九五」建立好關係，不然很難脫身。

「坻既平」，「坻」是水中的高地，《詩經》中這個字常常會出現，如〈蒹葭〉的一段：「蒹葭萋萋，白露未晞。所謂伊人，在水之湄。溯洄從之，道阻且躋。溯游從之，宛在水中坻。」「坻」就是沙洲，河川中間凸起的灘地，水中高地也叫坻，即暗礁。

坎是主流，是一個大河川的容納量，就是第五爻；坻是水中凸起來的高地，就是「六四」。外面河道的水跟中間凸起的山頭的坻，中間要維持包容。雙方都受難，就代表河川的生態之中，大家都險。坎卦的君位就是河道，裡面之所以波濤洶湧，就是因為任何一個坎中都還有派系、山頭，作為總領導人的就要包容他們、照顧他們，彼此要善意地互動，就算有不同的意見，也要包容異己，創造艱險動態的平衡。所以最後「坻」也心平氣和了，可以和平共存，這就是「坻既平」。「坻」為什麼「既平」呢？因為「九五」是坎，可以興風作浪、調度資源。如果看不順眼，有人跟你唱反調，那就是四爻的「坻」。有時候人要打壓政治犯或者消抵反對勢力，就會水漫金山，然後說沒有內部矛盾、沒有問題，隻手遮天，把問題結構上的崎嶇不平的「坻」給淹過去。但這樣像礁石淹過去更危險，不敢揭發事情的真相，很多人看那些船過來，覺得這沒危險，可是經過這邊，觸到暗礁就會出船難。所以作為水位不應該這樣，應該把真相告訴人家，降下來一點，「坎不盈」，不要漫過去，不要試圖掩蓋事情內部的真相。「坻既平」，這樣反而太平不會有風險。因為人家看到冒出來的山頭，就知道下面可能有十分之九的礁岩，行船經過就不會發生船難。換句話說，內部有問題絕對不要遮住，要坦然面對。如果你不知道有風險，被當政者整個掩蓋住，那是最危險的。因為你現在可以勉強用高水位把它遮蓋住，有朝一日沒有這個力量，水落石出，猙獰恐怖的真相、暗藏的障礙就會浮現。所以真正聰明的，在水中本來就不是光溜溜的，一定有山頭冒出來。把真相顯現出來，維持動態的平衡，這是尊重別人，也是尊重自己。坎如果不盈，水不漫過去，「坻」就平，雙方就能和平相處，就「无咎」。為什麼要這樣？因為你也在風險之中，從坎卦的第一爻開始，久年的媳婦熬成婆，熬到第五爻，還來整別人是不行的，要包容「六四」，要平衡對待。

故〈小象傳〉說：「坎不盈，中未大也。」為什麼可以不驕傲，不用水去掩蓋真相？因為居上卦坎險之中，還沒有進入下一卦大放光明的離卦境界，也沒脫險，一定要團結一切的力量，包容一切的矛盾，這就是「坎不盈」。

這一卦講起來比較辛苦，簡直是咬牙切齒。我們如果占到坎卦第五爻，不要認為它是一個壞爻，而是很有修為境界的。我們常常占到一個卦是坎卦兩個陽爻動，一定點到第五爻，兩個陽爻都動，先求自保，「坎有險，求小得」，然後還要博施濟眾，「坎不盈」，要謙，不要傲慢，要「祗既平」。

水中山的象從哪裡來？下面四個爻構成的卦中卦就是水山蹇（䷦）。「九五」是坎險之中那個最高的水位，也是一個山的頂。三、四、五爻為艮（☶），為山，既是水險之中，又是艮之極。內部有阻礙，可是外面的坎能夠包容，既險且阻，水中的高地在「九五」這個爻就根據自然的現象說出來了。如果把危險掩蓋過去，結構上隱藏著風險，而且是君位，當政者用他的資源調度操作隱藏了事實的真相，那真是危險之極。所以不能隱藏，要冒頭顯現出來，才對大家都有利。

占卦實例1：坎卦「六三」之親身經歷

坎卦「三多凶」這個爻，我自已有親身體驗。大概是一九七三年，那時候我正讀大學三年級，暑假去爬中央山脈。當時正值年輕，喜歡幹冒險的事情，為了逞英雄，也為了省錢，還不用嚮導。六天的行程快結束了，結果回來就迷路。我後來一學《易經》，看到這個爻就想到那天晚上，真的是「來之坎坎」，還得「險且枕」，一定要休息，到處亂竄一定「入于坎窞」，所以別動，「勿用」。可是要怎麼休息呢，在四十五度到六十度的斜坡上，沒有任何一個地方可以搭起帳篷、拉開睡袋，結果就坐了一晚，而且六個都是男生，連聊天的女生都沒有。那個晚上的印象真是太深刻了。

人生當然也有很多情境是陷在這種夾縫中，「險且枕」是唯一的解法，沒有別的。那你就要訓練在這種情況下還能夠睡著覺。我們看很多戰爭片，在那種遍地都是屍體，到處都是泥濘的地方，晚上不打仗的時候，照樣還要睡，如果睡不著，第二天就會更慘。我們看，第三爻雖然這麼無奈、這麼險，但是我跟各位講，它還算是上面四個爻條件比較好的，還有更大的風險在後頭。

占卦實例2：壯志難酬十年閒散

一九九七年九月上旬，曾任海基會首席副祕書長的石齊平找我，連同另一位好友一起喝永和豆漿，談起他的前程展望。我占出未來十年為坎卦二、上爻動，齊變為觀卦。坎「九二」：「坎有險，求小得。」未出險中，當謀自保，求大得沒有可能。「上六」糟透了，爻辭：「係用徽纆，寘于叢棘，三歲不得，凶。」石的兩岸觀點與李登輝、陳水扁迥異，很難再在仕途上有所發展，幾乎被打入地牢，不能翻身。觀卦冷眼旁觀，只有批評施政的份，與臨卦相綜，臨才是參與投入的實際行政。

我跟著試測其「本命」，為同人卦初、三、四爻動，齊變又是觀卦。大丈夫行走四方，通天下之志，省方觀民設教，卻未必順遂。「初九」「出門同人」，「九三」「伏戎于莽」、「九四」「乘其墉弗克攻」，世路多歧，人心險惡，阻礙重重啊！難道真是命中注定？

兩占都切中肯綮，往後十年他的發展確實不順，從政無望，換了幾個崗位，都不太得志，真的差不多二〇〇七年後才走出困境，現在還算平順。

占卦實例3：看不見的風險深淵

曾任海基會副董事長的焦仁和，人脈豐厚，二〇〇〇年政黨輪替後，很多舊識找他赴民間機構幫忙。其中一個機會似乎很不錯，但我替他占出坎卦「初六」爻動，爻變為節卦。爻辭：「習坎，入于坎窞，凶。」顯然不宜貿然投入。新的領域他不熟悉，進去會被深深套牢，最好節制別去赴任。後來聽說，他覺得不可思議，與他的直覺判斷差得太遠，其實他只是順便問問，事前已經答應對方了！不過既然易占如此，也多加了幾分小心沒最後同意。果然沒多久卦象應驗，裡面確實有外面看不出的風險，還好急流勇退，從此他也對易占神準印象深刻。二〇〇二年二月中，過陰曆年，他們夫婦倆送洋酒作年禮，所附卡片上寫著：「很慶幸，斟酌過您的預卜，而未掉入坎中，特此致謝。」

占卦實例4：西醫治療的特色

二〇〇九年十一月中旬，周易學會在臺北近郊烏來山區舉辦秋季研習營，主題為「易與養生」，我在自己論文末附有二占。

占中醫治療特色，「遇謙之復」，已於本書謙卦占例中說明；占西醫治療特色，則為坎卦初、二爻動，齊變為屯卦。屯為「動乎險中」的新生，與復卦調度人體內自我修復機制的再生不同；坎卦風險甚高，與謙卦重視整體平衡有異。坎「初六」的〈小象傳〉稱：「習坎入坎，失道凶也。」坎「九二」爻辭：「坎有險，求小得。」亦未脫離險中。兩爻各行其是，不相救援。身體哪裡病情嚴重，就切除哪裡，剩下的部位再出問題再予開刀切除，終獲不治。依《易經》觀點，對西醫治療顯然評價不佳。

占卦實例5：薄熙來切割王立軍事變

二〇一二年三月中，大陸爆發重慶書記薄熙來嚴重違紀事件，政變傳聞甚囂塵上，我占問事情真相，得出坎卦初、二爻動，齊變為屯卦。「九二」為一方諸侯薄熙來，險中求小得，想切割左右手王立軍，以謀自保。「初六」為王立軍，怕墜落深淵抖出共犯真相。結果兩人皆落網判重刑。

占卦實例6：恩師棄世

二〇一一年三月十一日，日本福島發生三合一震災，我一邊看著電視上驚悚的畫面，一邊掛念著毓老師的身體健康，幾天前拜晤時，他的情況很不好。當下我占出坎卦初、二爻動，齊變為屯卦。屯為「動乎險中」，也是新生之象。老師高齡一百零六歲，「遇坎之屯」是甚麼意思？我心中頗有不祥之感。坎初爻極危險，二爻卻幫不上忙，情勢不妙。三月二十日清晨老師過世，噩兆成真，令人悲慟。

占卦實例7：德國中流砥柱力挽狂瀾

二〇一〇年三月上旬，一對學生夫婦由新加坡返台省親，由於他們未來想到日本長住五年後，轉赴德國長住，我就在飯店餐廳中占測德國未來五年的國運，得出坎卦二、四、五爻動，齊變成豫卦。德國為歐元區盟主，受希臘、西班牙等國債務拖累，在金融風暴衝擊下陷入險境。坎「九二」險中求小得，德國經濟實力足以自保；「六四」爻辭稱：「樽酒簋貳，納約自牖。」正指債務嚴重的南歐諸國，由奢入儉，很難適應，須靠德國紓困援救，才能無咎。「九五」居君位，爻辭稱：「坎不盈，祗既平。」德國資源雄厚，救助鄰邦就是救助自己，歐盟互相套牢，禍福與共。豫卦卦辭：「利建侯行師。」積極熱情行動，希望力挽狂瀾。這些年來歐債危機的發展，全如卦象所示。「險之時用大矣哉！」「豫之時義大矣哉！」遇坎之豫，德國使盡渾身解數，扮演歐元區盟主的角色。

薪盡火傳——離卦第三十（䷝）

人類文明的象徵

離卦是上經最後一卦，象徵人類的文明，且可以繼往開來、永續發展。這一點和它的象有關，離卦在八卦中，自然界的取象代表火，也代表太陽。我們也知道，人類，包括地球上一切眾生，之所以能夠生存，有豐富多彩的生態，主要來自太陽的能量。地球上一切生物依靠的就是離卦所象徵的太陽持續的照明，所以「離」又代表連續的相依相存的關係，永遠不能沒有它。

《易經》的先賢解釋「離」的時候，用「麗」這個字，實在是非常到位，一個字就涵蓋了無量義。一個是美好的感覺，像溫暖、美麗、亮麗等光輝燦爛的形象，看到火或者是冬天曬到太陽幾乎都有這個感覺。一個就是取象於生物，「麗」這個字即兩頭鹿，一公一母相依相偎靠在一起，你需要我，我需要你，誰都不能離開，「合則兩利，分則兩傷」，「伉儷」的「儷」加一個「人」字偏旁就有這個味道了。見到這個字，你就想跟他建立一種非常緊密、親密的關係，而且不希望分開。但是「麗」字發展到後來，其字源漸漸不為人所了解。有時需要更多說明的時候，就說「附麗」，等於沒解釋，越解釋越讓後人不了解。有些人不懂「附麗」的意思，其實就是根據離卦而來，因為有溫暖，所以願意依附，人類文明也是一樣，落後地區總是嚮往先進文明之地。

離卦還有一個最基本的象，就是網罟之象，如人際網絡、組織網絡等。人類文明的開始，不管東方還是西方，都是以漁獵作為基本的生存方式，捕魚、打獵都得用到「網」，古人懂得利用植物體提取出來的纖維編成繩子，把它們綁在一起縱橫交織成為一張網，再用來做成魚網捕魚或者做成獵網捕鳥獸，在當時對他們來說，網是最重要的生存工具。所以離卦可以作為一個人類文明的象徵。

人類文明的象徵，發展到我們現在，經歷了農耕、工業、後工業，到現在則是以資訊掛帥，如網絡，統統變成無形的，把地球上所有的人都牽在一起，有福同享，有難同當，像金融風暴、自然災難就是有難同當。有福同享就是「富以其鄰」，有難同當就是「不富以其鄰」，同樣是屬於一張大網，彼此關係緊密得不得了，一旦有一個地方的網絡出了問題，網就會被撐破，馬上會影響到整張網，蔓延的速度往往是瞬間即至。這種全球資訊、商務的互動，當然有其好處，但也有非常高的風險。我們上次也講過，《易經》最凶的爻反而在離卦第四爻，即「九四」所表達、象徵的突然毀滅，這是第一凶爻。這麼凶的爻、這麼大的風險，就藏在能夠散放光明、「人人為我，我為人人」的這麼一個溫情滿人間、休戚與共的網絡中。

我們也講過，離卦中有「大過」之象，不知道什麼時候整個網絡的次序顛覆掉了，就產生高度的動盪，支撐棟樑的支柱就垮掉了。這些都是在上經天地自然物種的演化、生命的演化到人類文明的復卦的天地之心時冒出了頭，自掙脫了肉身的限制之後，展現心靈、精神的創造力，到離卦就是集大成，更何況還突破了前面坎卦的封鎖、陰暗、恐怖。由「習坎」而習慣這種風險，然後克服種種的風險，創造了光輝燦爛的文明，人類的文明發展史就是如此。人類文明的創造就是為了解決坎的問題，最早是跟猛獸、洪水、颱風爭，這是天地自然的災難。離卦的網絡建立之後，不管是休戚與共、禍福與共，都是一種無可奈何的必然的天道的自然發展，彼此只有盡可能地和睦相處。要是在網中互鬥，只會弄得魚死網破，大家都吃虧。如果網內有這種鬥爭，諸如國際、民族的戰爭或者激烈的衝突，一定殃及無辜，破壞大家共同生存的網絡，那麼誰也佔不到便宜。所以隨著文明的發展，離卦就值得大家珍惜，「附麗」的意思就是如此，就是說任何人不可能脫離這個網絡，有形的、無形的，尤其現在大多數是無形的，像我們一打開電腦就可以接通整個世界，任何一個離你很遠的角落發生的大事，幾乎在一瞬間就可能知道。像每次世界盃足球賽時，要是自己支持的足球隊輸掉了，很多人如喪考妣、跌破眼鏡，就好像在身邊發生的一樣，這種感覺就是「天涯若比鄰」，就是「離」。

習坎—繼明

離卦是接在坎卦之後的，如果一個組織、一個人情社會的團體，他們共患難，經過習坎的生死恐怖，那種劫後重生、同甘共苦的感覺更讓他們離不開，更想接近，在彼此經常的網絡互動中，會覺得很溫暖。像經歷世界大戰的那些退伍老兵，他們因為曾經在一起「坎」過，永生難忘，大戰結束之後，活著的人之間那些聯繫就彌足珍貴。這就是「習坎」——「繼明」，這是傳達離卦的感覺。

在這樣一個網絡之中，你一定要找到你的定位，你是附屬於這個網絡中的一分子，絕對不可能遺世而獨立，否則你就不可能生存。何況現代社會已經是高度複雜分工的社會，日常生活每一個行為舉止都是靠整個人群社會生產的資源、創造的事物在支撐，你再孤僻，還是在這個附麗的網絡中，沒有辦法分開。

正因為附麗、附著在網絡中，人生總要在網中找到定位，甚至生前死後。有很多先賢「為天地立心，為生民立命，為往聖繼絕學，為萬世開太平」，那也是一個無形的網絡，網住了所有人。

初學者常說「離」很奇怪，明明是要合的意思，可是又有分的意思。是合是分，就看網絡孔目的大小尺寸決定你跟那個群體是合還是分。有時候剛開始合，到後來發現不合，不願意在裡面享受權利盡義務，那就分，因為它有一個孔目，可以走的。孔目的規格有時會加緊，有時放鬆，是一個動態的變化，所以任何一個網絡，過網的跟留下來的就是「離」的分開與合群。這就是我們中文中，常常有兩個對立的意思可以同樣存在一個字中，「離」既然取象於網絡的關係，本身就決定了有合必有分，分合是一體的。一旦這個網建立後，跟這個網合在一起的人，合乎這個規格的人，一定享有一些在網上才特有的權益。它一旦出事情，同一個網上的人就會出手相助，出手相助也是為了幫助自己。就像歐盟，那些大國到最後非救希臘不可，因為休戚與共，不然大家一起倒楣。可見，你一旦進入這個網絡世界之後，變成其中的一分子，在分享網上資訊的同時，也要患難相扶持。你如果出了狀況，個人的力量沒有辦法自救，整個社群的力量可以拯救你，來提供溫暖。就像教會組織或者什麼宗教組織也是一樣，你有什麼不幸，遇到了什麼狀況，大家也會伸手來幫助你。所以我們人生同時屬於很多不同的人際網絡、組織網絡，有時候還要接受「網管」。網絡再怎麼自由，也有控管的人員。如果你超過尺度，除了警告之外，甚至會考慮把你從這個網絡中開除，免得成為害群之馬；如果你不屬於這個網絡，就不受這個限制，但是你要進入離卦的網絡世界，就必須遵守其中的規矩。

這些觀念清楚之後，我們就可以更好地思考離卦，以及其他包含三畫卦離卦的卦。不管是內卦、下卦還是外卦、上卦，離卦所發揮的影響力都離不開這些觀念。像同人（䷌）、大有（䷍）兩卦，只要同樣是人，大家都需要，都分享，所以才要「遏惡揚善」。善要發揚，一旦出了問題，那個惡一定要趕快遏制，不然馬上蔓延開來，大家都倒楣。還有噬嗑卦，上卦是離，為什麼要立法？為什麼要大家都得按照那個規則行事？就是與「離」的原則分不開，因為在噬嗑的世界，沒有光明「離」的「明罰敕法」，那怎麼管束？大家豈不是拚命弱肉強食？所以噬嗑卦就有立法的象，留下些許的光明以溫暖人群。

「離」中說坎卦六爻的爻際關係

我們在坎卦中沒有說明坎卦各爻的爻際關係，這裡我借用離卦的相關觀念來闡述一下。坎卦的第五爻是坎卦的精神所在，坎卦之所以能夠在險象環生中生存下來，跟第五爻寬闊的胸襟、平和從容的態度有關。況且坎卦「九五」中正，絕對能自保。第二爻已經能夠自保了，但是「坎有險，求小得」，無力救人，只能「求小得」。所以坎卦初爻在落難的時候，「入于坎窞」，得不到跟它平素關係還不錯的「九二」的幫助，就是因為「九二」僅能自保，沒有能力救援它，除了自保之外還要累積實力、累積資源，等待下一波更大的「坎」。這個因果關係就很清楚了，如果不是面臨危難的局面，「九二」應該幫助「初六」，所以我們從坎卦中的爻際關係也看得出來「離」的關係，即平常有福共享、有難應該要同當的關係，「九二」跟「初六」就是這種關係，可是最後真正「坎」來臨的時候，「九二」還是要先顧自己，愛莫能助，不然就會兩個一起沉下去。所以「九二」和「初六」陰承陽、柔承剛的關係，在平常會覺得不錯，在坎險時就沒法保證了。「初六」「入于坎窞」就凶，「九二」選擇逃過一劫，怕被拖下水。這也是一種「坎」中的「離」。

「初六」越陷越深就這麼沉下去了，「九二」在船上假裝沒看到，拚命想自己怎麼走，再應付下面的「坎」。這不就是電影《鐵達尼號》中那一對未婚夫妻嗎？女主角就是坎卦的初爻，那個男的就是在患難時拋棄他的未婚妻，等到大難來的時候，他想到的是自己，然後想辦法昧著良心擠上逃難的小船，未婚妻也不管了。另外一個男的則是犧牲自己，女朋友在小船上，她也無力救他。這種在「坎」的時候的考驗就很清楚了，什麼是經得起考驗的，結果就出來了。

另外，坎卦的初爻、二爻這一陰承陽、柔承剛的關係，患難時「離」的溫暖關係斷掉了，沒有經得起這樣的考驗。可是坎卦另外一組互相需要、互相幫忙的關係卻經得起考驗，這個關係就變成坎卦中最重要的救生繩，就是「六四」跟「九五」的關係。同樣是陰承陽、柔承剛，又是領導階層，照理講，平常一些卦的「六四」跟「九五」當然要密切配合，但在「坎」的時候卻是彌足珍貴。你要脫離地獄、脫離苦海，對「九五」、「六四」來講，不管哪一個都得互相包容、互相合作，和衷共濟把困難的結解開。正因為「六四」跟「九五」互相幫忙，馬上就把坎卦的坎解開了，脫險了，這兩爻齊變就是解卦（䷧）的象。大難當頭時，「六四」本身絕對沒有辦法脫困，必須要爭取「九五」的同盟力量，「九五」本身可以自保，還有餘力去救助別人，但是要徹底擺脫「坎」，單靠「九五」還不見得能夠成功，所以它也需要「六四」，雙方共同奮鬥，逃出生天。如果占卦占到坎卦，剛好就是四、五兩爻動，就是考驗這兩個爻「離」的緊密關係，經不起考驗，誰都不能真正脫險，「六四」可能就完蛋了，「九五」也不能離開這個「坎」，但如果兩者堅定合作，最後都无咎。像「六四」最後就是「終无咎」。另外，如果坎卦這兩爻動，一定是點在第四爻，就是特別標榜第四爻爻變之後困卦的象，一籌莫展，就像關在監獄中的死囚一樣，根本就失去行動自由。要脫困，一定要想辦法利用那個唯一透光的小窗戶，跟外面取得聯繫，跟「九五」建立契約式、聯盟式的關係，永遠不放棄心中的光明，永遠不屈服，直到最後解脫。

表現在「六四」的「樽酒，簋貳，用缶」的那種心靈強大的力量，甘於「缶」的質樸粗陋簡約，不挑剔，什麼環境都能存活，能夠包羞忍辱，即使吃得差，喝得也差，還能把它想得無限甘美。人如果能夠這樣，誰能奈何得了你？什麼環境都能夠遷就，還可以自得其樂，懂得利用唯一的通道，建立跟外界聯繫的管道，「離」的作用就發揮了。這就不像坎卦其他的爻或者見死不救或者永世沉淪，像「六三」、「上六」，一個比一個慘。「六三」還有喘息的空間，也是練習將就，但是不樂觀，「終无功也」。「上六」連喘息的空間都沒有，無間地獄的痛苦如影隨形。

對「九五」來講，它是坎中的主流，可以興風作浪，但它就能離開嗎？不能，也要運用跟「六四」的關係，累積合作的能量才可以突破坎險，真正進入離卦。從河川的形象看起來，「九五」就如同主流，這麼一個洶湧的河道，裡面有很多水，那是它的資源。然後所有自然的河川，絕對不會光溜溜，裡面絕對有「坎窞」，坑中有坑，險中還有險，就算快入大海的一馬平川，還有漩渦，一旦進去了就永世不能翻身，越陷越深。自然的河川坎中有坎，還有與坎相反的突起來的東西，就是水中的明礁、暗礁，即水中的高地，就是「坻」。水中的高地跟水中的「坎窞」，剛好又是兩個象，「坎窞」自然是坎卦，水中的高地則有艮卦的象，坎卦三爻、四爻、五爻就是一個艮卦。「九五」就是山頂的位置，剛好又是坎卦的上卦，坎的中間最深的位置。所以最好的對待關係就是，水平面不要太滿，適度凸顯出「坻」，讓它冒出頭來，這是最安全的。也就是絕對不要否認，湮滅事情的真相是更可怕的風險，風險是存在的，可是一般人不知道，因為你君位的實力，水漫金山，把它蓋過去了，讓別人認為這是平的。這就是隻手遮天，掩蔽一切真相，抹殺你不承認的存在。

但是能永遠維持這個高度嗎？等到稍微一不注意，水落石出，真相出來，那就麻煩了。這就是坎卦「九五」的責任重大之所在，要維持動盪中的平衡，絕對不要盈，絕不可以財大氣粗，絕不可以掩蓋真相；要保持誠信，開誠佈公，最後才會「行有尚，往有功」。「六四」伸出友誼的手，希望跟「九五」在患難中互相幫助，「九五」也坦然相幫，面對組織內的反對勢力或者是山頭，也可以包容。所以在坎卦中，任何一個爻都不要想著脫離這個「坎」，要採取合作又維持自己獨立自主的作法，這就是一個很豐富的河川生態，而且就可以脫離坎險。「九五」可能是執政黨，「六四」可能是反對黨，甚至可能是政治犯，像文王不就是「樽酒，簋貳，用缶」嗎？但是他跟執政黨溝通的管道就是那個小窗戶，然後才能「終无咎」。

所以我們說坎卦第五爻一定要有寬闊的胸襟，要了解生態中什麼都有，要建立一個正確的人生宇宙觀。個體的獨立自主性要受到尊重跟保障，並且不影響群體的和諧。就像「乾道變化，各正性命」一樣，要讓全世界都接受美國文化，都相信基督教，那是不可能的。乾道本來就是變化的，這是很自然的現象。河川也是這樣，有坑坑洞洞，有凸起來的東西，沒有什麼好奇怪的，為什麼要人為抹掉那些東西，去遮蓋它？那是無知、傲慢，自己也永遠在那裡面輪迴。「各正性命」有什麼不可以呢？它並不影響群體的和諧，就像百川匯海。《中庸》裡面講「小德川流，大德敦化，道並行而不悖」，你有你的道，我有我的道，為什麼不可以呢？「萬物並育而不相害」，為什麼要相害呢？

這是我結合離卦對坎卦做的一些補充，我們現在把離卦展開，進入離卦的本文。

離卦卦辭

離。利貞，亨。畜牝牛，吉。

離卦卦辭總共只有七個字，比坎卦少一個字，也算夠簡潔的了。《易經》的經文用詞之所以精簡，大抵是因為人生經驗累積通透到一定程度之後，那些貌不驚人的用詞變得高度精確而深切有味。這就是經典的歷久彌新之處。古今中外的經典之所以能夠歷經幾千年，絕對不是沒有道理。像我們現代有些電影，甚至拿到了奧斯卡獎，有時連一天的壽命都沒有，弄得這麼華麗，看完之後覺得好熱鬧，第二天呢，什麼都想不起來了。所以一個東西能夠幾千年還發揮它的力量，你就不要小看。

「利貞，亨。畜牝牛，吉。」真可謂惜字如金，離卦卦辭一開始就是「利貞，亨」，跟我們一般熟悉的「亨，利貞」不同，「利貞」在前，「亨」在後。像蒙卦就是先「亨」，最後「利貞」。我在蒙卦中也解釋過，《易經》中尤其是下經，開始談人情的卦都是「亨，利貞」，都沒有「元」，因為人的感情會蒙蔽理智，讓你生命的本元不彰顯，進而影響你核心的創造力，所以就需要啟蒙。啟蒙就是復「元」，因為生命是不可能真正沒有「元」的，但是它可能會被蒙蔽，無法發揮作用，就很難有大的突破。「元亨利貞」就像春夏秋冬一樣，有了「元」的核心創造力，自然就能衝破一切障礙，創造亨通，然後就獲利，再來還要固守，之後再貞下啟元，這是一個自然的順序，也是一個自然的態勢，都是由「元」帶動的。

像蒙卦欠「元」，就可以通過啟蒙，把蒙蔽的部分拿掉，可是離卦不行。依據卦辭，離卦只有三個德，也是缺「元」，但是它的表現不是「亨利貞」，而是「利貞，亨」，不能隨便調動位置的，先要「利貞」，才會有亨通的結果。「利貞」是但書，人類文明的發展，所有組織網絡、人際網絡「離」的發展，要創造光輝的前程，就要走正路，要堅持適合的道路，然後還有固守到底的大原則，從「貞」之固守正道之中才會呈現出利益，撒出去的網才會有魚有蝦的累積，到一定程度就會發揚光大，然後就亨通。可見，離卦想要亨通，所有的網絡希望暢通無阻，貨暢其流，很重要的就是「利貞」，在佈建網絡的開創階段，一定要走正路，而且要經過一段時間的堅持，慢慢才會有利，如果不「貞」，就缺乏堅實的正道基礎；只有「貞」，才會產生利。

我們從復卦、无妄卦開始就一直都在強調永遠不要偏離中心線太遠，要是偏離了，就要校正，「失之毫釐，差之千里」，如果一直不校正，就不知道偏到哪裡去了。像復卦就從「不遠復」到最後「迷復凶」，可見「貞」的重要性。直到離卦，我們還在強調走正路，允許人有一些小的偏失，但是必須隨時改過、調整，不能剛愎自用，一錯到底。錯到底就是災難，甚至會殃及無辜，讓一大堆人都跟著倒楣。我們看，大畜卦不也是一劈頭就「利貞」嗎？到了離卦還是「利貞」。這就告訴我們，一定要從長時間、遠距離看問題，需要堅持固守的正道，「人間正道是滄桑」，「貞」不是一般的小原則，是大原則，所以「離」既然要永續、要繼往開來，發出亨通的功能，首先要做到的就是「利貞」，「利於貞」，「貞」就會自然產生效益，然後創造亨通。這跟我們一般的「元」帶動的「亨利貞」情形不一樣，因為發展到離卦的時候，最主要的是強調永續，文明也好，傳承也好，要保留並發揚光大，已經是發展到一段時間的東西，在這個大的人類文明的網絡中，我們個人或者組織要開創的東西，諸如要建人脈，要「利建侯」，希望越來越光明輝煌，生生不息，創造亨通，就要永遠記得「貞」，像〈繫辭下傳〉第一章所講的那樣，一劈頭就強調貞德：「天下之動，貞夫一者也。」

我們如果要佈建一個東西，希望它有永續性，那個網一旦搭建，就要有彈性，它才不會破掉。就像我們交朋友，展開很多人際的建構，也跟「利貞」大有關係，然後才可以創造亨通。離卦充滿了溫暖、溫情，所有人情的卦再怎麼高，但是都沒有「元」，因為離卦強調的不是根源開始的階段，是強調要延續「薪盡火傳」的階段，木柴快燒完了，那就再添一根木柴繼續燒，那個火種就永遠在。歷史上確實也有一些古代的文明沒有辦法傳承下來，因為沒有添薪柴，下面就斷掉了。

關於「永續」，即持續不斷經營下去，正如〈繫辭上傳〉第五章所說：「一陰一陽之謂道，繼之者善也，成之者性也。」其關鍵在於「繼」字。怎麼繼？它需要載體，像精神很重要、心靈很重要，如果缺乏肉身，沒有地方附著，就不能夠發光、發亮，因為它無形無相。就像靈魂附身一樣，沒有軀體，靈魂就飄蕩無著落。像一個國家的強大，除了軟實力之外，一定要有硬實力，譬如富國強兵就是基礎。美國文化之所以會影響世界這麼深，大部分由於國家的強大，文明的軟實力就可以附著在強大的硬實力上，發揮它的影響力。我們再一次提到附麗、附著的意思，就是「繼」的作用。既然強調「後繼」，就要後繼有人，繼續傳下去。

在震卦中也提到了「繼」字，「震」是嫡長子繼承、延續權力的象。「離」是文明的傳、法脈的傳，「震」則一般是血脈的傳，「帝出乎震，萬物出乎震」，本身就有硬實力的象徵，具有強大的體魄，而「離」是智慧光明的象徵，兩個都有「繼」的道理。一個是精神層面的文明，一個是繼承體魄、權力。這兩個「繼」都很重要，如果懂得了「離」是中女，「震」是長男，都有繼的意思，只是所繼不同，「震」可能是繼承生命，「離」可能跟你沒有任何血緣關係，就像禪宗五祖傳衣缽給六祖惠能，他們之間甚至沒有講過幾句話，薪火相傳就不講究這些，那也是一種「繼」。

如果把這兩個「繼」合在一起會產生什麼卦？雷火豐（䷶）。上卦是震，要繼豐功偉業，一個如日中天的王國，它能夠富國強兵，有硬實力，而且它可以「繼」；下卦是離，就更重要了，它是文化底蘊，下卦離連續「繼」的力量就可以支撐外面強大的震「繼」下去。所以精神、體魄如果軟硬合一，就成為豐卦的年富力強，整個就是強大壯盛的狀態。豐卦是天地之數第五十五卦，到了一個極高的點，發展旺盛，身心平衡，軟硬兼備。

就離卦本身來講，要去佈建一個網絡，我們走正路，然後「利貞，亨」，網絡發展穩定了，穩定之後不能說萬古長青，還需要經常維修；如果年久失修，或者缺乏關愛，它也會鬆弛變形。像朋友久不來往，可能就會沒有「離」的感覺，徒具形式，再遭遇一些狀況，它可能就沒有了，所以要經常保持接觸，互相看一看。這就是「畜牝牛，吉」，要像牧牛一樣有耐心。

「牝牛」跟坤卦的「牝馬」哪裡不同呢？離卦是第二個女兒，坤卦是媽媽，強調包容、順勢用柔，「利牝馬之貞」講的就是牝馬跟公馬的配合無間，不搶頭、不爭鋒是它最智慧的選擇。如果跟乾卦不配合，不甘居配角，馬上就是「龍戰于野，其血玄黃」。離卦也是，我們好不容易「利貞」，建立了人人稱羨的網絡，你不能認為建設完了就萬事大吉，還要維修、保養、調護，最親密的家庭關係、夫妻關係，都要懂得「畜牝牛，吉」，要用坤卦包容、順勢用柔的姿態。這下真的回到了坤卦牛的本色，牛能夠刻苦耐勞、忍辱負重，古代戰爭時期牛車就不是在前面衝鋒，而是在後頭配合支援前線的。坤為牛，離卦就繼承了母親的中道，不但是牛，還是母牛，坤卦的柔順之德，在離卦中完全秉承了，得到特別的彰顯和持平的發展。在「利貞亨」的前提下，時常去珍惜、愛護，就像母牛一樣柔順、包容，這就是「畜牝牛，吉」。

離卦〈大象傳〉

〈大象〉曰：明兩作，離。大人以繼明照于四方。

離卦的〈大象傳〉是很有名的。「明兩作，離」，「作」是要有行動，要有很積極的作為，不是逃避，而是積極有效地創造文明光輝事業，使它越來越輝煌燦爛，可以永續經營。強調「兩作」，意思有二：第一，要積極奮發，讓光明產生出來；第二，不能只有一次，所以至少要

「兩」。「兩」就有配合的意思了，兩次或兩代，不是做完一次之後下面沒有了，有創業的，就要後繼有人，有守成者，一定要繼往開來，傳衣缽、傳香火，找接班人，而且不要找固定的接班人，要到處開花傳下去。這就叫「兩作」。有一必有二，一生二，二生三，這也和離卦內卦、外卦都是「離」有關係，有連續的光明。至於不談火，也不談太陽，而講「明」，是因為火和太陽都是能夠產生光明的。

「大人以繼明照于四方」，這句話說明《易經》的〈大象傳〉普遍從自然的現象觀察內外上下的卦互動的關係，悟出自然法則，運用到人事的修德上。事業的開創、文明的創造叫「繼明」，然後「照于四方」，光照四方，東南西北全部在內。「四方」就是天下的概念，光明一旦是連續的普照，就像燈塔一樣，可以照徹四方，溫暖的光可以照亮還在坎卦中受苦的地獄眾生。那個陰冷的地方，因為有了光明，就有了期盼；雖然離光很遠，但是因為有期待，所以在裡面的人依然可以活下來。坎卦中的「九五」就是因為這樣，離卦的光明值得嚮往、值得開創，所以跟「六四」合作，先從坎中解脫，下面才有「離」出來，「九五」跟「六四」的關係就顯現「大人」以佛光普照文明之光輝，而且一代一代相傳，「繼之者善也，成之者性也」。

「繼明照于四方」，沒有偏頗，統統都在文明的光輝、事業的光輝照耀下，終而復始，生生不息，這樣的行為主體不是一般的君子，甚至不是聖人、賢人就能辨得到的，而是《易經》中德位最高的「大人」才可以辨得到。誠如乾卦〈文言傳〉所說：「大人者，與天地合其德，與日月合其明，與四時合其序，與鬼神合其吉凶。先天而天弗違，後天而奉天時，天且弗違，而況於人乎？況於鬼神乎？」可見規格之高，六十四卦的〈大象傳〉，只有離卦是用「大人」，用的是最高規格，比「先王」還高，「先王」是一時的主宰，創業垂統只是小範圍，但是他不見得能夠照亮整個世界。「離」是世界性的，是站在人類文明整體的立場上，整個乾卦的天道，就在離卦這個整體開創的文明中彰顯開來。乾卦〈彖傳〉中講的「大明終始，六位時成」，離卦就實踐了「大明終始」的承諾、創世記的預言，而且是永續的。

「大明終始，六位時成」的前面就是坎卦的象，即「雲行雨施，品物流形」，「雲雨」就是坎卦，一定是先出現坎卦，再出現離卦；換句話說，要產生離卦，得過坎卦這一關，就像唐三藏要取得真經，真經就是離卦，可以繼明照四方，他就得歷經九九八十一難，什麼妖魔鬼怪都得遭遇，包括自己個性中的弱點，如心中的「豬八戒」。如果沒有「習坎」，他就很難取得離卦的真經。所以乾卦中也就告訴了我們，按照《易經》自然而然的卦序，一定是先坎後離，就是「習坎—繼明」，不「習坎」是沒有辦法「繼明」的。不但六畫卦是如此，三畫卦也是如此，先出來的一定是坎卦的象，像水雷屯、山水蒙、水天需、天水訟、地水師、水地比，什麼時候脫離得了坎？坎也是生命的來源，中間配合坎的震、艮、巽、兌出場完畢了，再經過天旋地轉的地天泰、天地否，才出現天火同人、火天大有，離卦此時才出來。可見，離卦不是這麼容易出來的，前面一直是伴隨著坎險，只有克服了艱險才會創造光明，按照正常的卦序就是如此。可見，離是飽經錘鍊，在憂患之中激盪出來的智慧，所以值得傳之永遠。「大人」創建了人類的文明，要有普世性，那麼「大人」也可以不是一個人，而是代表人類整體的成就，整個人類文明共同的績效，才夠資格稱「大人」，創造文明，進而影響在地球上生活的每一個人。像中國的儒、釋、道就有持續的能力，而且有照四方的能力，絕對不會拘泥於一個地方。這就叫「大人」，因為他藉著離卦彰顯了乾卦的天道、自然的法則，放諸四海而皆準。

離卦跟乾卦的關係就「大人以繼明照于四方」來講，是「體」跟「用」的關係。由天道到人類文明的開創，人類文明的開創基本上沒有背離天道。從一家的基因遺傳來講，離卦是二女兒，她既有母親柔順的特性，也絕對繼承了父親的智慧，就像坎卦是中男一樣，坎、離都是表現最合乎中道的，一個剛中，一個柔中。

這就是〈大象傳〉。「大人」幾乎是集天地人鬼神於一身，有大的創造突破性，不受罣礙，不拘泥陳規，到最後天也拿它沒有辦法。所以《易經》中很明顯地凸顯人的天地之心的重要性，從復卦到離卦，皆注重以人為中心，而且冀望非常深，希望所開創的文明既彰顯乾，又不止於自然的天道，而且可以永續照四方。

離卦〈彖傳〉

〈彖〉曰：離，麗也。日月麗乎天，百穀草木麗乎土。重明以麗乎正，乃化成天下。柔麗乎中正，故亨，是以畜牝牛吉也。

讓我們看一下〈彖傳〉。「離，麗也」，還是強調「麗」，因為沒有別的字可以替代，然後把「麗」當成動詞了。「日月麗乎天，百穀草木麗乎土，重明以麗乎正，乃化成天下」，離卦的「化成天下」和賁卦的「化成天下」境界頗為相似。人文到最後真正的成就不能停在精英高層，一定要普及到普羅大眾，那才叫真正的成就，不然就沒有基礎。有些人可以沒有知識，可以是文盲，但是他可以有文化。文化的薰陶深植到他的血液土壤，這是一個普及化的過程，觀卦就是要做這個動作，所以「省方觀民設教」，要貼合到最基層的人都能受到影響教化，我們以後學到的中孚卦（䷼），則完全是一個信仰的世界。它就告訴我們，一定要到最基層的坎卦，讓他們都渡到彼岸，這才是真正的信仰，絕對不可以飄在高層，這一點非常重要。不僅要深入淺出，而且要把它化掉，文化是每個人的事情。所以賁卦從天文很自然就到人文，而人文是文明還加上「止」，到最後就是「觀乎天文以察時變，觀乎人文以化成天下」，人文教化就能夠化成在全天下，那要怎麼做呢？「重明以麗乎正」。前面的光明後面還能夠再造輝煌，即連續的光明；原來的已經讓人歎為觀止了，可是焉知來者之不如今，後面又起一個高峰，吸收前人的精華，甚至與時俱進又創造了更高的文明，這就是「重明」。這就不容易了，火種借來了，然後依照新的時代條件，又創造了新的輝煌。「以麗乎正」是強調「利貞」，「止於一」叫「正」，所有的光輝、所有的亮麗、所有的輝煌，都是依循正道才創造了這樣的文明，如果你偏離文明的主軸、正道，矯揉造作，絕對不可能有此成就。「乃化成天下」，「乃」字有艱難轉折之象，才能夠有這麼持續千年萬載的影響，放諸四海而皆準的成就普及天下。

在下經的第二卦恒卦，還在關注這個問題，也是在〈彖傳〉中出現，但是不完全一樣，恒卦講「天下化成」，就變成了永恆的真理。「化成天下」是指辛苦的過程，從天文到人文，從文明到文化，然後最後拚命努力「重明」，這一代明還不夠，還得下一代明，光輝的傳統能夠傳承下去，而且永遠「麗乎正」，不會偏離，最後化成天下。到了恒卦，則真正成為長久的永恆的東西，即「天下化成」，這正是先有「化成天下」的努力，累積到最後「天下化成」，就成為了「恒」，永遠不會動搖，永遠可作為指引去教化整個天下。

賁卦和離卦的「化成天下」，跟恒卦的「天下化成」的差別，用一個更淺顯的比喻，就是《大學》中的格物、致知、誠意、正心、修身、齊家、治國、平天下，「平」是動詞，天下不平，我們才要去平，「坎不盈，坻既平」，也是要在高度動盪的不平中，要求其平，才能夠無咎。所以在坎卦的君位，我們責成他把不平的東西平起來。就像「平天下」，那是過程，是努力的任務目標，所以《大學》到最後就是「天下平」：「家齊而後國治，國治而後天下平。」這就是「天下化成」的結果。最後的結果是建構在前面的基礎上，「化成天下」就是「平天下」，「天下化成」就是天下太平，大致如此。

日月麗乎天，百穀草木麗乎土

「重明以麗乎正」，說明人在文化傳承上的努力是受自然現象啟示的，因為「日月麗乎天」，「麗」是附麗、附著，然後發出很美麗燦爛的光芒，像月亮借光於太陽，所以月亮的麗是從日的麗來的，即善於吸取人家的東西，然後自己能夠發光。太陽的光也有一個能量的來源，就是天，就是開天闢地的時候就給了它這樣的能量，讓它燃燒幾十億年。「日月麗乎天」這種開天闢地的能量，就支撐創造了太陽系，太陽光的能源從天取得，生生不息，取之不盡，用之不竭。雖然日月掛在天上，發出光芒，但還不是終究的能量來源，後面還有天，得天就獨厚，所以你想真的發光，本身不能夠創造太多光，就要學月亮，找一個太陽，展開良好的互動。太陽光從哪裡來？要合乎天道，掌握宇宙造化的奧秘，正如「大哉乾元，萬物資始」，太陽才一直發光，還可以讓月亮借光，可見任何東西後面一定有更深厚的底蘊來源。就像「日月」要「麗乎天」一樣，如果不「麗乎天」，偏離天道，標新立異，要另外搞一套，沒有後面深邃的內涵，核心的創造力生生不息的力量就無從得來。坎卦「九五」在風濤險惡的世界中，為什麼能夠扮演他的角色，反而都「坻既平」、太平無事呢？因為「不盈」，坎中有頤卦的象，二、三、四、五爻構成的是頤卦，坎卦「九五」就是頤卦的「上九」，就是那個背書一切的靠山，有無限支持能量的東西，這就如同日月是我們看得見的發光體，為什麼能夠發光？因為後面有天在支撐，所以作為日月，永遠懂得自己生命的來源，懂得「麗乎天」，不逆天而行，光輝就永遠在。

檢討完乾天，再檢討坤土。大地蘊養萬物的象，生根入土，「百穀草木」都是「麗乎土」，在土中扎根。百穀草木一定要從大地中生根生長，吸收大地的營養，它才能長得好，才能夠給人和動物提供食物，才能夠調節氣候。所以伏羲「仰則觀象於天」，他就悟出了「日月麗乎天」的智慧；「俯則觀法於地」，悟出了「百穀草木麗乎土」，這樣一個生機洋溢的世界是絕對不能脫離土的。也就是說，萬事萬物都不能離開天地乾坤的來源，不可以偏離，偏離了就不會「麗」，不偏「離」，依循天地乾坤之道而行，就永遠發揮光明，永遠生機不熄。百穀草木、日月是這麼來的，然後「重明以麗乎正」，發展出「化成天下」這種文明、文化的光輝燦爛，締造建立永續傳承的文明。

柔麗乎中正

下面就必須要講到爻了，〈彖傳〉所談的爻一般比較重要，像坎卦〈彖傳〉講的「水流而不盈，行險而不失其信」，就是在強調坎卦的「九五」是「重險也」。離卦講「重明」之後，也得把最重要的主爻「六二」講出來。這一點跟坤卦一樣，坤卦的「六二」是正位，「直方大，不習无不利」，自然的美德不受習氣污染。坎卦的主爻是「九五」「坎不盈」。離卦的正位是「六二」，特別表現出離卦光輝燦爛的高峰成就。

「柔麗乎中正」就是講「六二」，因為「六五」是陰居陽位，中而不正。離卦的「六二」跟坤卦的「六二」都是既中且正，而且也合乎坤卦的本意。一個卦中，「九五」配「六二」，中正相應與，一直是《易經》強調的最佳搭配。離卦「六二」屬陰柔之爻，完全有柔順之德，在既中且正的位置，始終按照中正之道而行，所以不斷產生亮麗的成就。「六二」從爻辭也知道成就非凡，爻變是大有卦（䷍）：「火在天上，大有。君子以遏惡揚善，順天休命。」「柔麗乎中正」便點出了「六二」的爻辭「黃離元吉」，「黃」屬中道，其〈小象傳〉就明確講「得中道也」，說明這個爻在離卦中的重要性，正是如日中天，幾乎沒有任何瑕疵，充滿了核心的創造力。

前面「重明以麗乎正，乃化成天下」是解釋「利貞，亨」，後面「柔麗乎中正，故亨」特別點出「六二」的這種效應，創造這種高峰。〈彖傳〉接下來是解釋卦辭的後半段：「是以畜牝牛吉也」，講的就是「黃離」、「黃裳」、「牝牛」、「牝馬」之類，讓它永遠生機飽滿，維持離卦這一網絡生機的活力。這正是「六二」這個爻高度重視「柔麗乎中正，故亨」，持續保持，才創造高峰的成就，也就是「是以畜牝牛吉也」。

共工與祝融之水火大戰

人往上進追求光明，稍有不慎就會失足，拚命往下掉，甚至萬劫不復，就像「入于坎窞」一樣，「一失足成千古恨，再回頭已百年身」，所以人生可以說是往上的「離」跟往下的「坎」之間的競爭，即水火之爭決定你最後的歸宿、成就，永遠都有天人交戰伴隨著你的一生。

在中國神話中，水神跟火神之間的大戰大家都耳熟能詳。水神共工和火神祝融，誰最後贏了？祝融贏了，離卦戰勝了，這也從側面解釋了「習坎」之後為「繼明」的原因。通常我們認為水會滅火，火怎麼能贏呢？如果你有此成見，就很難懂得既濟、未濟二卦了。要知道「五行無常勝」，有很多因素是要考量的，如我們常說杯水就滅不了車薪，也就是水不一定就能滅火，火甚至有可能把水蒸乾。

象徵坎水之卦的共工跟象徵離火之卦的祝融，因為水火不容而產生爭鬥，一個要往上，一個要往下，最後還是往上的取得了最後的勝利。開始時共工認為一定可以搞定祝融，最後卻輸了，輸了不打緊，還很沒有風度的一頭去撞不周山。這些神話其實都有含義在內的，如果水神勝利了，人間不就變成了「坎」統治的世界？最後「離」的勝利，其實正是人們所希望的。

以前我的老師就寫過一首四言詩，其含義頗似坎、離。他說：「人生在世，升沉孰意？」「升」就是離卦往上升，「沉」是坎卦往下沉淪，「孰意」就是誰意料得到呢？像離卦突然來一個大浩劫，在升的時候突然沉下去、毀滅掉，在坎卦的時候卻因為有一些因緣，結果解脫了。下下上上，誰也無法事先料到，只能好好地努力。他接著又說：「前途如何，在乎自立。」這又回到了乾卦的自強不息，也就是自己要為自己的最後負責，只是在這個過程中，你會不斷地面臨升沉上下，即離跟坎，就像水神共工跟火神祝融之間的鬥爭永無止息一般。再用一句宗教的話來講，坎卦和離卦其實就是「業力」跟「道力」的抗爭。「道力」是離卦，「業力」是坎卦，如果「道力」超過

「業力」，就會爬得高一點，能發出光來；如果「業力」超過了「道力」，你就得下沉，入地獄遭罪。

離卦六爻綜述

我們來看離卦的六個爻。就整體來講，離卦不像坎卦那麼費解、艱澀。坎卦的初、二、三爻比較好懂，而上卦三個爻最難，意義無窮，光是解釋正確、文字搞清楚、了解自然取象的根源就很不容易。很多功力不到位的，不解釋還好，東一句西一句解釋《易經》，好像《易經》的創作者是瘋子，什麼關聯也講不出來。這些人就是圖虛名而已，把《易經》註解一遍，不懂的地方就講一個笑話，打個馬虎眼就糊弄過去了。註解《易經》所謂的名家著作不知道有多少，而真正經得起嚴格考驗的沒有多少，像蘇東坡的文才我們是永遠趕不上，不過蘇東坡寫的《易經》註解我們可能還趕得上，因為他純粹就是馳騁文采，而不是解釋清楚，為什麼他要做他不專長的事情？大概是因為以前的讀書人總覺得如果光有文章名世，而事功上不能治國、平天下，那麼至少在經典上要有著述傳世。他確實也傳世了，可是在註解經典上的分量實在是不足。俗話說，行家一出手就知有沒有。所以《東坡易傳》好像鼎鼎有名，只是讀完之後頗感失望。文章是好文章，就是不知道他在講什麼。其實他的文學才幹完全可以領諾貝爾文學獎了，不必往聖人堆裡擠，思想家是思想家，文學家是文學家，不是一回事。

這是就解釋《易經》說一點題外話，我們且回到離卦中來。和坎卦一樣，離卦也是上卦一個大毀滅，過去的文明基礎、光輝事業毀於一旦，接著就是面臨如何重建的問題。我們隨時隨地都可能碰到第四爻的大毀滅，所有的東西可能一下都沒有了。像二〇一二的預言甚囂塵上，大家都懲不住了，又是想像不到的金融風暴大爆發，搞得人心惶惶，那我們當下日子要怎麼過，不要到現在好像還惶惶不可終日。因此我們要嚴肅地面對離卦，不管下卦創造了什麼，像第二爻高峰的成就，也可能毀於一旦，在第四爻全部報銷。到底為什麼會這樣，還有沒有機會重建？這就是離卦要說的和要做的。

我們的人生當然不會大到文明的創造、維護、延續、毀滅、重建的程度，我們只須知曉自己一生的生涯規劃，追求光明上進，面對離卦的每一個爻，都要想到可能會遭遇，只是規模大小而已。離卦上卦尤其艱難，幾乎沒有剩下任何東西，面對廢墟，怎麼重建？況且上卦是「明」的「兩作」，那才叫難。既然「兩作」，前面一定有第一次創建「離」這樣的光輝事業，那就是下卦的三個爻，「誠於中形於外」，裡面有這種開創、追求光明的動力，才會「發而形諸外」，變成外卦，甚至全卦通體透亮的離卦。

離卦初爻、二爻、三爻，是從開始到極盛期，第二爻是全盛期，第三爻就開始走向衰微，日出、日中、日落就是這三個爻爻辭明顯的取象。初爻是日出，日出東方，惟我不敗，人生第一爻，先要求立於不敗之地。到第二爻時，如果初爻的基礎雄厚，該做的都做了，結果就非常可能在「初九」日出的基礎上，日正當中，然後光照天下，充滿了創造力，人生事業的第一波高峰來臨，毀滅的古文明發展到巔峰造極的時候，就是第二爻。初爻基礎打得好，第一步沒有錯，第二步就如日中天。第三爻就是夕陽西斜了，衰態畢露，正如文明也會有生老病死、成住壞空，由初爻的開始往上出現光明，到第二爻光明大盛，第三爻就開始衰退，創造力也日下，老態龍鍾了。

第三爻有衰老的象，第四爻當然就有突然滅亡的象。四爻恐怖性的滅亡，就是因為三爻已經出現衰老的徵兆，一天不如一天。我們有時候觀察一些老年人也是如此，要是有一段時間不見，再見他時會發現完全沒有一點生氣。走過第二爻的高峰之後，就開始往下掉，活得還很難受，身心都不愉快，他的不愉快還會感染到身邊的人也不愉快，這就是第三爻，生命力發光的力量快速下滑。此時如果不能夠調整，不能善處三爻這種衰萎之老境，很快就會遇到第四爻突如其來的災難。

但是《易經》的離卦絕對不可能那麼短視，在第四爻就會結束，而且它也不是上經最後一爻，如果是這一爻，《易經》的智慧就不怎麼高明了，後面不管是下一代，還是痛定思痛之後重建，絕對會有五爻、上爻，到最後上爻回天，由離卦的「繼明照于四方」，到了「大人」的境界，如此終而復始，生生不息。如果《易經》預測得對，人類永不會滅亡，至少我們預測未來的一千年不會錯，因為一千年以後是泰卦，整體的人類文明還會繼續下去，只是中間的考驗不可小覷，就是四、五、上三個爻。

離卦六爻詳述

初爻：走好第一步

初九。履錯然，敬之，无咎。

〈小象〉曰：履錯之敬，以辟咎也。

我們先看初爻，文明的初建階段。爻辭曰：「履錯然，敬之，无咎。」〈小象傳〉說：「履錯之敬，以辟咎也。」「辟」就是躲避，為什麼无咎呢？因為懂得躲開可能的過錯，沒有咎。在人生邁出第一步的時候，一定要審慎，千萬不要邁出錯誤的第一步，這個爻的意思就是如此。離卦的第一爻正值人生青春正盛、朝氣蓬勃，要從零開始建立事業，「履錯然」這個意象很有意思，離卦是腳踏實地一代一代艱難締造的，尤其剛開始打基礎的時候，要履險如夷，以復卦的天地之心為核心去創造，那是有風險的；可是能夠心平氣和、化險為夷，就能走出一條康莊大道。所以離卦如果是象徵人生的光明事業，我們前面講的文明的締造，就是因為有很多人「履」，腳踏實地，開創文明，創造發明，像「制器尚象」，文明的演進需要實幹派，這些人掌握了復卦天地之心創造力的奧秘，而且付諸實踐。所以「離」是腳踏實地建立的，不是產生於空理論，是產生於認真的履行實踐，第一個字就是「履」。坤卦的第一爻第一個字也是履，「履霜堅冰至」，坤卦這個媽媽、離卦這個二女兒，在這裡又重合了，都奉行於大地的平台上深扎根，然後自由自在發展坤的概念。坤卦第一爻告訴我們，一腳踏下去透心涼，馬上要有危機意識，要提早防範，除霜比化冰容易多了。剛開始不要錯，好的開始是成功的一半，壞的開始就是毀滅的一半，人生不要邁出錯誤的第一步。第一步要審慎，在沒看清楚形勢之前，不要急於動手，坤卦的第一爻「履霜堅冰至」就是如此。

離卦的第一爻「履錯然」，整個卦的精神一切從「履」開始，「錯然」很形象地說明前面有很多道路可以選擇，但是到底要走哪條路，前面錯綜複雜，一不小心就會走錯。如果走對了，才會有第二爻的「黃離，元吉」，光輝燦爛發展到頂峰。如果選錯了路，就會遭致毀滅。有時即使可能選擇了一條較好的道路，但不是最好的選擇，還是不能達到第二爻巔峰的程度。你看，選擇這條道路有多難，尤其在沒有經驗的情況下，要研判前途以知己知彼、知天知地時，如何邁出那一步，就像離卦的網絡一樣，真的是「錯然」，前途茫茫，很難下決定。

「履錯然」使人眼花撩亂，在這種情況下，不要貿然行事，不要急著邁那一步，盡量搜集、了解資訊，請教高人，然後還要透徹了解自己，免得隨波逐流、人云亦云。在剛開始的時候要審慎一點，探觸真相為第一要務。事業不只是一條路，選對了，條條大路都通羅馬；前提是有條條大路，要看清楚哪一條路子適合你，有時適合別人的不見得適合你，盡量想清楚，再邁出第一步。

在開始的時候，不要急，不怕慢，因為可能沒有重來的機會，再不然就是徒耗半輩子的光陰，還得從頭來。所以要「敬之」，才會「无咎」，也就是要敬慎才能立於不敗之地，這也是整部《易經》總是不斷在強調敬慎不敗的原因。要「敬之」，把它當回事，正如〈小象傳〉說的：「履錯之敬，以辟咎也。」為什麼這麼審慎？就是為了避免後悔犯錯。這是我們人生里程中重要的第一步，否則就是「初九」爻變成旅卦（䷷），以後面臨的就是漂泊不定。我們常常在問一個問題：人生該如何定位？即要在人群社會、文明的網絡中找到的定位有所附著、附麗才會產生光芒，一個人不可能遺世而獨立。不要像旅人一樣飄飄蕩蕩，不知道往何處去。所以我們一定要找到自己的定位，要腳踏實地。有些人就覺得這樣的人生太辛苦、太複雜，其實人生就是錯綜複雜，「升沉孰意」，在雜亂無序的情況下保持有條理、審慎的態度，不要出大錯。要知道，忙中會出錯，六神無主也會出錯。這就是離卦第一爻所要警告我們的。

二爻：成就輝煌

六二。黃離，元吉。

〈小象〉曰：黃離元吉，得中道也。

第一爻做對了，當然就是第二爻的輝煌。當初設計的路線、開拓的網絡統統是正面的，全是量身打造，當然是樂在其中，創意無窮，結果就產生了「黃離，元吉」這樣的大光明。

「黃」作為中道的象徵，最具包容性，同時「黃離」也直接跟太陽光有關，最好的太陽光是呈黃色的，不熱不冷，所以才能養地球。如果大部分時間偏冷或者偏熱，就會引起大範圍的民不聊生，差一點都不行，只有安排得恰到好處，才有地球的生態。溫度如果酷寒或者酷暑，那就不可能「元吉」，不可能生生不息。另外，太陽離地球的距離也是恰到好處，如果太陽再近一點，地球就是一團火爐；如果再遠一點，地球早就結成了冰。如此看來，第二爻真可謂是天造地設，天時地利人和俱備，懂得利用在初爻時打好的基礎，二爻就創造了事業的高峰。

故〈小象傳〉說：「黃離元吉，得中道也。」因為合乎中道，充滿了核心的創造力，所以「元吉」。從爻變是大有卦（䷍）來看，「六二」的優勢還是不動搖，依然充滿著輝煌和燦爛。

三爻：安於平淡

九三。日昃之離。不鼓缶而歌，則大耋之嗟，凶。

〈小象〉曰：日昃之離，何可久也？

第二爻這麼好的一個爻，下面跟著開始衰退的第三爻。「九三」一向是很剛烈的，陽居陽位，是典型的拚命三郎，渴望勝利成功，企圖建功立業，但是三爻往往是時不我與，時運已過，精力也衰，就產生了人生的龍鍾老態，事業一過高峰期，就開始走下坡路。「九三」爻一變成了噬嗑卦（䷔），就是殘酷的叢林法則，各種的職場競爭、政治鬥爭、商場鬥爭此起彼伏，你爭我奪、弱肉強食的慘象都出來了。不過，「九三」由「離」之「噬嗑」，說明它還有爭雄的心，只是苦於實力有限，一天不如一天，一年不如一年，事績拚命下滑，難免滿心的恐慌和焦慮，想要復出而力不從心，只有眼看著由盛而衰。

這就是第三爻的難過之處，想跟人家爭而辦不到。就如曹操的〈龜雖壽〉一詩所說的「老驥伏櫪，志在千里」，已經是老馬了，在馬槽中還以為自己是千里馬，還志在千里。「烈士暮年」，一個英雄到了晚年了，「壯心不已」，還有雄心，可是沒有辦法，不服老不行。這種狀態就非常難過，雖老還是有雄心在，可是實在是力不從心，很難挽回頹勢。頹勢本來也是人生宇宙的自然趨勢，有些人就是不接受，因此人生就很苦；如果能夠調適，就可以安享老年了。沒有噬嗑的爭心，可以活得很舒坦，這個爻的用意就是如此。每個人都有這個爻的一天，拚命想跟人家爭勝負、展雄心，那不是很苦嗎？如果這一點都不能夠化解，不能夠安處老年，只想著「飛龍在天」，不願意「亢龍有悔」，有朝一日會加速你的滅亡，「突如其來如」的災難就是這麼來的。明智的人是老得漂亮、老得自在，這個爻卻是老得很痛苦。所以第三爻苦口婆心勸你不要這麼痛苦，爻變會有「噬嗑」的象，身心會高度不協調，尤其從第二爻的事業高峰掉下來。

有些人既能創造「黃離，元吉」的高峰，到了該隱退的時候，也活得很自在。我們都應該這樣，好不容易退下來了，何必重返職場去參與劇烈的噬嗑鬥爭？人生能夠處在離卦第二爻，也要能夠處在第三爻，爻辭的冀望大概就是如此。好，我們詳細了解一下具體的爻辭部分。

首先是「日昃之離」。指的是太陽已往西斜，這說明第三爻已經不是「黃離」——中午大大的黃太陽，已非日正當中，光線逐漸微弱。而且日一偏西，離所代表的諸如網絡、溫暖、光明等就下滑得更快。像社群組織一旦日落西山，就要識時務，適時調整，因為已經不是全盛的「黃離」期，而是「日昃之離」，不再青春年少、春秋鼎盛，已經老態畢現，是需要休息調整的時候了。人常常就是看不清形勢，心裡還以為自己是「黃離」，其實身體已經是「日昃之離」了。

接著看：「不鼓缶而歌，則大耋之嗟，凶。」凶來了，就是因為「不鼓缶而歌」，很多人「大耋之嗟」，在抱怨、牢騷中活著，天天惋歎，最後一定凶。「耋」是什麼意思？老之至也。如果照以前詳細分，七十至八十叫耋，但現在的人有時候六、七十還看著很年輕，以前的人六、七十大概已經行將就木了，所以「耋」不是老之將至，而是老之已至，已經進入老境了。已經退休的大老，沒有人再請他出山，卻還想出山，不服老，還要跟年輕人競爭。可是他無論怎麼想，環境不配合，只好天天在那裡歎氣，哀歎世道人心不再，很快就凶。

其實，為什麼不「鼓缶而歌」呢？這是一種多麼曠達、安於平淡的生活意境！敲著瓦罐輕鬆地唱歌，沒有案牘勞形，沒有人際的鬥爭，還可以含飴弄孫，不是很好嗎？人一般在很高興的時候才會唱歌，唱歌就是因為他不再擁有讓人煩惱的資源，擁有的就是平實的瓦罐子。這種樸質無文、甘於平淡的日常生活意象，在坎、離二卦都出現了，而且都是在人位。坎卦第四爻是「樽酒，簋貳，用缶」，「缶」就跟「樽酒、簋貳」的華麗完全是反差的對比，理想跟現實的對比，所以要將就現實，不要那麼多講究，尤其是不合時宜的講究。

沒有了豪華的酒樽、豪華的簋，什麼都沒有了，有的就是平民老百姓的缶，缶有什麼不好？質樸無文，可是裡面誠意無限，可以創造驚喜意外的吉，像比卦的「有孚比之，有孚盈缶」，從缶裡面出來的滿腔赤誠，「終來有它吉」。「缶」的平淡就可以產生很多美妙的人生意境，為什麼一定要爭奪其他華而不實的東西呢？安於平淡的人，只有缶他也會覺得很愉快，他可以用缶喝水，還可以敲缶唱歌，這就是他享受退休後的樸實無華的生活。這樣的人即使是「日昃之離」，也能甘於平凡。

就像有些可愛的老人，沒有「大耋之嗟」，在「日昃之離」的人生暮年，懂得「鼓缶而歌」的瀟灑、曠達、自在，安排自己平易的生活。如果天天唉聲歎氣，東也不滿意，西也不滿意，砸玻璃摔罐子，人生很快就會「報銷」。所以〈小象傳〉就提出警告：「日昃之離，何可久也。」這種狀況還能多久呢？很快就從老態變死態，就好比下面第四爻的「突如其來」的災禍，完全是自找的。

不過，離卦的「缶」跟坎卦第四爻的「用缶」還是有點不同。坎卦第四爻是不得已被關在那個地方，只有缶可以用，可是他要把它美化，要關起門自己做皇帝，永遠不屈服。這有點像精神的貴族，把缶想成「樽酒，簋貳」，化腐朽為神奇，認為自己還是很尊嚴地活著，這是無可奈何之下的將就，用心智的力量去樂觀地面對逆境，讓缶變成完全可接受的心裡改造的現實。可是離卦第三爻不是，它是一個動態的出擊，不是被迫用缶，而是覺得這個缶本身就很好，就是真實的生命，可以從平淡中產生趣味。這一種心態的人就老得很漂亮，如果不走這條路子，人生可就夠苦的了，恐怕也活不久。其實人生處處都有活路、都有生機，關鍵是要懂得創造心靈的平淡。

鼓缶而歌的意義

「鼓缶而歌」這種想得開、放得開的心態，人的心情永遠是開朗的，不管是在位時創造事業高峰，還是退休後甘於平淡，都有可能避開了突如其來的毀滅，不會到時老態龍鍾、疲態畢現。裝水的瓦罐子並不漂亮，但是懂得創造平淡生活中的趣味的人，隨便拿一根棍子敲打，聽那個聲音都會覺得很愉快，這種生活態度在中國傳統的道家中頗有發揮。

這就很容易讓我們想起莊子。在《莊子・至樂》中，莊子的太太死了，好朋友惠施去弔喪，結果他沒有想到，莊子根本就沒有悲傷，還很快樂地鼓盆而歌。惠施一看就很生氣，太太死了還這麼高興，於是責罵老友：「與人居，長子老身，死不哭亦足矣，又鼓盆而歌，不亦甚乎！」覺得莊子做得太過分了，共同生活了這麼久，竟然沒有悲傷的樣子。結果莊子反而說惠施才是想不開的：「不然。是其始死也，我獨何能無概然！察其始而本無生；非徒無生也，而本無形；非徒無形也，而本無氣。雜乎芒芴之間，變而有氣，氣變而有形，形變而有生，今又變而之死，是相與為春秋冬夏四時行也。」這有什麼好悲傷的，死本來就是自然的狀態，人總有死的一天，死了就是解脫，有什麼想不開的，活著的時候呱呱墜地，死的時候還要哭，那何必呢？所以生死哀樂都不入於心，真有意思。

「鼓缶而歌」這種面對人生逆境的態度，不戀棧，活在當下，這很重要。莊子明白了生命的道理，所以停止哭泣，為妻子的新生而高興。所以伉儷情深、相依相偎的感覺突然斷掉了，他卻不會哀痛欲絕，一般人辦不辦得到？很難。面對逆境，如果不能坦然面對，「則大耋之嗟」，後面突如其來的災禍就等著你，然後人生苦不堪言。如同噬嗑一般，有好多螞蟻在咬你的心。癌症也可能真的跟這個有關，我們確實也看到很多精神不開朗的、鬱結於胸的人，可以一件事擱在心裡幾十年的，到最後真的是被氣死、悶死的，這都是人生的琴弦繃得太緊惹的禍。

四爻：毀滅性的浩劫

九四。突如其來如，焚如，死如，棄如。

〈小象〉曰：突如其來如，无所容也。

第四爻可謂人人望之生畏，是有名的天下第一凶爻，沒有比這個爻還凶的了。整個生機突然大毀滅，這種毀滅性的浩劫其原因也是很正常的法則，正如離卦正常的日出、日中、日落，沒有人不老，沒有東西不衰的。既然有了「履錯然，敬之，无咎」，就有「黃離，元吉」，接著一定有「日昃之離」，端看你如何應對。

實際上離卦的卦辭頭兩個字「利貞」就告訴我們要固守正道，反應在爻位上就是下卦三個爻全部當位，即陽爻居陽位，陰爻居陰位；但是同樣是當位、得位，可是時位不同，就有生老病死、成住壞空，那根本就是自然狀態。如果「不鼓缶而歌」，空自歎氣，不是自尋煩惱嗎？面對自然必至的趨勢，不能放縱任其衰老，而要積極面對。可是上卦每一個爻都不正，沒有了「利貞」，「九四」陽居陰位，這個爻位的不正、時運的多舛，也就造成「突如其來如」的災變。再加上在「九三」的時候，又不懂得知機應變，下面難免滅亡的噩運。「六五」不正，只是中，「上九」也不正，離卦上卦全不正，代表浩劫後的重整，惶惶不可終日的心態到最後才勉強搞定。本來下卦的日出、日中、日落，我們要把它當成人生正道來看待，正如毛澤東的詩句「人生正道是滄桑」，滄海桑田本就如此，沒有什麼好奇怪的。無論到哪一個爻，得意的時候不要盡歡，失意的時候不要悲傷。

現在到了一個大的毀滅局面，我們追溯原因發現也是因為由正變不正，然後又要用非常手段來整治，像蠱卦、大過卦都有如此手段。坎卦和離卦剛好相反，上卦全部都正，「六四」、「上六」都是陰居陰位，「九五」陽居陽位，都盡到了責任，時運特好，可以擺平波濤洶湧的險局；可是坎卦的下卦沒有一個爻正經，「初六」、「六三」陰居陽位，「九二」陽居陰位勉強自保。坎卦是由不正的三個爻變成正的三個爻；相反，離卦由正常的三個爻變出上卦天崩地裂的形勢。所以我們真的要防範上卦由正轉不正的顛覆性結果，在「畜牝牛，吉」時要下的工夫就得很深、很到位，不然意外頻出就會受不了，尤其在出現「日昃之離」時已經有衰微的跡象，更不能不小心。

但是，「九四」的災難終於沒擋住，還是突如其來地爆發，爻辭一口氣講了五個「如」，「如」就是像那個樣子，「突如其來如，焚如，死如，棄如」，一點生機都沒有，「突如其來」這一成語就是由此而來。這種大災禍是完全沒有料到的，驚險無比。像珍珠港事變、「九一一」恐怖攻擊，都是突如其來的事變，令人手足無措，導致的犧牲更是慘重。有時真是老天爺開玩笑，人生到風華正茂的時候，突如其來的災難讓事業整個失敗，然後還有接踵而來的災禍，真是衰透了。可見，人生的變故真的很難防範，「天有不測風雲，人有旦夕禍福」，就是一日之間發生的，這就很恐怖了；但是話又說回來，任何恐怖都有前兆，因為三多凶、四多懼，產生如此可畏的突如其來的大災禍，毀滅了一切，其實在第三爻的「日昃之離」就已經疲態畢露，那時就得防範「突如其來」的由老態轉死態的災難。

「焚如」，離卦取象為火，猶如一把天火釀成大的災難，而且是火燒連環船。這和離卦的網絡效應有關，所以在一個地方一下子爆發，馬上就蔓延到全球。焚燒的「焚」字，正是森林火災的象，森林火之所以難撲滅，就是因為它堆積了好多的木柴，這個燒完了，下面接著串燒，所以很難防止，沒有辦法遏制，直到「死如」，全部燒光。

燒光之後，卻是「棄如」，半天沒有人來收屍，這就更慘了，都不得善終。為什麼「棄如」呢？因為大部分人都在這一場浩劫中滅亡了，誰來替你收屍？沒有人善後，只有棄屍荒野。然後第五爻跟第四爻所象徵的公權力完全瓦解，救難的隊伍也來得特別晚，錯過了黃金時間，而且有些地方不敢去，完全是人間地獄。此時，離卦本來提供的甘苦共嘗、有禍同當的社會人群救援的力量，好像不存在了，等到死，救援也不來。這就是「棄如」，被徹底地拋棄了，當然這也有其原因，因為災難的幅度太廣太大，都毀滅了，原先網狀的機制整個癱瘓掉，鰥寡孤獨廢疾者皆無所養，這就是「突如其來如，焚如，死如，棄如」，一種全面的毀滅，到處都是災區，沒有一個地方是安全的。

所以〈小象傳〉說：「突如其來如，无所容也。」天地之大，沒有地方容得下你，無處逃生，處處都是災區，你往哪裡跑，哪裡都是災區，都是毀滅，天地之大，無處容身，沒有一個地方是安全的，這就可怕了。如此一來，這個爻才會變成最恐怖的一個爻，連上經、下經在內，再大的毀滅也沒有這個爻毀滅得這麼徹底。像「迷復凶，有災眚，用行師，終有大敗，以其國君凶，至于十年不克征」，又「終有大敗」，可能還是局部的；坎卦「係用徽纆，寘于叢棘」，集中營能關幾個人？可這是全面性的毀滅，不分彼此，統統无所容，災難迅速傳播，沒有地方可以逃生。

離卦也是電腦網絡的象，像資訊戰，沒有人能夠擺脫，除非你在發生的瞬間把它切斷，還可以勉強保留，不然的話一定影響到你，沒有有效的第一時間防範就是這麼可怕，整個擴散、蔓延，有人要破壞人家建立的網絡，就放病毒，如果沒有辦法攻克，馬上就產生崩潰，整個癱瘓。這就叫「軟殺」，不是硬殺，讓你整個瓦解。所以越是高度發展的現代文明越脆弱，假定沒有電了，沒有自來水了，手機打不出去了，信用卡提不出錢來，你怎麼辦？你聯繫誰？

「九四」的災難為什麼會突如其來？上午還好好的，下午怎麼就變得這麼可怕？因為不容易發現，爻變是賁卦（䷕）。外面看著美得不得了，其實裡面都掏空了，「金玉其外，敗絮其中」，再加上「九三」一天到晚抱怨、鬥爭，把底子都掏空了，徒留虛假的繁榮，此刻還在做夢想著存錢，還在規劃人生，沒想到就是一個空殼子，外面根本就看不出事情的真相。所以坎卦「九五」的真相很重要，即使是醜陋的真相都要彰顯出來，千萬不要蓋過去，不然就是突如其來的災禍。人生一旦遭受突襲則完全不能適應，完全沒有警覺，還以為太平，沒想到殺機早就蠢蠢欲動，一爆開就是「九四」這樣的慘烈。

五爻：同體大悲

䷌

六五。出涕沱若，戚嗟若，吉。

〈小象〉曰：六五之吉，離王公也。

第五爻就很悲情了，「出涕沱若，戚嗟若，吉」，四爻講「如」，五爻講「若」，都是對逼真情景的描寫——「像那個樣子」。《易經》中凡是講「若」、「如」、「或」，都充滿了不測。人生本來就是如此，沒有什麼一定的，「升沉孰意」，只能「盡其在我」，盡量做好風險的控管，練習做任何事情都要評估風險，要知道人生不如意事十之八九，十之一二才是勉強如意，如意了一半又「突如其來如」。

在突如其來的大災難後總是有一些倖免於難的，「六五」雖然很晚才趕到災區，但看到死傷慘重的樣子，人都有惻隱之心，何況「六五」是離卦的君位，是有權力的、能夠調度資源的人，他躲過了浩劫，看到同胞「九四」死傷慘重的樣子，下卦艱難締造的局面徹底毀滅，他一定很傷心、很痛苦，但是也手足無措，不知道從哪裡下手。面對這麼糟糕的局面怎麼辦？救災來不及了，面對這麼一片廢墟，他首先只有痛哭，一把鼻涕一把淚。

看到那麼慘的場景，絕大多數東西都崩毀，沒有多少倖存者，於是「六五」涕泗橫流，傷心到如此程度。爻辭當然寫得很誇張了，「沱」是雨下得很大的意思，人再怎麼流眼淚、流鼻涕，說要像下傾盆大雨一樣止不住，有點誇張。然後是「戚嗟若」，還要擺出很哀戚的面容，長噓短歎。人生遭遇困苦之極之境，不能一直哭，哭了之後要幹事，但是透過哭好像把罪孽整個洗乾淨了，這就是所謂的洗滌效應。一場悲情發洩之後，還是得做事，還得「繼明照于四方」，面對活著的人，要盡到自己的責任，讓其生活延續下去。

為什麼「出涕沱若，戚嗟若」最後會轉為吉？因為大難之後的休戚與共，讓大家突然覺得接近了很多，平常計較的都不計較，平常要爭的都不爭了。這也叫災難政治學，天災人禍其實也有其正面意義，讓活下來的人有生命共同體的感覺，浩劫餘生，休戚與共，一旦你真情流露，一掬同情之淚，然後「戚嗟若」，真的好像感同身受，然後提出呼籲，激發所有活著的人共同合作，災後廢墟的基礎上重建家園，繼續走下去，這是活著的人的責任。所以一旦領導人這麼登高一呼，最凶的東西都會轉吉。這災難之後的痛哭，如同完成了一次洗禮，把所有的恩怨都洗乾淨了，洗乾淨之後捲起袖子，擦乾眼淚繼續前進，然後就進入上爻的境界。

熟讀《三國演義》的人都知道，劉備的江山是哭出來的，因為「出涕沱若」，能夠打動那些有能力的人幫他，如三請諸葛亮出山、趙雲在長坂坡拚命救他的阿斗。當趙雲救回阿斗之後，劉備作勢要把他的小孩往下摔，說因救這個不肖子，差點損我大將一名。趙雲拚命去救，其實不用接的，劉備的手很長，手長過膝，他只是做做樣子罷了。但是他一對趙雲推心置腹，趙雲就鞠躬盡瘁到老。而阿斗反而是亡劉備江山的人。這就是劉備適時的一哭，驚天動地，轉禍為福。

關於「戚」，為什麼我們說休戚與共？休戚與共就是有福同享，有難同當，領導人一旦覺得他跟民眾有這個感覺，他的悲哀就不是個人前途的小悲了，而是大悲。所以這個爻爻變為同人卦（䷌），人同此心，心同此理。領導人更要有這種責任，而且哭了之後，還要讓大家在大悲中休戚與共，感同身受，把陌生人的悲苦也當自己的悲苦，這樣才可以激發「上九」最後徹底救難、重建文明的覺醒。

「六五」如果是大悲，「九三」是什麼悲？同樣歎氣，「六五」是「戚嗟若」，「九三」是「大耋之嗟」，為什麼「大耋之嗟」是凶，「戚嗟若」反而會變吉呢？因為「九三」是典型的小悲，只想到個人的出處進退，一旦「日昃之離」，就受不了了，老發牢騷「想當年」，不懂得「鼓缶而歌」，一天到晚在那邊散播負面情緒，其實他有什麼好悲哀的呢，有什麼好歎氣的呢？一天到晚自私自利想自己如何不得意、失意，結果一定是凶。第五爻絕對不是自己的小悲，是大悲，同體大悲。大悲就吉，才能感動眾人，才有示範效應。「九三」是我們個人人生一定會經歷的，我們會計較，算自己成功失敗、賺多賺少、升官貶官，這種「大耋之嗟」是一定有的，可是什麼時候小悲有機會昇華成大悲呢？哪一天你看到眾生悲苦的第四爻，那種大規模的生老病死，災難的正面效應往往可以讓人昇華，不再內鬥，而是攜手合作，就昇華成大悲。這跟觀卦是一樣的。觀卦第三爻「觀我生，進退」，那是「小我」，觀自己的人生進退；然後到第五爻叫「觀我生，君子无咎」，那是觀「大我」之生，所以是「觀民也」。從觀卦三爻的「觀小我之生」到第五爻大慈大悲的「觀大我之生」，中間也是一個提升，轉化的樞紐就是觀卦的第四爻。因為「觀國之光，利用賓于王」，有國際的視野，發現過去「觀小我之生」太狹隘了，現在要觀大我，三與五同功而異位，就是透過第四爻「觀國之光」開拓了視野，見多識廣之後從「小我」裡面出來。離卦從整個人類文明立論，每個人都為自己的前途發愁，都為三爻的得失陷在裡頭當然是凶，有朝一日突如其來的災禍之後，就容易讓你的大悲心發激發出來，即由「三」轉折到「五」，但中間一定要經過四爻的轉折，才會由小我變大我，由小悲變大悲。

關於第五爻，過去有一個很好玩的註解。這個註解「出涕沱若」就不像我這麼講，領導人怎麼哭起來了呢？這個註解也是跟第四爻有關，第四爻是「突如其來如」的一把大火一燒，一定有煙，第五爻就是煙熏的，嗆住了，眼睛也紅了，所以「出涕沱若」，哭了。想想也有道理。「九四」這一爻，在民國年間一些《易經》的註解中也很有意思，當年廣島、長崎遭遇原子彈攻擊，毀滅了好多生靈，那「突如其來」就是那兩顆原子彈。很多人就惶懼不安，因為文明可以毀於旦夕，那時候就有這種大悲了，覺得好不容易大家締造了文明，都有可能毀於一旦。

我們且看〈小象傳〉怎麼說？「六五之吉，離王公也」，「離」就是附麗、附著，網要重建，大家就要眾志成城、團結合作。「王公」就是「上九」，「公」是雙關語，天下為公的「公」，「王」也是雙關語，王道。所以「上九」稱「王用出征」，全民發動，活著的人重樹信心，針對突如其來毀滅的病灶之所在，根治剷除，讓這把火不能再燒，憂患的原因徹底根除之後重建文明。這些一定要經過「六五」的號召，一旦建立了新的網絡、王道的「王用出征」，整個社會動員起來，社會的溫暖又重新建立，最後才能獲得无咎。

上爻：擒賊擒王

☲

上九。王用出征，有嘉，折首，獲匪其醜，无咎。

〈小象〉曰：王用出征，以正邦也。

我們看最後一爻。因為四爻那麼大的災難，然後第五爻慈悲心被激發，大家有錢出錢、有力出力，整個公眾的力量、王道的愛心都發動了，就在離卦的上爻出現了。「王用出征」，就是採取非常積極有效的善後行動，而且要撲滅突如其來的災難。為什麼會突如其來？一定有其源頭。災難都有源頭的，要把它堵上，禍源沒有處理掉，災難就永遠不會熄。所以要找到造成災難的源頭，把它解決、根治。也就是擒賊擒王，要抓重點，不然這邊冒火，那邊滅火，災難永遠不能消，下一次又突如其來。上爻就是射人先射馬，擒賊先擒王，「王用出征」就是積極有效的根治行動，「有嘉，折首，獲匪其醜」，才能得到真正的「无咎」。如此就像〈小象傳〉說的：「王用出征，以正邦也。」把整個邦國所有的災區全部恢復正常運作，濟困扶危。這個爻爻變為豐卦（䷶），依然可以創造豐功偉業。因為內卦離看得完全準，了解事實真相採取有利的行動，才會有豐。「正邦」是做事情的辦法，是發生事情之後的根治，使它永不再發生。

關於「有嘉折首，獲匪其醜」，如果不習慣古文的話，一下子就憋住了。這八個字就是擒賊擒王的觀念，「折首」就是把頭砍掉，懲治禍首，然後那些跟從的跳樑小丑要從寬量刑。也就是說對主要的禍首絕不能手軟客氣，一定要剷除，但旁邊那些被迫跟從的盡量寬待，這種「脅從罔治」的觀念很重要，是王道，也是公道。禍首絕對要折首，這是一件美事，故「有嘉」。

「醜」這個字當然有負面的意思，但也是「類」的意思。因為「首」動，手腳就得跟著動，所以不要去窮治那些小人物，能夠盡量寬待，但是禍首絕對不可以打折，一定要把禍源幹掉，因為主要因素沒有鏟除，就會不斷生禍。一旦擒賊擒王，樹倒猢猻散。所以該緊的緊，該寬的寬，抓重點解決突如其來的大禍的智慧就在這裡。

這種擒賊擒王的觀念在大畜卦第五爻「豶豕之牙」中也是一種示範。對付野豬，重點不在他的獠牙，重點是在它不安的心，即命根子，像葵花寶典一樣，欲練神功，揮刀自宮。還有明夷卦也是如此，只要把最黑暗的明夷之心剷除了，馬上恢復光明。所以有些時候不要抓細節，細節處理不完，問題也沒有得到根本的解決，要脅從罔治，像「有嘉，折首，獲匪其醜」這樣處理事情，抓重點就无咎，不要株連過甚。大問題解決之後，下面就可以用所有的力量正邦。

這是「上九」，看起來即便離卦一定會有突如其來的大浩劫，但是後面會激發「出涕沱若」的同體大悲的愛心，到「上九」絕對有重建的可能，而且是抓重點處理，最後又創立了如日中天的豐功偉業，「繼明照于四方」，所以整個上卦算得上是浴火重生的描述。

占卦實例1：印度五年暮氣衰頹

二〇一〇年三月上旬，旅居新加坡的一對學生夫婦返台省親，談到他們長住世界各國的計畫，我因而算了一系列各國未來五年國運的卦，其中印度為離卦「九三」爻動，單變成噬嗑卦。其爻辭稱：「日昃之離，不鼓缶而歌，則大耋之嗟，凶。」離為網絡聯繫，印度的電腦軟體人才甚多，世界馳名，得列「金磚四國」之一，未來發展潛力似甚看好，但這五年卻有暮氣衰頹之象，很不樂觀。果然，二〇一二年中各方信評機構發佈負面訊息，宣稱印度經濟衰退，金磚神話破滅，又災禍不斷，火車燒死數十乘客，三大電網齊掛，全國一半大停電云云。

占卦實例2：癌症的真正原因

二〇〇六年中，我一位學生占問：癌症的真正原因為何？得出離卦「九三」爻動，單變成噬嗑卦。爻辭稱：「日昃之離，不鼓缶而歌，則大耋之嗟，凶。」人生處逆境，一定要想得開，若怨天尤人，滿腹牢騷，憂鬱躁鬱，都容易得癌症，這是醫學臨床上已證實的結論。離卦為文明，癌症是現代文明病，各方面噬嗑鬥爭的壓力太大，不善紓解，即易罹癌。

占卦實例3：世界杯足球大賽奪冠

二〇一〇年七月上旬，世界杯足球賽進入最後四強爭逐，冠軍誰屬？我占西班牙隊為離卦初、上爻動，齊變為小過卦，離「上九」值宜變成豐卦。其爻辭稱：「王用出征，有嘉折首。」有擒敵奪冠稱王之意，建立如日中天的豐功偉業，機會應該很大。果然，西班牙擊敗荷蘭，獲世界冠軍。

二〇〇六年的世界杯大賽，義大利隊獲得冠軍。當時我的一位學生在《民生報》服務，占義大利為大有卦「上九」爻動，爻辭稱：「自天祐之，吉无不利。」不僅如此，其他一些設定的問題都百分之百占對，震驚了報社同仁，還刊載於某日頭版。

他如果參與賭盤，要大發其財了！

感而遂通——咸卦第三十一（䷞）

理性與感性的平衡

上經部分結束，開始進入以人間世種種演變為主的下經。下經從咸、恒（䷟）二卦開始，前十個卦都跟感情有關。人一旦感情用事，很多時候就容易失去理智，即所謂關心則方寸亂矣。從第三十一卦咸卦一直到第四十卦解卦（䷧），這十個卦都是在感情的漩渦裡輪迴。可見，人情很豐沛，有時候可以創造很多令人欣喜不已的場面，有時候也會造成很大的傷害，以及很多的誤判，讓當事人無法跳脫。

直到下經第十一卦即第四十一卦損卦之後，才有清醒的意識。損（䷨）、益（䷩）二卦就是冷靜地計算，理性開始抬頭。前面的咸（䷞）、恒（䷟）、遯（䷠）、大壯（䷡）、晉（䷢）、明夷（䷣）、家人（䷤）、睽（䷥）、蹇（䷦）、解（䷧）這十卦是人情之感性掛帥的大輪迴，這裡面有很多的痛苦，也有很多的歡喜，離合悲歡輪迴不斷。到損、益二卦的時候才發現，理性必須抬頭。

其實《易經》有一個主題，一直到第六十四卦未濟卦最後一爻，都離不開個人的情感訴求。眾生有情，但是如果完全是感情掛帥，就會失去理智，變得很可怕；所以一定要有理性的介入。不管是後天的學習還是先天冷靜的智慧，最終追求的都是理性與感性的平衡，這樣你的人生才可能順暢光明。如果偏於過度冷酷的理性計算，沒有感情也會有很大的弊端；倒過來，如果偏向於熱情如火，完全不講理，或者沒有節制，痛苦不堪，又會造成傷人傷己的後果。所以如何求取平衡，以使剛柔互濟、陰陽和合，達到理性跟感情的平衡，其實就是《易經》的主旨，要做到並不容易。

無心之感的慕少艾

下經自咸、恒二卦始，咸、恒二字都跟心有關，「恒」的「心」是看得見的，很具體地表現出來的。咸呢？咸則無心。咸其實就是「感」，但是咸跟感有什麼不同呢？我們用「感」去解釋「咸」，就是無心之感，無心也是自然的意思。順其自然，天賦的本能不被習氣污染，自然而然表現出來，無形、不執著、沒有罣礙，正如《金剛經》所講的「應無所住而生其心」，這就是「無心之感」。人常常就是有功利計算，如有心搬弄是非、陰謀害人等。咸是自然而然的，沒有刻意存心，所以它的力量才能夠那麼大，感應才如此敏銳。到了「恒」就不是了，恒就有心了。

那麼，咸是無心，恒是有心。下經人間世一開始就跟人心直接有關，有心就會有情，自然而然地衍生出來。但是咸、恒兩卦的境界不同，一個是無心自然，一個是有心經營。咸卦之心是與生俱來，就像少男少女談戀愛，到了青春期，自然而然的愛慕就萌生，如孟子所講：「知好色則慕少艾。」少年人情竇初開，就知道愛慕美麗的少女。這就是十幾歲的青年男女間很自然的、純潔無私的感情。少年人會對異性產生興趣，那是沒有罪的，是自然的人性人情的流露。咸卦卦象為上兌下艮，上卦是少女，下卦是少男，少男少女之間的互動，兩卦是相反相成、異性相吸，一點問題都沒有。然後少女的地位被捧得高高的，咸卦大概是作為女人一生最光輝、最得寵的時候，高高在上，一家有女百家求；艮卦那個少男扮演一個追求者，低低在下。越到咸卦高層的結構少女就越稀罕，下面的追求者一定很多。但凡人間絕色、出眾之少女，肯定有好多癡情少男在追求她。換句話說，那個時候就是青春無敵，兩情相悅最相宜。

咸、恒、遯的卦序分析

可是青春時間不會長久，等到咸卦進入恒卦的婚姻狀態，則是老夫老妻的相處。上卦震是長男，下卦巽是長女，馬上變成了夫唱婦隨。長男地位高高在上，長女地位低低在下，變成低調服侍丈夫的象了。這就是婚前婚後、從戀愛到婚姻，這兩卦很明顯的變化，古代社會當然是如此，現代社會有時也是如此。

從戀愛到婚姻我們就發現，「少女」變成「長女」之後地位大降，從上卦掉到了下卦；本來她在上面好多人追求她，等到她一旦答應了，進入婚姻狀態變成「長女」之後，地位馬上就變了。從戀愛的「咸」到婚姻的「恒」，卦變了，價值就不像以前了，這時就是「長男」震卦做主時，震卦原先在咸卦時，是下卦艮，在苦苦追求到手之後就開始了男主外、女主內。所以奉勸天下的婦女同胞好好運用咸卦的時候，一旦進入恒卦，忍受不了，就得變卦的。笑話是笑話，也是事實，這個卦象就告訴我們少男少女到長男長女時是會變的，但是又是一體的兩面，恒卦的因就是咸卦，沒有感情怎麼會長久在一起呢？從「咸」的新鮮感進入「恒」的穩定，從卦象的理氣象數各方面看都有自然而然的變化。

咸卦的時候無心自然，青春年少時談戀愛的那種熱情洋溢狀態中，也不會想那麼多，沒有那麼多的計算。可是到了恒卦，要長久過日子，期望白頭偕老，這就需要有心經營，不要以為在恒卦中的夫妻生活還像在咸卦時一樣。在恒卦中的夫妻，不但要好好經營生活，還得用心經營。這時，該有心的時候就不能無心，長久過日子，就有日常生活的柴米油鹽醬醋茶等的歷練，日復一日，年復一年，咸卦的新鮮感、激動感、探討生命的未知感諸般熱情日漸淡去。與少男少女相比，長男長女要負家庭責任、社會責任，甚至還有國家民族的責任，上卦震就有這個味道，作為賢內助的下卦巽，低調、無形，外面都看不見；但是一個所謂成功震卦型的男人，後面都有一個巽卦型的偉大女性，不是他媽，就是他老婆。所以一旦這種社會責任、家庭責任加重以後，跟咸卦時期無拘無束的感覺就完全不一樣。

咸卦變恒卦，無心變有心，年少變年長，一派天真變成要扮演好很多的角色，要過長久日子而不是一時的激情，這兩卦講起來也是很自然，幾乎所有眾生都是在這個趨勢中。在咸卦的時候，不會摻雜太多恒卦的有心算計。到恒卦的時候，要圖長久，就得有心經營。所以咸卦的時候，無憂無慮，琴棋書畫、詩酒風月無所不談，這是一種生活；到了恒卦的時候就是柴米油鹽醬醋茶，也是一種生活。

如果不用心的話，恒卦就不見得能夠保久，最後就是遯卦。《易經》實在是專門打人耳光，完全告訴我們人生的真相。不管你過去在咸卦時有多麼的熱情，到恒卦時還結為連理，或者是長久的工作夥伴，但是最後還是有人無法有始有終，這就代表從咸到恒這種過渡、轉換中不知道如何求恒。恒為成功之本，任何事情如果沒有長期的用心經營，很可能就會夭折，有時還會以悲劇收場，讓大家都不敢面對，那就是天山遯（䷠），熱情消退，兩人分手離開。可見，按照自然的卦序，恒卦後面遯退的機率比較大。

可見，想要求恒不容易，長久而穩定得善終更不容易。通常咸卦的熱情經過恒卦一段時間的考驗之後都會褪色，後面就是遯卦。遯卦的象下面兩個是陰爻，上面四個陽爻，沒有立足之地，當然就得消退。所以原先建立在咸上面的想要長久永恒的關係就無以為繼，瓦解結束了。

一日心為恒

關於《易經》的造字、用字，這些創作的前輩們可謂是費盡苦心，要傳達一些訊息給我們。「恒」字我們講過，是《易經》中一個特殊的字。我們現在寫的「恒」字是「亙古心為恒」，就是地老天荒、海枯石爛都不會變，一路行來始終如一；但是這太難了，有點唱高調，幾乎是不可能的事情。所以在舊的《易經》版本上，我們可以看到「恒」字被故意改掉，把「亙」字底下的「一」拿掉了，就是要告訴我們《易經》所追求的「恒」不是「亙古心」（那麼高的目標，一般人幾乎不可能辦到），而是「一日心」。

這個字在字典上是無法查到的，但是我們還是要知道，《易經》中講的「恒」之道，不是追求此心永遠不變，不要立那麼高遠的目標，「一日心」為恒就夠了，我們維持此心如如不動，控制在二十四小時之內，做到有定力就不錯了。「一日心為恒」在中國的經典中是有非常深厚的理論根據的，像「君子終日乾乾」也是一日心，早上錯，晚上改；晚上犯錯，早上改。所以我們不要期望自己在亙古歲月中都可以恒，只要一天做到了恒就足夠了，到了第二天再以第二天的標準來鍛鍊自己做到恒，慢慢累積。這在古代叫「日課」，即每天必做的功課，這是人生非常務實的態度，今日事今日畢，既不吹牛也不誇大，盡可能做好每一天。

《論語》中這樣的例子也有很多，像顏回之所以會被孔子讚揚，就是他做到了「一日心」，如：子曰：「回也，其心三月不違仁，其餘則日月至焉而已矣。」「一日克己復禮，天下歸仁焉。」顏回就是很重視「一日」，做好每一天。可見，「一日心為恒」意義太深了，是人生務實的態度。

而「恒」字在《說文解字》中的意思不是這麼解的，其文曰：「恒，常也。從心從舟，在二之閑上下。心以舟施，恒也。」它是一艘船從此岸擺渡到彼岸，而那艘船是你的心，謂心舟，亙字上面那一橫是心之船，下面一橫就是此岸彼岸的概念，中間是心，船從這邊渡到那邊，如果你過去了，就證到了永恒。

咸、恒、遯的卦象分析

從少男少女談戀愛的「咸」，到老夫老妻的「恒」，到整個感情消退、破裂的「遯」，大家都不敢面對對方。在「咸」的時候談戀愛，少男少女們不知道怎麼有那麼多的廢話，晚上打電話、傳簡訊到近乎瘋狂，自己也不知道在講什麼；到了「恒」之後，這下要天天在一起生活了，兩個人卻像楚囚相對，呆若木雞，找不到話講，也不知道說什麼好。以前熱情如火，講那麼多話都不累，現在惜字如金。如果你讀完咸卦、恒卦，你會變得很心平氣和，因為大家都是這樣。只是難免有人埋怨：為什麼過去的熱情消退了？為什麼遁得這麼快呢？天天都不敢見老娘的面？

那麼，《易經》怎麼就把這一人性的常態抓到了呢？因為卦變了，此一時也，彼一時也，人情也變了，這時你就得面對現實做一些調整。「遯」就是不敢面對，採取逃避方式，尤其是恒卦的穩定長久一旦動搖，兩人的關係就可能不得善終。關於這些，我們從咸、恒、遯三卦的結構來分析也是大有道理。

從卦象上看，咸卦上卦跟下卦水乳交融，恒卦也是，其上卦震（☳）跟下卦巽（☴）是相錯的、完全契合的，如果不契合怎麼會有恆久的關係呢？咸、恒二卦上卦下卦是完全相錯的關係，另外爻都是對口的相應與。像咸卦初爻和四爻、二爻和五爻、三爻和上爻完全相應與，所以打得火熱，如膠似漆。恒卦也是如此。可是這樣的關係，下一卦居然是遯卦，怎麼回事呢？原因就在於時間會沖刷掉一切，真要長久難。就像剝卦，時間的本質就是不變的剝，你再怎麼樣都經不起剝蝕、風化的考量，所以由咸、恒那樣穩固的感情，到最後等著的是下一卦天山遯。其實這也很自然，《易經》只不過是叫我們了解真相，告訴我們不必逃避，要勇敢、真誠地去面對這一真相，盡可能在每一種人生的卦象中去修人生的正道，而不是自己騙自己。

咸、恒二卦後面是遯，從卦的結構上看，遯卦初爻、二爻的地位是空虛的，上面四個陽爻那麼重的壓力，它沒有立足之地，當然非遯不可，這是第一。第二，遯卦的內卦是艮（☶），內部有阻礙，溝通困難，長期累積下去，內部的障礙導致問題發生；所以才會產生外卦乾（☰），天天往外頭跑，變成「夫行健」，不回家了。因為他一回家就得面對兩個人溝通難、不容易有共識的尷尬局面，只有逃避。這就是由內阻產生外面的行健。

為什麼天山遯的時候內部會有這樣的障礙呢？因為咸卦內卦是艮，內部的障礙早就存在了，在你們談得熱情如火的時候，內部的障礙本就隱藏著，直到天山遯的時候才顯現出來。顯現出來當然是恒卦之後，經不起長久的考驗跑出來了，可是在咸卦時人們不覺得那是問題，因為愛情沖昏了頭，情人眼裡出西施，愛情往往是盲目的，當時覺得一定是海枯石爛，可是到後來都不必等到海枯石爛，一個一個掛掉了。可見，內部的阻礙早就存在，只是那時候看不見。另外，外卦是什麼？兌卦（☱）。兌卦佔了上風，顯現在外面的是天天甜言蜜語，結果內心中的艮被淹沒了，等到恒之後、遯之時才水落石出。這就是有因必有果，人在咸卦的熱情中不要忽略了內卦艮的隱憂。

咸、恒、遯的卦中卦

咸卦內艮，水落石出，那才是真實情況，只是當時沒有察覺，沉浸在熱戀中，看不到對方的缺點，看不到內在結構存在的問題。其實，從卦中卦來看，咸卦中本來就有遯卦的象，早就隱藏有朝一日可能遁逃的跡象，像初爻到五爻構成的就是遯卦，咸卦能夠長久嗎？所以經過恒卦之後，藏在咸中的遯卦現形了，就像內卦艮水落石出一樣。

再看，咸卦中二、三、四、五爻構成的是天風姤（䷫），「咸中有姤」是什麼意思？少男少女之愛是正常的感情，「姤」則是不大正常的感情，是不期而遇的邂逅，「咸中有姤」就說明每一樁正常的感情裡面都隱含了未來發生姤卦外遇的可能。也就是說，每一個咸卦時的海誓山盟，將來都可能會有「第三者」，只是大部分沒遇到，要是遇到了就是雞飛狗跳。

再從恒卦來看，也很清楚，恒卦的二、三、四、五爻構成的是夬卦（䷪），你認為是永恆的、可以長久相扶持的關係，也有決裂的可能。夬卦正是剛決柔，是決裂的象，如同水庫中蓄水，突然放水，水就不會再回到水庫中去了。夬卦因為累積了太多的不痛快，所以受不了時就得做決定，譬如分手或者離異就是人生重大的決定。

咸中有姤，說明每一樁正常的感情未來都可能有非法的感情；恒中有夬，說明每一個穩定且可以長久的關係，將來都有撕破臉、決裂的可能。這樣一個可能的變化，其實在咸、恒一開始的人情世界中就蘊含了。咸卦卦辭為「取女吉」，將來的姤卦卦辭則是「勿用取女」，一個「勿用取女」的姤卦藏在正常的「取女吉」的咸卦中，真可謂生中有滅、陰中有陽、陽中有陰。

不過，咸卦這麼好的感情也有翻臉決裂的可能，因為咸卦的三、四、五、上爻構成的卦中卦就是夬卦，也就是說，跟舊的翻臉就可能有新歡，所以有「夬」又有「姤」。恒卦也是一樣，舊的決裂之後，新的「姤」就來了，恒卦初、二、三、四爻構成的卦中卦就是姤卦。這樣一來，我們就要好好想想了，我們在面對人生的這些情感時，不能再唱高調，要面對真實人生、講真話，在真實的情境中去想人生的菩提、人生的般若。

再看遯卦的卦中卦，二、三、四、五爻構成的也是姤卦，遯卦中有姤卦的象跟咸卦二、三、

四、五爻所構成的完全一樣。最開始時，咸中已經隱含了一個姤卦，未來有第三者的可能，等到「遯」的時候，形勢明朗了，兩人世界的熱情消退，「遯中有姤」說明有可能互相都會碰到第三者、第四者。所以「遯中有姤」就順理成章，經過恒卦之後的遯卦，「遯」中的「姤」象就大開方便之門，發展到十一卦之後姤卦真的就出來了。這就是我們去理解人情，從卦中有卦可以得到的解讀。

既然咸中有遯，咸中有姤，咸中還有夬，那咸中還有什麼？初、二、三、四爻構成的風山漸（䷴），終於挽回一點信心，漸卦為「女歸吉」，是循序漸進，不是熱情太猛，可能還有好結果。漸卦是雁形團隊，很安定的，它跟歸妹卦（䷵）的急躁、感情用事不同。咸中有漸，說明感情要慢慢培養，一下子升太高不見得能長久，漸卦則是可以長久得善終的。

但是咸卦二、三、四、五、上爻構成的卦中卦告訴我們一個令人沮喪的事實，是什麼卦？大過卦（䷛）。大過是會崩盤的象，超負荷，感情成了負荷，正常的感情會讓你難以承受，成了很重的包袱。「咸中有大過」說明什麼呢？所有再純潔動人的男女感情的咸卦中，都有最基本的生物性因素，大過卦是情色卦，是男歡女愛，藏在咸卦中，它會讓人壓力大，陷入瘋狂的境地。那麼，恒卦中一樣有大過卦的象，初爻到五爻構成的就是大過卦，所以要想持之以恆很不容易，隨時會出現「棟橈」的狀況。「非常人」才能成就恒久的事業，才能追求到永恆，常人在大過卦的時候，一般都受不了，就想早早結束，下面就是遯卦。所以在咸、恒二卦中都有瘋狂的「大過」之象，就像兌卦（䷹）也會有「大過」之象一樣，都是情之所至產生「大過」的瘋狂現象。之後的夬、姤、萃（䷬）三卦與咸卦被稱為四大情卦，是重要的感情卦，這裡面全部都有「大過」的象。可見，人情不脫離大過卦所代表的意義，男歡女愛的昇華不能沒有「大過」的瘋狂。

〈序卦傳〉說咸、恒

「咸」除了是無心之感外，也是全心全意的意思，因為「咸」也有「全」、「皆」的意思，就是說，大家都在內，沒有人例外。這是人性人情的共通之處。由此看來，「全、皆、感」才是咸卦全面的意思，所以我們說「咸章」、「咸寧」、「咸臨」、「咸亨」。在〈序卦傳〉中，咸卦作為一個新的開始，沒有與離卦接起來，而是直接開始：

有天地，然後有萬物；有萬物，然後有男女；有男女，然後有夫婦；有夫婦，然後有父子；有父子，然後有君臣；有君臣，然後有上下；有上下，然後禮義有所措。夫婦之道，不可以不久也，故受之以恒。恒者，久也。物不可以久居其所，故受之以遯。遯者，退也。

人情世界從咸卦的情侶至恒卦的夫婦開始建立家庭，這就是「有男女，然後有夫婦；有夫婦，然後有父子」，夫妻就要生小孩，就有倫理親情關係的存在；「有父子，然後有君臣」，這就是自然的人情，即便是在以前君權獨大的封建社會，父子這種自然的感情還是在君臣共事的關係之上，所以健康的社會制度還是講父子、君臣，然後父慈子孝。可是到後代的專制社會，就完全倒過來了，講君臣、父子，你是臣，要把君當父親看，這就傷害了自然的人情。其實，君臣只是一種延伸的關係，而且是相對的。臣要敬君，幫君好好幹事，君也得照顧臣，讓臣子盡心辦事。

由父子的關係發展到家庭以外的社會生活，當然就有上下的關係，所以「有君臣，然後有上下；有上下，然後禮義有所措」，「措」即有所安置，社會的倫理、家庭的倫理擴展開來，齊家、治國、平天下。社會一定有種種規矩制度，禮跟義的規範要有規定，才可以安排妥當。「夫婦之道，不可以不久也，故受之以恒。恒者，久也」，《中庸》說：「君子之道，造端乎夫婦。」一切都從夫婦之道開始，先有夫婦，才有接下來的一切。

〈雜卦傳〉說咸、恒

〈雜卦傳〉曰：「咸，速也；恒，久也。」咸卦之時的熱戀是一見鍾情，速度快得很，那種熱情來得非常快；還有人的感應力，有時候完全沒有道理，快得不能想像。有人說，人的心念絕對超過物力的制約，比光速還要快。像《西遊記》直接用孫悟空代表「心猿」，就是心意的象徵。孫悟空的本事是什麼？一個筋斗雲就是十萬八千里，這就代表人的心哪裡都能去，不受任何罣礙。受罣礙的是我們的肉身，心無罣礙時，一念觀音菩薩，觀音就到了，心力的能量簡直是匪夷所思、不可思議，根本就是佛家所說的「無壽者相」，不受空間、時間的約束。好，這就是「咸，速也」，快得不能想像，只要感通的力量在，就如「如來悉知悉見」，不管三千大千世界，眾生若干種心，大家都起心動念，他全部知道。

「恒，久也」，成語「持之以恆」就說明這一點。要長久，一日心為恆，需要不懈地累積，最後才可證到永恆。這一點最難。「咸」是「速」，就是一剎那辦到了；「恒」是「久」，需要持之以恆的工夫。「速」跟「久」本來是相對的概念，可是這裡就有無量意。我們舉一個最通俗的例子，如「非卿不娶，非君不嫁」，這決定很快吧？可是後面還有一關——「恒，久也」，這種關係可以一直維繫到老嗎？所以人生過程中當你快速下決定，你能保持長久嗎？保持長久就要冷靜，要費心經營。「咸」，感情——衝動就可以辦到，但是能速的東西不一定能久。像速食就只有短暫的效益，過了就過了，也不可能留下來。所以咸卦熱情洋溢，恒卦卻有冷靜、責任、承諾在身。

能「速」的，不一定能「久」，這是一點。還有一點，就是人生有時候一些狀況是要求快，不可以拖的。如《孫子兵法》云：「故兵聞拙速，未睹巧之久也。」如果拖是恆久，快是速戰速決，兵法上則要求速戰速決，絕對不可以師老兵疲，即使拙笨一點，也要速戰速決。

在人生來說，長久的東西就接近於永恆，來得也快、去得也快的東西就不那麼值得信賴。有人說創作的靈感寫下來的東西可以傳之永恆，真是這樣嗎？不一定，因為沒有冷靜的工夫，沒有權衡，沒有多給一些人看一看，等到你冷靜下來，就會發現當時的感覺可能是對的，但經不起長久的考驗，還是有很多瑕疵。所以在「咸，速也」的時候，不一定適合做決策，還得想辦法讓自己靜一靜，要有「恒，久也」的評鑑、衡量。很多有創作經驗的人都知道，靈感有時真正經得起考驗的，很少。所以不管你做任何事情，假如不是真的那麼急，就要冷靜下來權衡事態，這樣才是完美的人生。有「速」的東西，還要有「久」的把關，才是經得起考驗的，成功的作品就是這樣出來的。

「咸，速也；恒，久也」，作為下經人間世的開展，〈雜卦傳〉從這個角度切入眾生百態，讓我們去掌握它的節奏，去了解形形色色的人情眾生，然後了解其利弊之所在。不管事情怎麼變化，我們都能抓住本質，留下可以傳之永久的東西。

下經憂患第一卦

在〈繫辭傳〉中，恒卦被選入憂患九卦之一。人生處於憂患亂世的法則，在下經的第一卦就是恒卦。也就是說，在亂世，人最不容易有恆心，「雷風」大動的時候，擺來擺去，要像「鐵杵磨成針」那般有定力去做一件事情，特別難，因為外面的誘惑實在太多。所以它就難能，難能就可貴。尤其是處亂世憂患的時候，有恆心毅力，一天一天累積，才可成恒。

下經憂患第一卦恒卦，〈繫辭傳〉是如此說的：「恒，德之固也……恒，雜而不厭……恒以一德……」「德之固也」，「固」即固守，德行穩固。有些人守不住，那就沒有恒。需要守住的東西到底是什麼？即你自己固有的、與生俱來的良知良能。我們通常需要固守的是我們的固有道德、文化等。无妄卦（䷘）第四爻就講：「可貞无咎，固有之也。」這就告訴我們要守住固有的東西。恒卦的德性就是我們固有的，我們只要捍衛、固守住它，絕對可以獲益，像无妄卦第四爻爻變就是益卦（䷩），守住了身心都受益，還可以利益眾生，既有的資源也不會流失。

「恒，雜而不厭」，「雜」就是錯綜複雜、千頭萬緒，「而」是「能」的意思。我們通常看到雜亂無章的事情，就很糾結，難以料理，心裡會起厭煩心，從而心煩意躁。這樣就是沒有恒的「一日心」之如如不動的定力，隨便一件不順心的事就能把你激怒，讓你暴跳如雷，這時心還能定下來嗎？「一日心」本來就是針對人的日常生活，諸如柴米油鹽醬醋茶，很多的不如意本來就是雜的，可是你要修的就是在面對雜的時候，不起厭煩心，甚至還能起歡喜心，化繁為簡，以簡馭繁。這就是「雜而不厭」，是恒卦要修的，尤其在憂患亂世的時候，心不亂、不煩，才是處世之道。有一些人覺得人世太可怕，就起了厭世之想，就想避世隱居，你離開能去哪，真的離得開嗎？哪裡都一樣，「天下烏鴉一般黑」。

人生到處都是「雜」，雜是事實，是煩惱，我們真正要修的是當下解脫，面對煩惱時不煩惱，煩惱就是菩提，此岸就是彼岸，娑婆世就是極樂世界。控制你自己的心念，離開那個象，離開那個念，面對雜的東西，心如明鏡，一塵不染，一心不亂。有了煩惱你就離開，別的地方沒有煩惱嗎？自己基本的心和素養沒有改善，到哪裡都會煩惱。其實，「雜而不厭」不是指人的離開，而是要離開對事物的執著，要改變你的心念，心淨就國土淨，只要心念到了，所有的心才可以像如來佛祖那樣悉知悉見，打破時空的限制。可見，人生是雜的，沒有純粹的東西。咸卦中以為的純粹是一個假象，它一定得面對人生的雜，有修為的人、有經驗的人，才會明白這一切本來就是雜，我們要學會的是如何面對。

「恒以一德」，「一心」、「一德」，貫徹始終，可見，「一」很重要，「一」在中國詞語中最重要的意思是完整無缺。道生一，一生二，二生三，三生萬物。佛教講「一時」，所有的時都在其中，「一」就是整體。「恒以一德」，就是全德的概念，《尚書》有一篇章就叫「咸有一德」，「一德」就是「恒」的概念，「咸」就是咸卦的咸，咸、恒永遠不分，都是為求全、求一。

咸卦卦辭

咸。亨，利貞，取女吉。

咸卦的卦辭和恒卦的卦辭，甚至所有比較重感情的卦，卦辭都不錯，但是它們的爻辭幾乎都不好，都很痛苦，罣礙多得不得了。咸、恒兩卦是最明顯的。咸卦卦辭怎麼講都還不錯：「亨，利貞，取女吉。」「取」即「娶」。既然戀愛成熟了，就建議男方娶那個少女，把她娶過來絕對是美滿姻緣，「取女吉」，無論如何都是不錯的。

但是六個爻的爻辭，沒有一個很快樂的。這就是卦的世界與爻的世界之不同。我們講過，卦是整體的，爻是具體的歷練、品嚐。所以從外表看起來這個卦大家都很嚮往，「亨，利貞，取女吉」，整體印象真的不錯。一旦真正進入咸卦熱戀的感情生活，六個爻每一個都很痛苦，會受到很大的傷害，甚至一不小心就有滅頂之災。爻辭一再警告要小心，好像沒有一個真正快樂幸福的。恒卦也是一樣，卦辭也不錯，夫唱婦隨，很穩定，結果進到六個爻內，每一個爻都苦不堪言，沒有快樂可言。

咸、恒二卦的卦辭很不錯，爻都有很多問題，這代表什麼呢？就是你外面看到的整體印象與實際在裡面的經歷有很大差距。「見山是山，見水是水」，看到的是咸、恒二卦的美姻良緣、天作之合，進入爻之後則變成了「見山不是山，見水不是水」，有朝一日你境界高了，都歷練過了，出來之後又接受卦辭的境界，回憶起來就會感覺還不錯，「見山又是山，見水又是水」。爻切身的感受都不是「亨，利貞，取女吉」，就好像梁山伯與祝英台都是有苦難言，外面還要維持形象。這就是卦跟爻，所以我們要真正把人情參透，不能只停留在卦的境界，還要進入爻的境界，最後最好又回到卦的境界。如此卦爻合參，我們才會懂得全面真實的人生。卦跟爻不同，但是又有關聯，有時候要放大，有時候看整體就不要太計較，到爻的時候就非得計較不可，那是切身之痛，萃卦、兌卦亦復如是。

但是，咸卦卦辭真的那麼完美嗎？不然。因為它沒有「元」，跟蒙卦一樣，也是情欲蒙蔽理智，好感情用事，創造力的「元」德不顯。蒙卦也是「亨利貞」，沒有元，啟蒙就是復「元」。《易經》中所有重要的情卦都沒有「元」，最多成就「亨利貞」。這就是說，所有感情用事的人要小心生命本來的創造力有問題了，「元」是最重要的東西，被蓋住了，不得彰顯。像兌卦的卦辭就只有「亨利貞」三個字，它的卦辭沒有條件，純粹是兩情相悅，喜歡就喜歡，不一定要有結果。咸卦則有一點條件，「亨利貞」跟兌卦一樣，兩情相悅，但是希望往恒卦方向走，最好天天在一起，所以「取女吉」，但是天天在一起之後又發現不見得好，又變成了天山遯。兌卦沒有「取女吉」，它不注重結果，是最純粹的少女情懷。但是到了咸卦，因為不只有少女，還有少男，所以就有社會的制約。真正最純粹的情卦是兌卦，它沒有條件，沒有下一步，是無所謂的。但是咸卦是有所謂，既然「亨，利貞」，到一定程度，「取女吉」，那就結婚，二合一可能會有好結果。到了恒卦的卦辭時，但書更多了，說明長久相處不容易。恒卦的卦辭，在「亨」跟「利貞」之間加了一個「无咎」，也就是說，想長久生活，先不要想著大吉大利，能做到「无咎」就好了。也就是說不要互相責怪，多責怪幾次，感情非遁不可，「无咎」則可保情感平安。這樣的話，恒卦才看好，「利有攸往」，如果做不到「无咎」，那就是「不利有攸往」。

咸卦〈彖傳〉

〈彖〉曰：咸，感也。柔上而剛下，二氣感應以相與。止而說，男下女。是以亨利貞，取女吉也。天地感而萬物化生，聖人感人心而天下和平。觀其所感，而天地萬物之情可見矣。

我們看咸卦〈彖傳〉。「咸，感也」，這裡直接點出「咸」即是「感」。「柔上而剛下，二氣感應以相與。止而說，男下女。是以亨利貞，取女吉也」，這是從卦的結構，即上下卦、內外卦的關係解釋卦辭。解釋完卦辭之後，〈彖傳〉的作者就繼續發揮了，尤其這是下經第一卦，贊易的部分寫得非常好。

「柔上而剛下」，上面是兌卦，為少女，少女本性溫柔；下面是艮卦，少男為剛。柔卦在上，剛卦在下，這就是「柔上而剛下」。在咸卦的時候兌是上升的，佔優勢地位；艮卦所代表的一切意義是在下。

「二氣感應以相與」，這句話很重要。一切有情眾生，首先是會有「感」的，然後有「氣」，「氣」為人之三寶（精、氣、神）之一，而且氣與氣之間會感應。哪兩種氣呢？剛氣與柔氣、陰氣與陽氣，它們之間絕對有感。有感就有應，咸卦如果是全心全意投入，「至誠如神」的效果憑藉真心的傳播，其感應絕對是非常快的，所以〈雜卦傳〉會說「咸，速也」。少男少女當然是「二氣感應」。「以相與」就是水乳交融，攜手合作，融合為一。「應」跟「與」的觀念在〈彖傳〉中都出來了。

先感應，然後還能充分合作，沒有任何隔閡，下面就有「止而說」。「說」即「悅」，上卦兌為悅，兩情相悅。「止」是什麼意思呢？指下卦艮，在這裡不是障礙的意思，而是停止不動，專注、鍾情於某一個對象，故停下來。人海茫茫，到底誰是你的伴侶，誰讓你們之間會產生那種感，在你前面停住了，很專注？「弱水三千，只取一瓢飲」，那就叫「止」，即使還有別的很多選擇，他也不去了，就到你這裡為「止」。所以男的在這邊一「止」，女的就「悅」。少男一止就產生少女的悅，然後艮又是「男下女」，為了到恒卦的時候自己做主，現在委屈一點，先擊敗競爭者再說，所以他要百依百順。「下」是動詞，即追求的時候，為了擊敗很多的競爭者，所以低調謙和。

「止能說，男下女」，於是二人感情成熟，「是以亨利貞，取女吉」。前面是一種追求的工夫，「二氣感應以相與」，覺得不錯。「二氣感應以相與」直接就呼應〈說卦傳〉，因為咸卦卦象是「澤山咸」，「山澤通氣」，有氣感，有氣應，正是二氣感應。山澤通氣，所以才會有亨。再下一個階段就是「雷風相薄」，「薄」是靠近的意思，距離很近，就由咸卦進入恒卦。少男少女談戀愛的時候，剛開始有距離，「二氣感應以相與」之後，就希望天天見面，最後甚至天天在一起，成為夫婦，等到夫婦以後，就一天到晚衝突，「雷風相薄」，因為距離近了，美感也沒有了。原先距離遠的時候就「二氣感應」，通氣之後就越走越近，然後就「相薄」。由山澤那麼安靜的情境就變成雷風的衝突，到最後是「水火不相射」，就是既濟（䷾）、未濟（䷿）的狀況，水火不容。

在〈說卦傳〉中，先是「天地定位」，說的是泰（䷊）、否（䷋）二卦。「山澤通氣」說的是咸卦（䷞）跟損卦（䷨），咸卦的錯卦也是損卦，咸卦是感情，損卦是損傷，所以感情很好也很磨人，這一組錯卦既是觸類旁通，又是上下對調，少男在上，少女在下，內外一顛倒，「咸」就連著「損」。所以人生面對感情要特別小心，因為它跟損傷息息相關。「雷風相薄」，「雷風恒」，「風雷益」，既是恒卦（䷟），也是益卦（䷩）。恒卦跟益卦關係可就密切了，既是錯卦，又是交卦。最後「水火不相射」，水火不通，就是既濟、未濟二卦。

「二氣感應以相與」，是一個階段，簡直好到極點了，堪稱絕配，於是〈彖傳〉就發揮了：

「天地感而萬物化生，聖人感人心而天下和平。」注意，這裡直接提出「人心」，在上經的復卦沒有講得這麼直接，「復其見天地之心乎」，只是直接講結論，到最後就是「人為天地之心」，所以「為天地立心，為生民立命」就是這麼來的，並沒有講人心。可是到了下經，是講人世間，咸卦則名正言順，直接告訴我們，對咸卦有意義的不是動物的心，也不是泛稱的天地之心，就是人心，人心的感應就產生人情，「聖人感人心而天下和平」，所以《易經》絕對是主張和平的，但是發展到恒卦、遯卦以後，實際推展起來就有諸多不完美。

為什麼「感人心而天下和平」？因為人同此心，心同此理，這是同理心，沒有人願意衝突，但是事實上就有那麼多衝突。如果從這個地方出發，就同人（䷌）、大有（䷍）二卦來說，「天下和平」的理論是一定正確的，就看我們怎麼努力。

「天地感而萬物化生」，我們發現下經的咸卦處處都呼應上經的乾、坤，乾、坤後面的屯、蒙、需、訟、師就是「天地感而萬物化生」，天地生萬物，因為它們的氣是通的。「聖人感人心而天下和平」就給我們確立「人同此心」的共識，人性人情厭戰反戰，那麼從這裡就可以貫通訴諸人情的共識。我們講同人、大有二卦的時候也提過唐代詩人李華的〈弔古戰場文〉：「蒼蒼烝民，誰無父母。提攜捧負，畏其不壽。誰無兄弟？如足如手。誰無夫婦？如賓如友。」每一個戰死的士兵，都是父母親好不容易養大的，結果花那麼大工夫，一上戰場就被打死，當然就很心痛。「聖人感人心而天下和平」就提出和平的訴求。

當然，咸卦談到心，談到氣，談到「二氣感應」，在個人的修養上就是心平氣和，看能不能盡量維持心理的平靜，這樣才感應得準確，才看得清楚。個人氣和心平，天下又和平，又呼應上經的

「首出庶物，萬國咸寧」，像中國大陸這幾年對內營造和諧社會，對外就希望國際秩序和平，不要有戰爭，在大的和平國際環境下，就可以完成和平崛起。

那麼，「天地感而萬物化生，聖人感人心而天下和平」是呼應自然界的現象，這是很明顯的天人相應，大宇宙、小宇宙的概念。接下來就是「觀其所感」，咸卦的重點還是在感，把這兩個觀念合在一起，我們看一個人所感的地方，是遲鈍，是敏感，還是冷漠，或者根本就無所感，只要仔細觀察，就可以了解人情在內的天地萬物之情是怎麼回事了——「而天地萬物之情可見矣。」咸卦〈彖傳〉這最後一句是讚歎的語氣，透過觀感，就可以了解天地萬物之情。恒卦也一樣，「觀其所恒，而天地萬物之情可見矣」，萃卦也說「觀其所聚，而天地萬物之情可見矣」，幾乎是一個公式。咸、恒、萃三卦本身就是「亨利貞」的情卦；而「澤山咸」和「澤地萃」都有兌卦，表現在外面，都是自然而然表現出來的情懷；兌卦也講到情，為情忘勞忘死，情之所至，可以瘋狂地無條件為之犧牲奮鬥。一般的「咸」都有一定的熱度、激情，在咸卦這裡又結合了冷靜觀察的「觀」，提醒我們不要失去理智，要把觀、感都結合到一起，「而天地萬物之情可見矣」。

咸卦〈大象傳〉

〈大象〉曰：山上有澤，咸。君子以虛受人。

「山上有澤，咸」，這是講卦象。像長白山的天池、天山上的天池，都是遠離人煙，我們要爬到很高的山上，才能看得到那一汪清水，這就是咸卦的自然界的象。如果不爬到山上，就看不到澤，看不到水面如鏡反映周遭的雲彩、山峰，享受不到那種寧靜的氛圍；人心如果像天池那麼寧靜，水波不興，外面的那些影像統統都可以攝受，如實反映出來。「山上有澤」就是絕對安靜的象，所以人打坐冥想、正心誠意到一定程度，就會萬籟俱寂，沒有任何干擾，此時正是感應最敏銳的時候，能聽到自己的呼吸聲。

「山上有澤」這個取象跟恒卦正好相反，恒卦是雷風，處於最吵擾的環境中，而能夠如如不動，風吹雷打都影響不了，這就是鬧中取靜，在最動盪時那種心靜的定力。咸卦則是一種最安靜的環境中，然後整個感應像觸角一樣伸出來吸取外界的信息，這是至靜之中產生的一種效應，可以捕捉至動的象，就像「山澤通氣」，人一定要有感應、感通能力。咸卦的靜中動與恒卦的動中靜，很明顯是相綜一體的兩面。

「君子以虛受人」，就像湖泊、天池能夠反映天光雲影。因為虛心，沒有成見，人一旦虛心，就能夠接受外面的訊息。少男少女互相有所感，就會放開他們的心，誠心接納對方，容受對方，這就是「君子以虛受人」。我們知道，作為養生的卦，頤卦（䷚）中間四個陰爻是虛的，如果塞得滿滿的，有主觀見解，被塞住，那就會自以為是了，有「我執」、有「法執」。頤卦之所以能夠養得那麼好，就是因為中間是虛的；咸卦就是要放空自己、虛心，以虛求實，實的東西才得以進來。

「君子以虛受人」說明氣就要通。氣要往哪裡通？一定找空的地方，找虛的地方去。如果脹得滿滿的，氣都進不去，還會被壓縮出來。所以一定要「虛」，這也是老子提到的「致虛極，守靜篤」，「吾以觀復」，虛靜到極點就可以觀察復卦的象了。以前我們講復卦的時候也說過，虛很重要，氣一定是要到虛的地方，你才能夠捕捉到它，沒有虛就不會有氣。「虛室生白」也是莊子的名言，空的房子才能夠生出白的亮光。這都是虛的觀點。朱熹有詩云：「半畝方塘一鑑開，天光雲影共徘徊。問渠哪得清如許，為有源頭活水來。」這就是一種虛的狀態，全心全意專注，集中心念放空自己，不要有任何成見。不然那個「受」就有問題，會打折扣而被扭曲，只有心如明鏡台，才不會染塵埃。

「虛受人」也是一種「取」象，〈繫辭傳〉云：「愛惡相攻而吉凶生；遠近相取而悔吝生；情偽相感而利害生。」人生、人情就是這樣，人際互動複雜難理，煩惱重重、是非多多。人生的輸贏、成敗、吉凶從哪裡來？就從人情來，你喜歡他，你討厭他，有時候不見得要有道理，就是看他不順眼，於是互相攻擊、互相迫害，相攻就有輸贏、有成敗、有是非。「吉凶生」就是因為相攻，愛之欲其生，惡之欲其死，這就麻煩了，那不就是「咸」嗎？愛的就護短護到死，惡的就是想辦法也要抹黑他，往死裡打。人生的矛盾、人生的種種衝突不就這麼來的嗎？下面那一句就是「取」，「遠近相取而悔吝生，情偽相感而利害生」，真情跟假意會相感的，真的也會感，假的也會感，真情感人生，假意會騙人生。

每一個卦裡、每一個爻裡都有乾坤，每一個卦、每一個爻裡面都有咸、恒，感通的力量無所不在，所以〈序卦傳〉中咸、恒二卦相比較起來，又賣一個關子，「咸」看不到，讓你去感、讓你去參，「恒」則具體可見。我們讀佛經，像「受持」，「受」是信受奉行，是咸卦的概念，「持」是恒卦的概念，持之以恆。我們在一種感動的情況下接受了，不代表一定能持之以恆，變成日常行為。咸卦是「君子以虛受人」，可是受還是不究竟，後面要行，要持之以恆的行，那才叫難。任何東西要天長地久都很難，一定要有工夫受持。就像「信受」是咸卦的境界，「奉行」則是恒卦的境界，在日常行為所思所感中都得奉行，那就難了。

《易經》中「唯二」的肉身卦——咸、艮

《易經》中，六個爻全部從肉身取象的只有兩個卦，一個是咸卦，還有一個就是艮卦（䷳）。艮卦則完全是針對咸卦來立論的，因為人感情豐富，但是有時候感之不當，就帶來很多痛苦，所以才要用艮卦的修行來徹底滅掉痛苦的來源。我們真正要懂得咸卦，還必須了解艮卦。

作為「唯二」的肉身卦，咸卦是我們一切有情眾生身心之間的交感互動，正所謂痛癢相關，身體的感覺，心理的感覺，絕對是共同經驗，從三十一卦咸卦到第五十二卦的艮卦，受盡千辛萬苦，才要止欲修行，艮卦也是從肉身這個感覺入手，把這種感覺滅掉，滅掉就沒了痛苦。

咸、艮這兩卦六爻都是從腳談到頭，從身談到心，從內談到外，全面來探討身體，對於中醫養生來說，這兩個卦就很重要。像艮卦如果修得好，就可以肉身成聖，身軀變得無限聖潔，不會腐化。〈繫辭傳〉所說的「近取諸身」，在咸、艮二卦徹徹底底地實現。

咸卦六爻詳述

咸卦六爻爻際關係

我們在細解爻辭之前，先把咸卦六個爻承乘應與關係交代一下。「初六」跟「九四」是相應

與的，水乳交融。「六二」跟「九五」中正相應與，堪稱天作之合的絕配。「九三」跟「上六」也是相應與。咸卦整個爻辭考慮了錯綜複雜的應與關係，而且是最主要的，正如咸卦中少男少女吸引力最強，所以我在闡述的時候可能會照「初六」、「九四」這一對「感之初」先講，然後是「六二」、「九五」的「感之中」，「九三」、「上六」的「感之末」。然而爻辭寫出來，不完全是受到相應與的對象寫出來的，而是吸引力，因為還會受到臨近爻的承乘關係的影響。

「承乘應與」遠近相取、愛惡相攻、情偽相感，來決定每一個爻本身條件各方面動情的情形，決定它會受到什麼干擾，應該怎樣做才應付得最好，不至於痛苦而受到傷害。像「九三」跟「六二」是陰承陽、柔承剛，最吸引「九三」的是「上六」，可是「六二」跟「九三」又有瓜葛，因為這麼近，分不開，這就構成一個三角關係，取捨就很難，是顧近的還是顧遠的，是顧「承乘」還是顧「應與」，或者希望兩全？兩全當然很難，那就是如今流行的說法——劈腿。

「九五」貴為領導人也是很苦，它最投契的是「六二」，可是問題是有一個「上六」，「上六」就是君側，那是最不可測的因素，而且陰乘陽、柔乘剛，關係不正常。在《易經》中上卦為兌的，都代表高層人物私領域的感情世界。第五爻是中正，上卦是兌，可是「上六」偏偏跟「九五」的關係不可透光、不可明說，很曖昧，這個關係就會嚴重影響到「九五」的領導威信。我們看上經中有「澤雷隨」（䷐）、「澤風大過」（䷛），還有六個卦都在下經，一個是兌卦（䷹），還有「澤山咸」（䷞）、「澤地萃」（䷬）、「澤火革」（䷰）、「澤水困」（䷮）、「澤天夬」（䷪），都有其共通性，都是「九五」深受「上六」陰乘陽、柔乘剛這一不正常關係的影響，以致感情蒙蔽理智，連貴為領導人都不例外。其實領導人也是人啊，你以為他無情？一般人認為，領導人要做決策，要盡量做到冷靜客觀，不能受情的干擾。可是他怎麼可能沒有情？有情，他的情不能曝光，所以他那豐沛的感情就另外有一個出路，常常就在「上六」，這就構成一個不安的因素。所以「九五」雖然跟「六二」是正應，可是又會受到「上六」負面的干擾。同樣相對於「六二」也是，它應該跟「九五」相應與，但是跟「九三」有瓜葛，所以這種交互關係就造成了咸卦六個爻實際操做起來的複雜性，承乘應與，遠近相取，真的假的、正面的負面的，皆交雜其中。

如果我們還是以相應與來看，「初六」跟「九四」這一對少男少女剛開始，會不會有好結果呢？如果咸卦動了初爻，是行動，第四爻也動了，是心動，但是心動不如行動，在一個競爭的世界中，「九四」起心動念，「初六」想清楚了付諸行動，兩個爻都動了，心動、行動知行合一，就變成了既濟卦（䷾），生米終於煮成了熟飯。所以咸卦中的人不要空想，要懂得實踐。第四爻如果單爻變，就有可能變成空想，因為爻變是蹇卦（䷦），寸步難行，什麼事也沒做成，所以一定要貫徹到「初六」的行動，心行合一、言行合一，想到就做到，就能夠成功，從修行上來講就是證得般若波羅蜜。

但是初爻的行動，如果缺乏第四爻正確思想的領導，則是盲動。「初六」如果光行動，爻變是什麼卦？革卦（䷰），是天翻地覆的革命。革卦則需要非常健全的理論思想做指導，不然會很糟糕。還有，「初六」是咸卦第一爻，如果腳癢了想動，不管動不動得成，實際上這個世界已經在變，因為人剛開始有感的時候，慢慢會成長，接下來就擋都擋不住，蔚為風潮。所以說咸卦初爻時男女特別投契。

從爻變的觀點看，初爻跟四爻是可能有好結果的。二爻跟五爻呢？如果兩爻變，你有心，我也有意，不管別人的干擾，雙爻動是恒卦（䷟），就是結為夫婦。這是因為二爻、五爻中正相應與，沒有什麼太大問題，郎才女貌順理成章就結為夫婦。這個卦象我們常常碰到，如果我們在企業面臨競爭時，占到咸卦二爻、五爻動，是大有可為的。因為會變成恒卦，就代表有結果，所以二爻、五爻應該是比初爻、四爻齊變成既濟還好。

最糟糕的是三爻、上爻這一對少男少女的感情，可偏偏又是最激越的感情。「九三」就是下卦艮主要的爻，又是過剛不中，拚命三郎，非常容易動情的。「上六」則是上卦兌卦中色相完美，又能說會道。少男少女的特性就表現在「九三」跟「上六」這一對感情很激烈的爻上，這種熱情的爆發就很可怕，是所謂的天雷勾動地火。天雷勾動地火這種熱情結果是什麼？否卦（䷋）。熱情很難持久，漲得那麼滿能夠長久嗎？一旦水落石出，結果是否，根本不能結合，只是一時的激情而已。不像二爻、五爻都有一定的內斂，很節制，他們反而能夠長久。三爻、上爻是不顧一切的激情，結果是否，「否之匪人」，完全不通氣，到地獄去了。

像胡蘭成跟張愛玲的感情，就是咸卦三爻跟上爻，而且點到第三爻，第三爻之所以情狂，因為爻變是萃卦（䷬），對象太精彩了，但結果是什麼？對象是第六爻，不負責任，口裡說愛你，愛到一半就跑了。為什麼說咸卦上爻愛到一半就跑了？咸卦第六爻爻變是遯卦（䷠），因為全憑一張嘴，講完之後就跑了。三爻這麼投入，第六爻說愛你、愛你，買了飛機票就跑了，結果就是「否」，所以反而沒有好結果，當然就沒有辦法團圓了，你就是寫出《小團圓》也沒有用。

咸卦「九四」的不言之象——心感無感

有心為感，無心為咸。咸則更純粹，全心全意，沒有一點折扣、瑕疵，最純粹的狀況就像天池。我們通常有心一點就是感，如果心再多一點就是憾。有心就已經是感了，落入了下乘，再多心那就遺憾，就像兌卦一樣，它沒有豎心旁，也沒有言字旁，什麼都沒有。無心之兌就是兌卦的境界；無言之說，更是如此，像佛祖拈花微笑就產生法喜，那也是兌卦的境界，是最純粹的境界。無心之咸就是不言之象，不在乎你說了什麼，而在乎你真正是什麼。

咸卦六爻是針對身體的每一個部位所象徵的時位而有所感。初爻「咸其拇」，「其」就是你的，不是別人的，而是自己有所感，「拇」是指腳的大拇趾；二爻「咸其腓」，「腓」是小腿肚；三爻「咸其股」，「股」就是大腿；第五爻「咸其脢」，「脢」是後背；第六爻「咸其輔、頰、舌」，分別指牙床、臉頰、舌頭。那第四爻呢？不言「咸」，而且在〈繫辭傳〉中，這個爻孔老夫子特別重視。

第四爻的爻辭有不言之象，因為咸卦談的是心，而心是無定在，無所不在，無形無相，既不是心臟，也不是腦袋。不言咸，不言感，不言情，沒有固定的所在讓你去「感」去「咸」，也就是說，第四爻是我們在處理肉身的時候，要考慮身、心之間的關係，身心相感，有時候你身體的疼痛檢查不出原因，就跟你的心有關。心情不好，有時就是肉體某些地方有狀況，疲勞或者是疲倦，造成心思暴躁易怒，所以身心也是交感的，絕對不是截然分開的。第四爻特別凸顯心的感，因為沒有定在，所以特別難。不像上爻，口感特別好，是兌卦的開口，特別愛表現，口若懸河，所以它的感是希望用講話去打動人，甜言蜜語，騙死人不償命。

初爻：先知先覺

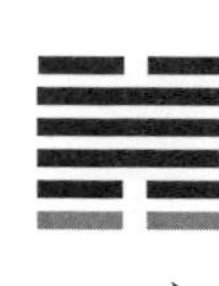

初六。咸其拇。

〈小象〉曰：咸其拇，志在外也。

我們現在進入具體的爻。先看初爻：「咸其拇。」爻辭就三個字，沒有講吉凶。《易經》凡是爻辭不明言吉凶的，都是吉凶未定，看人的修為、智慧而定，但是這種反應絕對存在。像否卦第三爻「包羞」，「包羞」也不一定壞，「忍辱包羞是男兒，捲土重來未可知」，像比卦「比之匪人」，一天到晚跟匪人打交道，可以增長你的生命歷練。隨卦第二爻「係小子，失丈夫」，沒有講吉凶，沒有價值判斷，因人而言，可吉可凶，並沒有嚴格的批判。人的創造力、主觀能動性，在爻辭不明言吉凶的時候，還有斟酌考量的空間。「咸其拇」也是，畢竟它是下經第一爻，自然而然有的感情、衝動，於是腳的大拇趾就癢了，想行動了，這有什麼罪呢？當然，也要看對象，如果造成「初六」想動的是第四爻，於是輕舉妄動，這一動，就會造成聯動效應。腳有五趾，為什麼是腳拇指先動呢？因為它是領先的，這也代表在咸卦的感是細膩的，會細膩到五個腳趾頭的感覺都不一樣，大拇趾帶頭動，先知、先覺、先感。《易經》通常是知機應變，「機」就如同有些人看到霜就想到冰，而有些人看到霜啥也想不起來。所以大拇趾可以說是時代的先鋒，特別敏感，它在最前面，嗅到某種敏感的氣息，馬上就想動了，然後那些後知後覺的才跟著動。

最敏感的先端，就是「咸其拇」，哪裡說一定壞呢？像艮卦第一爻叫「艮其趾」，它就對五個腳趾頭一視同仁。在感的方面每一個人都不一樣，一定要分大拇趾；可是在艮的時候，要止欲修行，不能針對大拇趾設計一套，再針對其他腳趾各設計一套修煉的法門，只要一套「艮其趾」這個法門，就通用於五個腳趾頭，統統遵守戒律。要管的時候一套藥方管全部。所以咸卦「初六」叫「咸其拇」，不叫「咸其趾」，因為每個趾頭都不一樣，怎麼可以說「咸其趾」？

〈小象傳〉說：「咸其拇，志在外也。」既然爻變是革卦，呈現天翻地覆的變化，整個心中的主宰，心中所想的完全受了外卦「九四」的影響，隔著三個爻就想跑過去，這就是「志在外」，想要往外發展。

四爻：切勿意亂情迷

九四。貞吉，悔亡，憧憧往來，朋從爾思。

〈小象〉曰：貞吉悔亡，未感害也。憧憧往來，未光大也。

第四爻首先就是「貞吉，悔亡」，因為它本身不正，陽居陰位，這是第一；第二，它沒有調到最好的狀態，要正心誠意，才可能有好結果，心這麼亂是不行的。像《詩經》裡面說，看到了心上人，就輾轉反側，晚上也睡不著覺，就是這個爻的境界。所以不要苦思亂想，先要把心定住，爻辭就先叫你正心誠意，先「貞」，定住你的內心，懊惱才會消失。不然你就會有很多狀況，留下諸多事後的悔恨。如果心中念頭太多，就要事先防範，讓悔恨得以消亡。那麼，應該怎樣事先控制自己不至於心亂如麻、意亂情迷呢？固守正道，把心定住，面對這些雜念不輕舉妄動，可能產生的悔就處理掉。「貞吉」就是「正心誠意」，把心先定下來，為什麼要定下來呢？就是〈小象傳〉說的「未感害也」，不會受到心思太亂的傷害。

因為「貞」，使你的心思在非常亂的情況下定住，接下來就很精彩了：「憧憧往來，朋從爾思。」童心為「憧」，小孩子的心思絕對不會長期關注一件事，這一點誰都知道，他的注意力會經常轉移，所以帶小孩子很困難就是如此；然後小孩遙想未來就是憧憬未來，那是一下「往」一下「來」，根本就不定的，他不需要負成人社會要有的責任，所以他隨便想。像我們小時候都是「憧憧往來」，雖然那個想法不可能實現，但是可以憧憬，不需要為這些想法負責任。我們人生有很多狂想曲，都不見得能實現，這也是「憧憧往來」。這輩子我們心中不是都充滿了這種念頭嗎？

「朋從爾思」，「從」是被動，不是心中有主，「朋」就是外面的誘惑，朋友這麼一喊，就跟著去了，完全沒有主宰。「爾思」，然後你的思維也會影響外面的朋友，所以都是心亂如麻的象。在這種情況下，〈小象傳〉就是「未光大也」，不能「含弘光大」。

憧憧往來，朋從爾思

「朋從爾思」的「朋」就是「九四」跟「初六」的關係，互相牽引、互相影響、互為主從。「九四」是陽爻，「初六」是陰爻，「九四」心中亂想，「初六」就隨著「九四」的想法而行動，因為心動所以行動。如果人是以思維為主，然後根據想法去做，就叫「從」，這就是陽主陰從。對九四來講，「爾思」，隨便你怎麼想，「初六」都會隨著你的想法而動，就像難捨難分的兩人關係。我們在坤卦中就講過，陰陽合為朋，這可以用來強調「九四」跟「初六」的聯動關係，「九四」的念頭一動，「初六」就得跟從。可是，如果「九四」這邊光想，只是單相思，還沒有真正和「初六」結為連理時，那樣的情境就很苦，也是心思不定的象。

「憧憧往來，朋從爾思」，這句話大家都有經驗，得失心大的時候，一下子飄得好高，一下子又好低，像個傻子一樣。得失心太重，太想要，不一定能得到，那就很苦。正所謂佛家的「求不得苦」，所有這些「憧憧往來」不能夠「光大」的現象，極可能會爻變為蹇卦（䷦），變得人生多艱，寸步難行，好像得了關節炎、風濕症一樣。所以針對「憧憧往來，朋從爾思」這種得失心重、心亂如麻、意亂情迷的現象，要藉著「貞吉，悔亡」來對症下藥。「貞吉」是先下藥，為了「悔亡」，悔從哪裡來？就從「憧憧往來，朋從爾思」這裡來。就像我每天晚上老做夢，真的是與生俱來，這大概有很多前世的冤孽，思慮過多，所以要鎮定、打坐。這就需要「貞吉，悔亡」，就不會受這種思慮過度的傷害。

法自然、正思維、重實踐

〈繫辭傳〉中，孔子太重視這個爻了，他用很長的篇幅闡述了這一爻：

《易》曰：「憧憧往來，朋從爾思。」子曰：「天下何思何慮？天下同歸而殊途，一致而百慮。天下何思何慮？日往則月來，月往則日來，日月相推而明生焉。寒往則暑來，暑往則寒來，寒暑相推而歲成焉。往者屈也，來者信也，屈信相感而利生焉。尺蠖之屈，以求信也。龍蛇之蟄，以存身也。精義入神，以致用也；利用安身，以崇德也。過此以往，未之或知也；窮神知化，德之盛也。」

人就是會思想，有感情、有感受，那要如何讓自己的所思、所感是正面的發揮，而不是負面的拖累？孔子的這一大段就是回答，而這一大段文字其實只有九個字就可以概括。第一是「法自然」，盡量地效法自然現象的往來，像春去秋來這些，都是很正常的。第二是「正思維」，人一定會思維，隨時起心動念，每一個剎那都不知道想到哪裡去了，「正」就是使思維不會斜，盡量讓我們的思維純正，所以「貞吉，悔亡」。第三是「重實踐」，一定要跟「咸其拇」那個強大的行動力配合起來，想到就做，不要老在那邊想，一點也不做。做了就是「既濟」，不做就是「蹇」，沒有行動力。「既濟」就是依靠「咸其拇」，「法自然、正思維、重實踐」而做到了。中國的實學（實體還用之學，起於北宋，盛於明清之際）都是講究知行合一的，想到就要做。

我們具體解說一下這一段。「天下何思何慮」，天下大家都在想，思想家想，宗教家想，企業家想，政治家想，小老百姓也想，天天思，天天慮，真累；「慮」這個字很形象，裡面是「思」，外面披著老虎皮嚇人，在老虎皮下面還在想。

「天下同歸而殊途，一致而百慮，天下何思何慮？」在春秋戰國時期，百家爭鳴就是這種時代環境，每個人一套想法，互相認為對方不究竟，自己講的才是大法，又起了很多新的衝突。「殊途同歸」，真理就是得一，可以允許大家用不同的面向、不同的法門去修，就像爬山，山頂就在那裡，真理就在那裡，我可以從這邊爬上去，也可以從那邊爬上去，主要看哪一個方法好。就像佛教說的，修《華嚴經》可以，修《法華經》可以，念阿彌陀經也可以，最後都是要向佛祖報到。可以有不同的路子，因為每個人根器不一樣、環境不一樣，所以法門不一樣，八萬四千法門都可以到達究竟，這就是一個大思想家的氣派。「小德川流，大德敦化」，沒有那麼多分別，什麼都能包容，不是說大家走不同的路子就是異端，就絕對錯，是異教徒，只要最後走到同一個真理的地方，登到了山頂，同歸可以殊途。其實大家是「一致」，都要得那個「一」，但是我們可以有百種不一樣的想法。

「日往則月來，月往則日來，月月相推而明生焉」，這是講自然界的往來現象，說明很平常，而不是像很多人那樣，「天下本無事，庸人自擾之」，簡單反而變複雜。「日月」因為「相推」，就像太極拳的推手一樣，光明就在其中生出來了，往來就生出了智慧。

「寒往則暑來，暑往則寒來，寒暑相推而歲成焉。」寒來暑往就構成了一年豐富的四季節氣，如果寒老是不過去，暑也不會來，暑不過去，寒就不來，就不會成歲。

「往者屈也，來者信也，屈信相感而利生焉。」「信」即「伸」，伸出來。屈伸往來，人生就是要如此。大丈夫能屈能伸，能伸的時候就伸，該屈的時候就不要硬拚，你屈的時候人家就伸，等到哪一天伸的時候，他也屈，這就是「相感」。「利生焉」，利就從這裡來。「屈信相感」的彈性，利才會出來。

「尺蠖之屈，以求信也。龍蛇之蟄，以存身也。精義入神，以致用也；利用安身，以崇德也。」這是非常有名的句子，「尺蠖」就是一種小蟲，要走之前，一定先屈，然後再伸。人生有時候也是一樣，像張良、韓信，「尺蠖之屈」就是為了求伸。龍蛇到了冬眠的時候，也得躲起來，因為不能跟嚴寒對抗，要保存自己的伸，等到驚蟄之後再開始。「精義入神」就講到實際的了，即前面的思維，大家各建立一套思想，要把自己的義理、人生智慧琢磨到入神的境界，陰陽不測，出神入化。「以致用也」，不能空想，還是要落實到人生的實踐，要經世致用，盡量擴大思維的用途，不然就是空想。「利用安身」，利用這個智慧，至少可以安身立命。既然人能安身立命，不愁吃不愁穿，為什麼不多增長一點智慧、德行呢？「以崇德也」，才沒有後顧之憂。「崇」就是越來越高，利用安身作基礎，自然會萬丈高樓從地起。

「過此以往，未之或知也；窮神知化，德之盛也」，「過此以往，未之或知也」，人生就是這樣，我們所想的、所感的就是這樣，有些東西沒有確定的或者完全靠猜想的，就像生前死後的許多推論，「未之或知也」，孔老夫子站在儒學宗師的立場，就比較保留了，他留了一個尾巴，說「窮神知化，德之盛也」。從哪裡來的到哪裡去，宇宙怎麼開始的，我們要窮盡陰陽不測的宇宙造化之由，這不是不可能。可是絕對不光是理論知識的探討，要盛德的人才夠資格，才能夠證到這種境界，修到如來的悉知悉見，透徹了解宇宙人生的真相。

二爻：順勢用柔

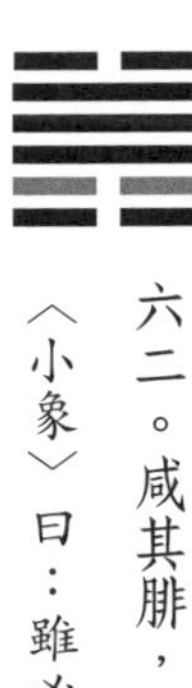

六二。咸其腓，凶，居吉。

〈小象〉曰：雖凶居吉，順不害也。

二爻「咸其腓，凶，居吉」。「腓」為小腿肚，現在是小腿肚癢了。小腿肚一癢馬上就想抓，或者就想動，「凶」，這是凶的訊號，一定要「居」，不要輕舉妄動，停在原處不動才吉。二爻因為接受到五爻的信息，且有上進心，小腿受「咸其脢」的影響。但是它告訴你，你就是有感動了，也要內斂節制，不能說看到五爻就感動，你一動，怎麼處理好跟「九三」的關係？二爻要到五爻，中間要經過三爻和四爻，這時就要考慮有包袱，有沒有罣礙，有沒有其他複雜關係的牽扯。

五爻很吸引你，但是過得去嗎？去那邊就會馬上傷害到與三爻的關係。然後三爻時不時就爭風吃醋，橫加阻攔。除了三爻，還有上爻呢！上爻又跟五爻掛鉤，你看，多複雜的關係！所以二爻在三、四、五、上爻統統捲進去的地方，承乘應與這麼複雜的人際關係，雖然有感，最好還是不要動。如果動，第一個吃虧的就是它，成為眾矢之的，不知道有多少競爭對手。人在這個時候明明有感，先不動為佳，如果動，立刻凶，唯有「居」才吉。此時穩坐釣魚台，不要心癢難熬，小腿肚癢了就動，而且小腿肚不是想動就可以動的，需要大腿動了，才能帶動小腿動，大腿就是第三爻。

二爻有痛苦、有包袱，在還隸屬於三爻這種大腿帶動小腿的過程中，即便五爻是一個人生的願景，也不能去，它現在還不是自由身。所以爻辭說「咸其腓，凶，居吉」，冷靜下來避過最衝動的時候，下面的形勢可能就變化了，搞不好其他人的輕舉妄動，就已經把這些事情處理掉了。所以不要在那麼複雜的環境下做第一個，出頭的椽子先爛。〈小象傳〉說：「雖凶居吉，順不害也。」「六二」就是因為中正，懂得順勢用柔，就不會在裡面受到傷害。所以二爻因為「順」所以「不害」，「九四」未感害，因為它「貞吉，悔亡」。由此可知，咸卦可能帶來很大的傷害，需要冷靜，要完全正心誠意，不能全被情思帶著走。「六二」爻一變是什麼卦？大過卦（䷛）。所以你在小腿肚剛癢的時候不明就裡，在這麼複雜的關係中首先發難，馬上就是「大過」，第一個死的就是你。「遇咸之大過」，就有可能毀滅。

五爻：喜怒不形於色

九五。咸其脢，无悔。

〈小象〉曰：咸其脢，志末也。

第五爻「咸其脢」，「脢」是身體哪一個部位？過去大致有兩種不同的說法，但還是以其中的一個說法最有道理，當然另外一個說法也不能說沒有道理。「脢」其實沒有什麼了不起，就是後背的脊柱，而且人身的督脈也在其上。在艮卦第三爻「艮其限，列其夤」，「夤」就等同於「脢」，就是腰背的位置，「艮」跟「咸」有關，因為腰酸會引起背痛。

「九五」是君位，就像人的全身骨骼以脊柱的中正最重要。練氣功的、學中醫的都知道，這是很重要的修煉關口，不管是督脈，還是人的脊柱，都是全身的君位，如果歪了或者不通氣，全身就不可能舒服，所以重要無比。而咸卦最重要的爻又是第五爻，居君位，統管一切的中樞位置，也是萬感交集的位置，身上所有的從指尖、腳尖等感應外界的訊息都會透過神經傳導或氣脈流通，到達中樞的位置，產生各種各樣的感覺。中央處理的設備，就是第五爻，所以它是多感，每一種最細膩的感受都有。

我們看「脢」字，左邊為肉，右邊為「每」，就是每一樣都沒錯過。所以人生多樣的感受、感觸全部集中在「胸」這個地方，再由「胸」決定下什麼指令，就像領導決策中樞，面對地方上報上來的所有資訊，有時要對勘、要查證，然後搜集到各方面的資訊權衡比較後，再做出相應的回應。這和我們的肉身處理神經末梢的感應一樣，重要而冷靜，不輕易反應，但是處理時絕對要考慮整體。

我們平常說的冷感就是這個爻，表面上是冷感，其實什麼資訊都收到了，但是不輕易反應，免得反應錯誤；就像領導人，因為是君位，是主心骨，不可以輕舉妄動。可見，「脢」這個字很深沉，「每」字加上三點水就是海，像海一樣深，絕對不是膚淺的，不是表面的亂動，就像領導人考慮問題要很深，不能太膚淺，不能動不動就暴跳如雷。如果是用「日」字邊，就是「晦」，黑暗的意思，也是很深沉，通常都是喜怒不形於色。「无悔」的悔字右邊也是「每」字，人心中如果有好多念頭，處理不好，處理不公正，你就會後悔。「悔」就是「心之每」，不會只有一個念頭，所以我們說多心為憾，這麼多念頭到底哪一個念頭對，要怎麼處理好這些念頭？處理到沒有悔就對了。

一個組織中那麼多人，各人有各人的想法，要怎樣統統擺平？羊羔雖美，眾口難調，一定有是非，就領導人來講，他是要化解是非，而不是增加是非的，所以他要做到「无悔」，他的感就得慎重處理，需要高度冷靜，有時還要喜怒不形於色。

換句話說，咸卦第五爻一定要冷靜控制，不能熱情澎湃，被所有的感覺所左右，需要整體的制衡、節制，尤其是君位，領導人不可以太濫情，不可以感情過分豐富。因為他斷事情要公正，政心無情。可見，這個爻並非是真正的冷感，而是千頭萬緒、萬感交集薈萃的地方，正因為這樣，所以不能夠隨便回應。這個爻就是我們人生在世真正要修到咸卦君位的高度，要如如不動，什麼都知道，什麼都不輕易做淺層的反應。

「咸其脢，无悔」，有點像「情到深處無怨尤」這句詩，「無怨尤」就是「无悔」，因為情到深時，沒有什麼好怪的了。記得在一九六〇年代末，有一部美國人創作的小說《愛的故事》，後來拍成電影，那個愛情故事比起現在來單純得多，可是在那個時候就是蔚為風潮，裡面有一句名言：「愛是永遠不必說抱歉。」文言文就叫「情到深處無怨尤」，這就是「咸其脢，无悔」這種用情的方式。而領導人就是如此，他不能夠感情用事，不是絕情，可能還是很多情，而且情很深，很內斂。

「脢」字還有另外一個意思，就是男人才有的第二性徵。男孩子小時候的童音很可愛，大概到了十來歲之後就開始變音，然後就長出了喉結。這種說法就認為「脢」是喉結，有沒有道理呢？有一定的道理，這還要跟恒卦的第五爻連在一起想才能更清楚。喉結是很特殊的，女人沒有，只有成年男子有，而男女有別就是這個爻的意思。在咸卦的感中，男女有別在君位這一關鍵的位置，像喉結，就有控制自己不要亂講話的意思在內。第六爻「咸其輔頰舌」是講話，為什麼到第六爻要講呢？因為心中有一些話不吐不快，心中憋的東西是什麼？是第四爻，因為第四爻是心感，心中的念頭亂七八糟，如果沒有第五爻類似像喉結的東西給你節制，心裡有什麼話直接就冒出來了。第四爻心中想的，第五爻直接就講出來了，很可能會造成傷害。而君位要穩重，要慎言，喉結的位置作為一個象徵，就是要提醒講話時注意心口之間千萬不要無遮攔。咸卦這一爻以男人的喉結取象是有特殊意義、特殊考量的，因為恒卦的第五爻爻辭講「婦人吉，夫子凶」，是不是在講男女有別？咸、恒相綜一體，恒卦第五爻女人吉，男人凶，男女有別，吉凶迥異，所以咸卦第五爻也是男女不同的。

前面，我們已經把「咸其脢」的意思大致說過了，「咸其脢」才能「无悔」。雖然多感，因為冷靜，控制得當，不會輕舉妄動，不受感情的左右，就產生了一個極好的結果，即不會有後悔的事情產生。「无悔」比「悔亡」的境界要高。咸卦四爻做到了「悔亡」，五爻才能「无悔」。无悔是悔亡進一步的境界，根本就不會有悔，就是修行到家了。禪宗宗師神秀的境界就是勉強悔亡，惠能的境界根本就无悔。「身是菩提樹，心如明鏡台。時時勤拂拭，勿使染塵埃。」這是神秀的悔亡境界。到了惠能則是說豈有此理：「菩提本無樹，明鏡亦非台，本來無一物，何處惹塵埃。」

「九五」為什麼要「咸其脢」，克制內斂？除了他的位置，還有「上六」的負面干擾，但又是一個致命的吸引力。大人物的私情，心裡面的某一些罣礙，都是因為「九五」受「上六」影響太深了，就是〈小象傳〉所說的「志末也」，整個心志都受「上六」主宰，可能就耽誤了「九五」該做的事，這就是典型的因私誤公。乾隆如果是「九五」，和珅就是「上六」，因為他「志末」，所以才需要「咸其脢」。抗拒不了「上六」的誘惑，又做防範措施，又怕敗壞全局，更無以面對「六二」。這就是「九五」的處境——「志末也」。

「九五」爻變叫什麼卦？小過卦（䷽）。也就是說大過不犯，小過不斷，作為咸卦的君位，無傷大雅的事情還是難免。

三爻：寢食難安

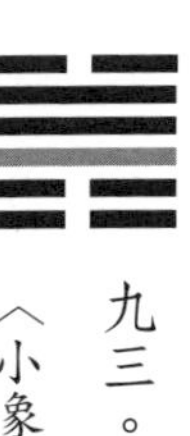

九三。咸其股，執其隨，往吝。

〈小象〉曰：咸其股，亦不處也。志在隨人，所執下也。

我們再來看第三爻和第六爻，第三爻、第六爻就是一翻兩瞪眼了。澎湃洶湧的熱情過度，沒有辦法持久，到最後是「分飛燕」，這就是三爻跟上爻的關係。

咸卦的「九三」，陽居陽位，拚命三郎，想要就要，可是結果不好，三爻「咸其股，執其隨，往吝」，根據自己的想法想要往前去，結果沒有多少發展空間，有時候錯了還得文過飾非，連承擔都不敢。為什麼呢？大腿癢了，「咸其股」就癢得很深了，而且大腿是主動的。

你看，咸卦從人的身體取象，把人的身心結構真的研究得很透徹。小腿是被動的，大腿自己就可以決定怎麼動，然後帶動小腿動。這是三爻跟二爻綁在一起的承乘關係，一體聯動的關係。三爻是長官，二爻是下屬，三爻沒有動之前，二爻不能動；三爻如果動，二爻不動都不行，捨命陪君子。所以「六二」有時候就很苦，因為他不能夠自由挑選，即使面對「九五」那樣的吸引力都不能去。就像有些人在下卦、內卦，原先是隸屬於三爻，他們是綁在一起的，現在看到外面有一個五爻就想去，但是走得開嗎？除非把跟三爻的關係切斷，你才能去，切不斷，就會理還亂。所以二爻就有一點「人在江湖，身不由己」的感覺，心裡想，動不了，包袱沉重。

「咸其股，執其隨，往吝」，「隨」是跟隨，一個爻跟著一個爻，只有承乘的關係，沒有應與的關係，初隨二，二隨三，三隨四，這是單向的承乘關係。但是「九三」有「六二」拖著，它也不是自由身，看到「上六」那個兌卦「巧笑倩兮，美目盼兮」，那麼誘人，卻去不了，因為「六二」在執著追隨「九三」，也是行動不便，包袱太重，拿不起放不下；所以「往吝」。這種情況下第三爻已經是心癢難熬，大腿都癢了，就是去不了，去也是拖油帶瓶，很多事情反而會處理不當而造成傷害。雖然「咸其股」，欲火中燒，但是「往吝」，行動一定是吝的結果。它爻變是萃卦（䷬），非常想跟「上六」那麼精彩的聚在一起，可是不行。

〈小象傳〉說：「咸其股，亦不處也。」「處」就是留在原地不動，「不處」就是不能不動，「九三」熱情高漲，停不下來，無法冷靜克制。停下來就是下卦、內卦艮，就跟「六二」相安無事地守在一起，可是因為「上六」的吸引力太大，停不下來，就像飛蛾撲火一樣。為什麼說停不下來呢？因為「六二」受到「九五」的影響，也停不下來了。所以「六二」已經不處了，「九三」「亦不處也」，也是寢食難安。小腿癢還好一點，大腿癢就更嚴重了。〈小象傳〉接著說：「志在隨人，所執下也。」「九三」跟「六二」綁在一起罣礙無窮，想要追隨「上六」那個心嚮往之的新歡，拋棄舊怨「六二」，所以「九三」滿心想著要去追隨「上六」，那就會完全陷入被動。第一，處理不了下面的「六二」；第二，「上六」也不是你的專利，「上六」跟「九五」還有一腿，你敢惹「老闆的女人」？那不更複雜了？怎麼處理與「六二」的關係？學陳世美，先把秦香蓮拋掉，再去娶公主？萬一公主又有更高層次的情人，不是自惹殺身之禍嗎？正因為「所執下也」，跟「六二」綁在一起死死的，「九三」東算西算，都沒好結果。

「九三」兩頭都難，不知道如何兩全，就像人在面臨很多的選擇時，常常陷於這種僵局，這是很值得同情的。這個爻的爻辭寫得還是有一點含蓄，只說大腿癢了，其實大腿離敏感地帶很接近了，這才是最敏感而危險的地區，而且是熱情已經到很難抗拒的地步。

上爻：舌綻蓮花

上六。咸其輔、頰、舌。

〈小象〉曰：咸其輔、頰、舌，滕口說也。

「咸其輔、頰、舌」，感應到牙床、臉頰、舌頭，但是「上六」是空講，不能兌現承諾，故〈小象傳〉說「滕口說也」，舌綻蓮花，不見得能夠兌現。「九三」拋妻棄子，跑到「上六」那邊，結果可能落空了，哪一天怎麼死的都不知道。「上六」爻變就是遯卦（䷠），講完了要跑路的。

我們如果占到咸卦第三爻，真的要小心，陷入這種情境，人很難冷靜下來，那個局勢幾乎是絕望的，怎麼樣都不會有好結果，如果前往就是「吝」。

因為我們對這個爻很了解，包括一些占卦的經驗也參透了。「九三」是大腿，上爻是動口。一個動腳，一個動口，根本就是動手動腳。咸卦六個爻自古就看出來了，少男少女在還沒有經驗之前對彼此的身體跟心的反應，充滿了探索的熱情。〈說卦傳〉說「艮為手」，下卦動手；「兌為口」，上卦動口，而且這個爻還是相對這樣動，這就充滿了想像力。《易經》就這麼直接跟我們講實際的人生，但是這些沒有罪惡，只是事實，少男少女當然充滿了這種探索的熱情，所以全部在肉身上取象。像恒卦的六個爻就沒有身體的象，一個都沒有了。為什麼？沒有新鮮感了，所以就熬日子。到恒卦的時候，肉身不存在了。還有一個更深的意思就是，因為追求永恒的境界裡不可能有肉身，肉身不能夠永恒，那些活菩薩肉身成聖是給我們做的示範，只有心才能永恒。所以你執著肉身幹什麼呢？在一個追求永恒的境界裡，沒有任何身體的象，這就是修行。

占卦實例1：譚嗣同慷慨就義

二〇〇一年四月上旬，我問：清末戊戌變法失敗，譚嗣同何以要犧牲，其究竟意義為何？得出咸卦「初六」爻變成革卦。革命必須流血，流血從譚某人起始，藉此感動天下人心，大拇趾一動，其他腳趾都會跟進啊！慷慨赴死易，從容就義難。

歷史上像文天祥、譚嗣同、林覺民等人的作為，確實人所難能，可歌可泣。

占卦實例2：夢中縛手縛腳

二〇一一年十一月下旬，我占問：人在夢境中為何動作遲滯，想做甚麼，手腳總不俐落？得出咸卦「九四」爻動，變成蹇卦。爻辭稱：「憧憧往來，朋從爾思。」正是日有所思，夜有所夢，浮想聯翩，卻蹇困難行，占象何其明確？

占卦實例3：癌症感染擴散

二〇〇七年中，有位學生問她一位好友罹患癌症的病情，占得咸卦二、三、四爻動，齊變成坎卦，問我如何判斷？咸是感染，坎則風險甚深。二爻咸其腓、三爻咸其股、四爻咸其心，擴散連成一片，相當危險。醫生也不看好，長期接受放射線及化學治療，痛苦不堪。患者也是女性，跟咸卦「取女吉」有關？拖了數年後，患者去世。

占卦實例4：哲人其萎

二〇一一年二月下旬，毓老師本約定要去我們周易學會看看，結果當天一早身體違和，又臨時取消。我心中覺得不祥，占問後續發展？為咸卦三、四、五、上爻動，「上六」值宜變成遯卦，四爻齊變成剝卦。剝卦卦辭：「不利有攸往。」這段感應互動可能被迫止歇。咸「上六」爻辭：「咸其輔、頰、舌。」

有心論說無力完成，遯退之象令人不安。三月六日我還去晉見老師，體氣更衰。三月二十日清晨，老師溘然仙逝，卦象不幸而言中。

天長地久——恒卦第三十二（䷟）

天人相應的自然法則

下經的人間世一開始就很熱鬧，離合悲歡、愛恨情愁的推演發展，非常複雜，幾乎主導了大多數人的一生。那麼，我們該如何認識下經的發展結構？首先當然是對人性、人情的描繪。對於人性人情，下經自咸卦伊始，描繪得非常深刻、細膩。這種活的智慧，用在我們的人生行事上，能夠趨吉避凶，盡量少犯錯誤。人情的法則、人性的弱點，主導絕大部分人的行事、思維，下經三十四個卦中，前十個卦統統在人情的漩渦中輪迴，很少有人能從這裡跳脫。從咸（䷞）、恒（䷟）二卦開始，經遯卦（䷠）、大壯卦（䷡）、晉卦（䷢）、明夷卦（䷣）、家人卦（䷤）、睽卦（䷥）、蹇卦（䷦），最後是解卦（䷧）；第十個卦是解，也就告訴我們，在人情的輪迴到第十個卦時，才得以解脫，了解人情到底是怎麼回事。

這種情的歷練，可謂是分分合合，像家人、睽和蹇、解就是如此。家人、睽二卦是由親如一家人到反目成仇，然後是帶來人生步步艱難的蹇卦，最後恍然大悟，要尋求和解。這就是情執過深、情障太重對人的傷害，其消耗是非常大的。前面的咸、恒二卦也是如此，經歷感情海誓山盟的熱烈和舉案齊眉的平淡之後，接著就是遯卦的遯退，然後又是一代接一代的大壯卦，再後來就是晉卦與明夷卦的日出日落。直到解卦時才明確地告訴我們，要告一段落了，不能如此放縱情欲，一定要有所節制。前面九個卦在茫茫人海中看看別人、體會自己，然後與別人擦出火花等互動、恩怨，致使我們步步難行，解卦作為總結，就是要解決前面蹇卦中種種的難題。蹇卦和解卦就是《易經》中一個永恆的主題，即問與答。

蹇卦這樣困難的問題是怎麼造成的？當然是從咸、恒一直下去，關係有親疏遠近，有離合悲歡，隨著時間的變化，很多人情會褪色、會變質而來的。這種難題要怎麼解呢？不管它多難，一定有解決之道，解卦就完全是針對蹇卦的難題。人生這種人情所造成的複雜難解的問題，解法就要非常高明，解卦就是作為答案。到了解卦之後，人們才大徹大悟，理性開始抬頭，不再完全沉溺在感性的漩渦中。

理性一抬頭就有冷靜的計算。人生的每一個步驟不會只考慮當下，會考慮到中長期，這時損（䷨）、益（䷩）二卦出現。蹇、解之後的損、益二卦是很明顯的理性抬頭，有了損益之後，我們人生的決策就會根據前十個卦感性的輪迴體驗，做精明的計算或者說冷靜的智慧考量，所以後面是夬卦（䷪）。

解決問題的「解」是解卦，解決問題的「決」是夬卦，解卦跟夬卦之間就是損、益二卦的冷靜計算，用感性的體驗加上冷靜理性的大勢觀察及推演，先損後益或先益後損，在此間求損益平衡，然後就做決策，這就是夬卦。在〈繫辭下傳〉第二章講文明的發展的十三個卦，最後一卦就是

「夬」，也就是說，人生一定要在很多的無奈中，面對自然的演變、人世的分合，殺出一條血路，要尋求突破。突破就是〈雜卦傳〉最後一卦夬卦所說的「君子道長，小人道消」。

整個下經大的結構，尤其前面所謂人情的十卦，其實是呼應上經的。下經到損、益二卦理性開始抬頭，要去制衡感性，上經也是到第十一、十二卦出現了天翻地覆的變化，泰、否二卦就是天旋地轉。上經由乾、坤開始，經歷屯、蒙、需、訟、師、比的坎險不斷，又到小畜、履二卦的「密雲不雨」、「履險如夷」，演變到最後來一個天翻地覆的泰、否，之後才進入同人、大有，然後是謙卦，讓我們在天地人鬼神的情境中找到安身立命的方式。

上經前面十幾個卦的上卦或下卦，是先有坎卦，再有離卦，也就是先有「雲行雨施」，才有「大明終始」，這裡面就有無限的道理在其中，值得我們去體會。由此看來，上經跟下經其實還是天人相應的，人道的演變其實也是天道演變的比較特殊的範例，所以上經跟下經處處呼應。從下經這種人的小宇宙的高智慧之生命發展中，人的一些行為模式完全可以看出自然的法則，而這個自然法則在上經大概都有模式可循，像大過卦（䷛）在下經呼應的就是小過卦（䷽），上經倒數第三卦是大過卦，下經倒數第三卦是小過卦，小過卦後面是最後的既濟、未濟卦，既濟（䷾）、未濟（䷿）二卦，又跟上經的坎、離完全呼應。然後小過卦前面的中孚卦（䷼）就呼應上經的頤卦（䷚）。這些對應還不只是意義上的對應，從理氣象數來看，完全是一個整體，你用符號去推，用卦去衍也是如此。所以它是非常嚴密的。

從結構面來看，像咸卦那麼熱鬧，卻不跟我們談太多的形而上的感情，而是與最實際的肉身相關。身體每一個部位的感應，這是人最清楚也最親切的，至少會陪你走這一輩子。沒有哪一個卦像咸卦這樣愛惜自己的身體，如此重視自己身體每一個最細膩的感應。由腳的大拇趾那一特殊的感應，揭開咸卦的序幕，「觀其所感」，然後「天地萬物之情可見」。咸、恒二卦呼應乾、坤二卦，幾乎不言可喻。乾、坤是個大宇宙，而咸、恒是個小宇宙，涉及夫婦、父子、上下等家庭倫理、社會禮儀，這些都是人類社會的組成，它就是一個小天地。這個小天地就從少男少女戀愛開始，然後結成夫婦要長久過日子。我們常說「曾經擁有，天長地久」，如果用這句話來形容咸、恒二卦是最恰當不過的了，這也正好呼應上經的乾、坤之天地。

由情侶到夫婦，由戀愛到婚姻，人人都希望長長久久，但是《易經》很快就告訴我們底牌，恒卦後面是遯卦，不可能長久。人都想追求永恆，追求長久，卻統統不能久。為什麼？因為所有感情的卦都沒有「元」，「元者，善之長也」，有「元」才能創造生生不息的能量。乾、坤都有「元」，咸、恒只有「亨利貞」，都缺「元」，沒有「元」怎麼會長久呢？「貞」下不能啟「元」，然後還會受人情、欲望的羈絆，不可能長久。像有錢有勢者，死後帶不走，甚至有時候亡國敗家，所以就有局限性。在人必然的局限性中，追求無限和永恆就成了不可能。這些感情的卦中，有的卦卦辭講得四平八穩，到爻的時候我們會發現那真是白辛苦。下經一開始就是卦吉、爻凶，然後全部又跟心有關，無心之感、有心之恒都是麻煩一大堆。人有心、有情、有氣，就有追求、得失、痛苦。

人與自然到底差在哪裡？就差在「元」。毛澤東說「天若有情天亦老」，還好天地沒有情，天地如果有情也會像人的生老病死一樣。而天地永遠是那樣，永遠不衰老，永遠運轉，因為它沒有情。可見，情左右了人的一生，所以很多宗教學派都叫我們從執著中跳脫，也就是這個道理。

恒卦的應用

恒卦之「恒」，我們知道，在《易經》的脈絡中，取意為「一日心」，取代了「亙古心」。而許慎《說文解字》中：「恒，常也。從心從舟，在二之閑上下。心以舟施，恒也。」心舟徘徊擺渡於兩岸，「亙」字上面一橫是彼岸，下面一橫就是此岸，中間是一條船擺渡。古文字解說上的意義，也很有意思，這不就是既濟、未濟二卦嗎？舟子擺渡，渡到彼岸好像就是「恒」，擺脫了此岸很多的憂悲煩惱。所以「恒」的造字，從《說文解字》來看，也緊扣著下經最後兩個卦——既濟、未濟。船就這麼擺來擺去，過不過得去，能不能涉大川，就和你的修行有關了。

分析恒卦，一般先從卦爻開始，再結合〈繫辭傳〉，如此才能建立一個全面的結構。《易經》真正的難處，不是一卦一爻的解讀，而是最後交織成四千零九十六種變化，就是每一卦每一爻都有關係；也即佛家所說的「一花一世界，一葉一如來」。在《易經》來說，就是「一爻一世界，一卦一乾坤」，從中可以讀出整個宇宙的訊息。如果你能夠把這些息息相關的訊息觸類旁通，貫穿在一起，那就是乘數法則，積累的智慧會越來越多，這樣《易經》的智慧就會運用無窮。這就是〈繫辭傳〉所說的「引而申之，觸類而長之，天下之能事畢矣」，整個宇宙人生所有的東西，只要你會引申、觸類就全部暢通了。不然，一定是見樹不見林，枝節跟整體的關係永遠都搞不清楚。

在《易》卦中，恒卦也是無所不在地滲透到每一個地方。除了本卦之外，在需卦（䷄）第一爻就有「恒」，從需要出發，飲食男女就離不開「恒」，要找到供應的東西來滿足需求；如餵飽肚子、傳宗接代、安身立命，這都是人生的需求。需卦第一爻「需于郊，利用恒」，才會「无咎」。

所以要理解需卦第一爻的「利用恒」，就要懂恒卦，不然在需卦的第一爻就會慌手慌腳，無法定位，沒有第一爻哪有後面的資源需求到手？所以第一爻要站穩，搞清楚你的需求，要把「恒」所代表的意義充分利用。還有豫卦，豫卦的君位就很痛苦，那裡面也有恒的觀念，豫卦的第五爻稱「貞疾，恒不死」，初看爻辭，會覺得多麼令人羨慕啊，誰都想長生不老，從秦始皇、漢武帝，都想「恒不死」，永遠不死或者此心不死，但是那是君位的病灶所在。人一旦有疾，能不能把它鎮住，讓病不發作或者帶病延年，這才是「恒不死」的意義。如何做到「恒不死」？這是非常值得玩味的。有時在很痛苦的情況下，被病痛糾纏，不自殺，湊合著過，或者權力被架空，苟且度日。而要做到「恒不死」，就是豫卦（䷏）第五爻爻變為萃卦（䷬），只有出類拔萃的人物，用「貞」壓住「疾」，才可以辦到。像六祖惠能的真身，所有的病菌都沒有辦法破壞，再潮濕的氣候也奈何不了它。這就是固守天地的正氣，把疾壓住，那也是永恆的觀念。豫卦第五爻正是因為有一些不死的因素，克服了一般人所無法避免的疾。

可見，「恒」很難，我們在平常生活中，光是交朋友三年以上保證不翻臉都難，「人無千日好」，那不是三年嗎？人要好好的交三年以上的朋友都很困難。對於「恒」，我們以前講的時候只是一般的觀念，真要是把《易經》搞活了，到處都是活的恒義，而且意義絕不只有一層，有無窮的境界。就像金庸的《射鵰英雄傳》中，黃蓉做菜給洪七公吃，他一口咬下去就有七層之味。從這個角度了解恒，就不會那麼難了。

跟恒卦關係非常密切的是益卦（䷩），就是理性開始抬頭，開始精明的計算。風雷益與雷風恒，既相錯，也是上下交易的關係，和咸卦、損卦的關係一樣。所以可以說下經由情開始帶頭，從咸、恒出發，到解卦告一段落，理性開始抬頭，就是把咸、恒六爻全變，脫胎換骨，就變成損、益。咸、恒偏向於用情，損、益偏向講理，把咸、恒整個扭轉，改弦更張，換一個方法看人生。益卦第六爻就有講，「莫益之，或擊之」，想要追求利益，適得其反，還招致打擊；「立心勿恒，凶」，一日心為恒，恒為常道，如果存心不正，偏私自利，結果必凶。所以最後不但不能獲益，還會凶。

〈繫辭傳〉說「益，德之裕也……長裕而不設」，「長」也是恒卦的概念，不能求一時之裕，要讓內心永遠跟天地一樣寬廣，而且永遠是這樣。說來容易做時難，因為人總是在喜怒哀樂中輪迴不斷。益卦就要求我們，人生要追求利益，甚至希望利益眾生，不能只考慮短期的利益，要從恒出發，要立足於長遠。我們的起心動念也是如此，如果不能做到恒，結果就是凶。在〈繫辭傳〉中，關於乾、坤的闡述也是離不開「恒」：「夫乾，天下之至健也，德行恒易以知險。夫坤，天下之至順也，德行恒簡以知阻。」人生到處都是險阻，如果你做到易、簡，就可以完全了解險阻在哪裡。而且不是一時的了解，是永遠了解，因為有恒的工夫。

還有，「恒，德之固也」，一是我們固有的東西，二是我們要固守住，三是它堅固無比，不管它歷盡多少風沙，依然屹立不搖。我們有時候看著像瓷器，很漂亮，但是不小心一碰就碎了，我們的身心如果不堅固，就會如此。沒有恒，險阻就可能把我們吞噬。很多人要追求永恆或者以為他追求到了，以為某種東西是永遠不會倒的，是堅固無比且長長久久的。讀完恒卦之後，我們還會這麼想嗎？像秦始皇，統一六國，想要千秋萬代，故稱「始皇」，但最後他建立的帝國只有十五年，沒有恒。他大概做夢也沒有想到第二個皇帝一半都沒有做到就沒有了，這不是最大的諷刺嗎？他不是要求恒嗎？沒有求到，然後要去找長生不老藥，希望永遠不死，建那麼大一個地下陵寢。他有沒有追求到恒呢？沒有，用那麼多的資源，那麼堅強的意志，「上窮碧落下黃泉」，結果上天跟他開玩笑。我們人生不也是一樣嗎？對很多東西期待它能夠恒，結果還是落空。

咸、恒中有大過卦的意義

肉身不可能永恆，所以在恒卦的時候，肉身沒有任何的立足之地，只出現那些乾巴巴的爻辭。咸卦把肉身研究得那麼透徹，「亨利貞，取女吉」，雖然沒有「元」，已經了無遺憾了，但是到了應該可以享受的時候，六個爻卻沒有享受到，個個都痛苦得要死。恒卦也是如此，想追求永恆，追求長久，六個爻連卦辭的標準都辦不到，都落空，沒有人追求到恒，無法期待長久。

這就是因為咸、恒裡面都有大過卦的象。「大過」象徵著崩毀，硬實的棟樑都會垮，何況人呢，怎麼能長久？我們拚命想要挽住青春，希望愛情永恆不變，但裡面卻是成住壞空。咸、恒二卦中都有大過卦，而且佔了六分之五。咸卦從第二爻到最後一爻就是大過卦（䷛）的象，你承擔得了嗎？到了一段時間就得「棟橈」，面臨崩毀。而恒卦從一開始就進入大過卦，第一爻到第五爻就是大過卦，怎麼恒呢？再堅固的東西都得倒。

所以這種追求長遠、長久、永恆的念頭，只是癡心妄想。像毛澤東就曾講過「一萬年太久，只爭朝夕」，這才是務實的想法。我們常常說要爭長久，不要爭朝夕；不爭一朝一夕的事，要爭千秋萬世，有幾個人爭得到？爭一萬年，根本就無從控制，無從預期。像孔子一死，儒家就分裂為八派，他老人家能想得到？換句話說，可能是徒弟跟老師之間的差距太大了，距離比較近的顏回又死掉了，最後老師一走，師兄弟們就很難再團結了，沒有任何人服氣任何人，大家就各謀生路。所以用這種機關算盡的方式要去求恒，根本就求不到，甚至適得其反。那麼要如何追求恒？「一日心為恒」才是正道，而不是「亙古心為恒」的誇張。

恒卦卦辭

恒。亨，无咎，利貞。利有攸往。

恒卦的卦辭比咸卦的卦辭多了一點，條件也比較嚴苛、複雜。畢竟要長久，要白頭偕老、地老天荒，條件難免要多一點。

由咸發展到恒，先是「亨、利貞」。因為情感可能會蒙蔽你的理智，跟蒙卦一樣，「亨利貞」欠「元」，就需要啟蒙，把業障打開，才能夠擁有源源不絕的「元」。到了恒卦，「元」同樣沒了，還得重新去復「元」。咸卦的「亨利貞」一旦成熟，條件具備，下面就是往恒卦務實的日常生活長久發展下去，不然老是塵埃不落定。咸卦既然有了「亨利貞」的情緣，提出了很具體的建議，就有「取女吉」的長久打算。

可是恒卦的「亨、利貞」之間夾了一個「无咎」，這就有學問了。因為「亨、利貞」本來就很純粹、很自然的，像兌卦卦辭就只有「亨利貞」三個字，啥也沒有，無條件地兩情相悅，不涉及任何具體的但書，連下一步怎麼樣都不重要了，當下享受就好了。咸、恒二卦已經不純了，因為有現實的考量。但是不管怎麼講，咸卦的「亨利貞，取女吉」，還是沒那麼複雜，沒有那麼多的考驗，但是到恒卦的時候什麼考驗都來了，所以「无咎」必須在「亨、利貞」之間出現。

我們都知道，《易經》的終極目標就是追求无咎。「无咎者」，其實是「善補過也」，也就是說人不會永遠不犯錯，犯錯是允許的，只要不犯大的過錯就可以了。一旦犯錯，只要發現，馬上就調整；或者已經變成事實，木已成舟，但不是罪大惡極，那就「善補過」，下次別再犯了。「有不善未嘗不知，知之未嘗復行也」，這就是復卦的初爻所告訴我們的；乾卦的第三爻就教我們這樣，白天犯錯了，晚上就改過來，晚上犯錯了，第二天早上就改過來。整個《易經》也就是如此，「无咎者，善補過也」，從善如流、遷善改過，補償自己曾經犯的過失，而且補得很好，沒有瑕疵。所以，无咎是超越吉凶的。吉凶則不同，「吉凶者，失得之象也」，輸贏勝負、得失成敗都是不一定的，不會永恆。所以恒卦中一定要有「无咎」，把「亨、利貞」隔開。換句話說，人生到无咎的時候，有些過錯自己承擔，不能老是歸咎於別人。人常常犯的毛病，就是一天到晚咎來咎去，貪功諉過，無法把責任歸屬搞清楚。

把咎降低到零，就天下太平，這才有可能恒，才是長久而穩定的發展關係。再親密的革命戰友、枕邊人到一段時間就開始你怪我、我怪你，這就是咎。能不能夠无咎，就得磨合；无咎能不能做到，就要練習，降低到无咎時，就有「恒」的味道了。大有卦第一爻講「无交害，匪咎」，就是說不要老是歸咎於別人，「艱則无咎」，在困難的環境中，最會怪別人，那就更糟糕了。這本來也是很平常的道理，但是人就是很難超脫。所以要練習无咎的修養，就要處理好種種複雜的人際關係，甚至包括天人關係，不要動不動就怪環境、怪氣候、怪自己生不逢時，要「上不怨天，下不尤人」，這才是無咎的境界。

恒卦卦辭「利貞」前顯示「亨」，說明恒的關係本來是亨，可是要日積月累接受考驗，時間一長，各種習氣就會出來，原形畢露，就一天一天腐蝕；所以在「亨」時強調「无咎」，從「无咎」開始練起，後面才是「利貞」。好不容易建立了長久的關係，當然要固守住，固守住了，要長久才能獲利，才能產生正面的價值。「利」就是從「貞」來的，恒中所獲得的利益，也要消化吸收，不能一轉手就沒了。「懼以終始，其要无咎，此之謂《易》之道也」，整個易道也不過就是追求无咎而已。但是要終始无咎，絕對不容易，无咎之後還要利貞，「恒」之德就慢慢開始擴大，開始循著一個主軸不斷地正向發展，所以「利有攸往」。

「往」代表行之有主，大方向一直沒錯，所以它的前途是看好的，可以正向、長久發展。由此可見，恒卦想要「利有攸往」這樣的結果，前面就要「亨，无咎，利貞」，才「利有攸往」，如果前面做不到，就不會有後面的結果，遯卦可能就提前來臨，更談不上千秋萬世了，就像始皇帝一樣短暫而亡。

恒卦〈大象傳〉

〈大象〉曰：雷風恒。君子以立不易方。

我們先看〈大象傳〉：「雷風恒，君子以立不易方。」恒卦在教我們「不易」，這是《易經》

的基本之道。我們看到很多的表象都是千變萬化的，都是變易的，沒有不變的東西，這樣一來，人生就變得很迷惑了。「不易」又跟「簡易」有關，必須清心寡欲，化繁為簡，嗜欲淺而天機深。

「立不易方」，是指人生立身行事很明確，立場絕不輕易動搖，一路行來始終如一。就像十年磨一劍，必須持之以恆，才有一點生機。指望守株待兔成為常態，那是不可能的。如果離核心的真理還遠得很，沒有修到如如不動的定力，就需要「立不易方」，大原則絕不輕易改變，正如孟子所說的「富貴不能淫，貧賤不能移，威武不能屈」，這樣你才能夠樹立風範，建立組織不朽的根基。

「恒」本來就是希望我們在那些變動的事物中掌握大原則，所以「不易」。那「不易」是怎麼來的呢？絕對不是太平社會中就可以顯現的，一定是在雷風動盪的考驗中，風吹不倒，雷打不倒，在最動盪不安的環境中，考驗出恒的修為。這就是「立不易方」。其他事物可以調整，可是大方向、大原則則絕不變，這有點像隨卦，懂得隨機應變，原則性跟靈活性俱備，堅持的一定是大原則、處事之方，總是有自己的立場。所以孔老夫子到三十歲的時候就有了「立不易方」的境界，三十而立，有所建樹，再往上就是精進發展。

有恆為成功之本，持之以恆最難，要保持不變，就要念茲在茲，要有長久的精神意志貫徹下去。如果不能堅持，就如老子所說：「金玉滿堂，莫之能守；富貴而驕，自遺其咎。」老子還說：「天長地久。天地所以能長且久者，以其不自生，故能長生。」誰都想天長地久，可是為什麼天長地久的那麼少？「以其不自生」說的是生萬物不是為自己，「故能長生」，所以想追求長生，想追求恒不死，所有的創造性活動不屬於自己，沒有私心，就破除了小我的執著。然後老子還講「長生久視之道」，就是「深根固柢」，根要扎得深，像恒卦的下卦、內卦為巽，正是深入扎根的象。

然後上面的震才能長出來，才能夠行動。震卦如果是一個在外面開創事業的生機勃勃的男人，那他後面一定隱藏了一個偉大的女性，即巽卦。震是看得見的，可是巽看不見，低調無形。所以我們常講，一個成功的男人後面通常都有一個偉大的女性，不是他太太，就是他媽媽。當然現在是二十一世紀了，這種說法要改過來，即每一個偉大的女人後面都隱藏著一個低調忠誠的男人。

恒卦長久的功業，能夠生生不息，就是因為曾經在內心中，很低調地下過最深入的工夫。如果沒有深入，上卦震的能源就不能達到恒的境界；如果下過巽的工夫，不但是通人，還通天命。

恒卦〈彖傳〉

〈彖〉曰：恒，久也。剛上而柔下，雷風相與，巽而動，剛柔皆應，恒。恒亨，无咎，利貞，久於其道也。天地之道，恒久而不已也。利有攸往，終則有始也。日月得天而能久照，四時變化而能久成，聖人久於其道而天下化成。觀其所恒，而天地萬物之情可見矣。

恒卦的〈彖傳〉比較特殊，特別長。如果沒有耐心深入玩味，你會覺得它很囉唆，但是確實有必要講這麼多，這樣才能成就恒。因為恒很不容易，所以需要慢慢開導。恒卦的〈彖傳〉有八十一個字，是《易經》中最長的〈彖傳〉。如果是單純解釋卦辭，根本不需要解釋這麼多。主要還是有贊易的部分，要把恒講清楚。因為恒很容易被誤會，有的人以為保守就是恒，一成不變就是恒，沒有想到恰恰是一成不變不可能恒，時間長了你還是要交棒給下一代。所以恒不是一成不變，而是保持一個穩定態，要成為長久的東西，一定是該變的時候會變，如此終而復始，生生不息，像星球運轉一樣，繞完一圈之後，要再繞一圈，再繞一圈跟原來那一圈不完全一樣。恒有穩定保守的一面，但是從長遠看，到一定時間就要變，窮則變，變則通，一定是會有創新的，這才能成就恒。

恒卦〈彖傳〉是最長的，〈彖傳〉最短的是哪一卦？隨卦。隨卦是在每一個刹那追求永恆，而恒卦是拉開了，幅度很廣。恒就是久，〈雜卦傳〉說「咸速、恒久」，夫婦之道不可以不久，〈序卦傳〉也說「恒者，久也」，除了「久」還有「常」，「常」就是面臨一些變化，不會磨損，可是這並不代表恒沒有變化。

在最早的時候，人類對宇宙的探測還是比較原始的。像太陽是恆星，我們居住的地球在內的九大行星，是一天到晚都在轉的，可是太陽好像一點都沒動。太陽怎麼會不動呢？因為作為恆星，它動的幅度更大，只是我們的肉眼看不出來。宇宙間沒有不動的星，沒有不變的東西，星辰也會生老病死，從所有這種變化之中，是不可能有不變的東西，現象永遠在變，沒有不變的。所以恒不能解釋為「不動」。其實動得很厲害，只是它動的時候，你感覺不到。「恒，久也」，說的是它永遠在變，但永遠保持穩定的狀態。

「剛上而柔下，雷風相與，巽而動，剛柔皆應，恒」，這一段跟前面的咸卦是完全對應的。「剛上而柔下」，長男在長女上，震剛在上，巽柔在下，這是恒的格局。「雷風相與」，上卦跟下卦，爻對爻完全是水乳交融的關係，像「初六」與「九四」，「九二」跟「六五」，「九三」跟「上六」，是充分契合的。「雷風相與」是互相的，要互相尊重，沒有誰比誰高、誰比誰下。然後怎麼成恒呢？「巽而動」，指的是恒卦長久的動，好像不會老，不會折損，越動越歡，因為它是巽的基礎，內巽下了很深的工夫，長久的沉潛、低調，才成就外動、上動。在基層的時候埋頭苦幹，到枱面上則展現不同的風采。「剛柔皆應」，指上卦跟下卦相對的爻沒有任何一個不應的。恒的結構就是這樣，很完美，結構上有這種完美性，所以才能成就恒，不管外面怎麼動盪，它的結構不受影響，不會鬆脫，也不會腐蝕。

下面就開始解釋卦辭了。「恒亨，无咎，利貞」，這是卦辭的前半段五個字。答案只有一個，也是五個字：「久於其道也。」「其」就是自己，大到宇宙星雲，小到個人起心動念，都有其正確的運轉軌道，以及應該堅持的原則，而且不是偶然的，一定要在固定的道上長久奮鬥、長久運轉，才能跑出恒的成果，才會「亨，无咎，利貞」，才能成就久。

另外，從咸、恒、遯三卦自然的順序來講，咸卦時的少男少女，年輕的時候熱情充沛，而且感應比較靈敏，沒有那麼多功利的計較；到恒卦的時候要背生活擔子，到老夫老妻的時候一般來講感度會退化，就連小孩子的特異功能七歲以後就退化了，沒有感了，感在生活中磨掉了，如果還能夠恒、有感，你就突破了。那這兩個卦對你來講是存在的，是「久於其道」。因為人對任何事物最初會有感動或者新鮮感等，而看久了就好像麻痹了。如果可以不斷地感，還能夠維持，就代表敏感度一直保留。

「天地之道，恒久而不已也」，下面就得舉例了。咸、恒都取象於天地，宇宙天地之道，是「恒久而不已也」，不停不止，生生不息。不是一條線，而是螺旋形的周而復始。在我們身體上，中醫也講是圓的運動，不是直線的，是有往有來的。在整個運轉的時候一定有一個中心軸，一直在發展、擴充。

下面就解釋「利有攸往」：「終則有始也」。這一圈完了，下一圈又開始了，而不是這一圈完了就結束了，不然怎麼叫恒呢？就算這一圈是一億年也不是恒，因為一億年之後沒有了。這一圈結束，新的一圈又開始了，才是「終則有始」。像蠱卦幹蠱成功的「先甲三日，後甲三日」，復卦的「一元復始，萬象更新」，都是如此。所以恒如果積累夠了，可以代代新。世事如棋局局新，就沒有重複的棋；日夜終而復始，沒有完全一樣的日夜。「終則有始」的「有」其實就是「又」，以前是一個字，不能說那邊終了，下面沒有新的開始，那就不是恒了。

卦辭解釋完了，下面就是贊易的部分。「日月得天而能久照，四時變化而能久成，聖人久於其道而天下化成。觀其所恒，而天地萬物之情可見矣。」日月是最明顯自然的象，是很長久的，為什麼日月能久照呢？而我們創造的很多東西都不能久照呢？因為我們沒有「得天」，得天就獨厚，不得天就是沒有按照自然的天則，沒有得到自然律不變的「方」，怎麼折騰都不可能久照。「得天」就掌握到了永恆的創造能源，依循自然律，「人法地，地法天，天法道，道法自然」，所以才能天長地久。道家講「得一」，「侯王得一以為天下貞」，則「天清、地寧」，我們在離卦中就講過，要從光明的表象後面去追探光明的原因，為什麼能燒這麼久，因為後面有天在支撐，日月所有的行動都依循著自然法則在運作。所以所有的恒是有源頭的，人家能夠成功、能夠「久照」，因為得天，「日月得天」就能「久照」。

「四時」指春夏秋冬、元亨利貞、六七八九，「變化而能久成」，一成不變不能成恒。有的東西是不能變的，有些東西是必須要變的，所以春夏秋冬也是變化的，變化繁復、精彩，四季才更豐富。如果四季如春那就不好玩了，所以我們絕對不要把恒看成是不動、不變的，到一段該變的時候就變了。「窮則變，變則通，通則久」，該變的時候不變怎麼能夠長久呢？這就是四時變化而能夠久成。

人就要學「聖人久於其道」，一定要有自己最適合的奮鬥之道，要久於其道，效益才能夠浮現。有時候有的大道不是一輩子，還要培養接班人，幾代人一門深入，專心致志於自己的道，最後「天下化成」。賁卦跟離卦的〈彖傳〉都講「化成天下」，那都是講一個過程，教化成就天下眾生，必須如離卦的「重明以麗乎正」或者賁卦的「觀乎天文，以察時變；觀乎人文，以化成天下」，每一次都得依循正道，才能夠「繼明照于四方」、「乃化成天下」。到了恒卦，已經成就了恒，怎麼驗證都是真理，所以它不是「化成天下」，而是「天下化成」。像那些經典、教義，曾經都是一些了不起的聖人「久於其道」凝注的成果，所以叫「天下化成」。「化成」是動詞，「天下」是受詞，還在努力中，等到天下都化成了，表示已經有成果了。這種語法就像《大學》的格、致、誠、正、修、齊、治、平，最後說「家齊而後國治，國治而後天下平」。還有乾卦「用九」「見群龍無首，吉」，也是追求平天下。「平天下」指還在努力，「天下平」則是天下已經太平了，結果出來了。「天下平」就是「天下化成」，究竟圓滿實現了。

恒卦「卦吉、爻凶」的分析

我們來看恒卦字數不多的六個爻，這是人生長久實踐追求永恒具體落實到操作上，每一個不同的時位、不同的階段，對恒的把握到底會是怎樣。卦本身已經有缺陷顯露出來了，就是「元」沒有出來。爻就更等而下之了，幾乎是不管你怎麼追求，最後鮮有不失望的，幾乎都落空了。一個爻理論上它是代表在這個卦的某一個時跟位，而恒卦是要天長地久、悠遠無疆的，一個爻的有效時間能夠有多長呢？它必然是有限的，要達到這種無限且永恆就很難。所以沒有一個爻有好結果，有時候甚至是一場空，白忙一場。追求不到永恆，沒有辦法長久，到最後往往半途而廢或者前功盡棄。

事實也是如此，「恒」談何容易，就像咸卦也是，卦是那樣的花好月圓、良辰美景，一進入爻，就是無法做到全面的咸。一落實到爻就無法以偏概全，總是身體的一部分，有時是大拇指，有時是小腿肚或大腿，或者是心怦怦跳等，還是不能代表全身來感應，都是很局部的。那個部位可能感覺很細膩、很深刻，可是就是不全；就像瞎子摸象一樣，陷在局部的迷障中，這樣一來，要掌握全面的感應就難了。那麼，恒是長久，廣大悠久，一個爻就很局限，從基層到高層，要掌握長久就很短暫；除非短暫的時位內，在那一剎那之中，你能夠證得永恆。但那是隨卦（䷐）的工夫，於剎那證永恆，隨緣隨喜，每一個當下眼前都可以看到天堂、看到永恆。那樣的「元亨利貞，无咎」，恒卦六個爻就力有未逮，它注定不可能完美，注定有缺陷，追求不到究竟圓滿。就像同人卦（䷌）一樣，同人的世界本是希望和平，可是同人卦六個爻充滿了刀光劍影、勾心鬥角，有人埋伏在草叢之中，有人騎牆，還要有大師嚇阻的武力「克相遇」，這些都違反了同人主張的和平，可是又不得不然。這就代表卦的全面理想、長遠的理想，落實到爻的實際操作一定是有限的，理想與現實之間的差距很大。「同人于郊」是「无悔」，沒有充分完成心願，已經盡了全力，依然是「志未得也」，卦辭「同人於野」的志沒有實現，只能做到「同人于郊」，多少產生一些變化；而「同人于郊」爻變是革卦（䷰），未竟全功，所以「革命尚未成功，同志仍需努力」。同人卦的爻幹到最後也不過如此，因此，我們只有習慣接受爻的不完美及其缺陷。

這就是不完美的恒卦的六個爻，我們在具體的爻辭闡述中會看到，其中充滿了失望挫折，沒有辦法求得恒，也找不出人生、人際相處，甚至夫婦相處的常道。

咸卦各爻間應與關係的結果

在這裡，我補充說明咸卦各爻間應與的關係。咸卦內外、上下三爻相應與，陰陽互補，水乳交融，我們首先要注意兩爻互動的關係。少男少女的互動就表現在咸卦。咸卦就要重視「九三」跟「上六」，兩爻動，結果是否卦（䷋）。所以咸卦「九三」那麼動情、那麼深入，都已經快瘋了，可是結果還是不好：「執其隨，往吝」；到上爻的時候就動動口，口感好，口惠而實不至。結果是「否」，說明是不通氣的，不會有結果。

初爻和四爻，則是一邊心動，一邊行動，免得在那邊輾轉反側、意亂情迷、怦怦亂跳，「咸其拇」是行動，「憧憧往來，朋從爾思」是心動，這是咸卦剛開始的新鮮、純潔，想到就做，看對眼了就去追求成功的機會。結果咸卦的初爻、四爻齊變是既濟卦（䷾），知行合一，但是既濟卦並不代表永遠，後面還是有隱憂，不見得是神仙伴侶和長久共事的夥伴。既濟卦後面還有未濟卦（䷿）呢，有時候也經不起歲月的摧磨，一旦「既濟」了，到手了，缺乏繼續追求的動力，就變成了「未濟」。像《射鵰英雄傳》中的郭靖那個傻小子娶了黃蓉，這一下真是滿意了，但是婚後的生活中，黃蓉越來越不可愛，就連楊過都覺得她有點精明過度，有點世故，原先小女生的可愛完全沒有了。

二爻和五爻是典型的合乎中道，生命之源極其豐富，也是咸卦的高潮點，因為它有恒的象。

「咸其脢」的冷靜，看似無情，其實有情。這兩個如果一配合了，「六二」、「九五」中正相應與，「咸」中就出現「恒」的象了，有可能長久，有可能白頭到老。所以咸卦的二爻、五爻都強調節制，小腿癢了，千萬別動，凶啊，「居」才吉。雖然有那個感動，但是不能冒險，因為環境太複雜。第五爻更是了，有極強的克制力，能夠穩住不動，很深沉、很內斂。所以，都有一定的節制，結果反而可能最好，「咸」中有「恒」的戀愛會成熟為婚姻，彼此的相吸引可以發展成長久而穩定的結構。

恒卦各爻間應與關係的結果

首先是恒卦的三爻跟上爻。「九三」和「上六」跟咸卦是一樣的，結果不好，因為「過」了。咸卦的「三」跟「六」是否卦的終局，本來是亨通，變成了「否」，天人永隔，這輩子不再相見。在「恒」中產生的「九三」跟「上六」，不能夠持之以恆、保持穩定，所以到後來就會往下掉，要承受羞辱、挫敗、難過，「九三」跟「上六」如果兩爻動，結果是火水未濟（䷿），無法成恒。在恒卦裡面出現了未濟象，說明努力了那麼久，嘗試共同生活、共同合作，結果還是一翻兩瞪眼。長久也沒有用，再久的關係也會翻臉，百年老店也會倒，所以三爻的因，有可能造成上爻的果，沒有成恒，無法渡彼岸。所以它又是負面的示範、借鑑。人在求恒的過程中，如果犯了三爻跟上爻的毛病，結果是不成的。

第二爻和第五爻一看好像還不錯，燃料可以長久恆溫地持續下去，因為這兩爻變為咸卦，「恒」

中有「咸」象。長久看著好像是比較平淡了，但裡面還是熱情不減。像老夫老妻好像還是第一次約會一樣，雖然不會內心怦怦跳，看對方大致還順眼，這就是恒中有咸象，恒後面有咸的支撐，還是有感情的。所以相對來講，「九二」、「六五」在恒卦六個爻中，都要特別考量。第五爻因為是君位的爻，站的高度不一樣，考慮的跟其他的爻都不同，萬般不與政事同，但是萬般也不與君位同。君位是很高的境界，恒卦「六五」也是如此。但是恒卦第二爻表現不賴，很穩定，少犯錯。「九二」跟「六五」相應與，本身也都有「吉」的因素，有少犯錯的可能，這種搭配、合作的關係就有可能稱恒，不會出太大的狀況，更不會動不動就拆夥、離婚，因為它還是有愛，歷久彌新。

另一個值得注意的是恒卦的「初六」跟「九四」。咸卦是至少有一段時間的圓滿，而恒卦的初跟四，照講兩爻都動是泰卦（䷊），應該很好，恒是一種常態，而且這個久的結果能夠創造泰。可是這兩個爻糟透了，如果抓到了要點，兩爻都動應該是泰的象；可是實際不然，如果占到恒卦動「初六」、「九四」，結果絕對不好，為什麼會這樣？第一個是「不及」。因為恒卦的「初六」跟「九四」的關係，正是長男、長女的主爻，內外相應，上下相牽，「雷風相與」就表現在震卦的陽爻跟巽卦的陰爻，跟咸卦少男跟少女的巧笑倩兮一樣，結果就是不好。兩個爻辭都很痛苦，一無所得，搞不好連泰都是空的，追求不到。本來恒卦就是因為外卦第四爻的行動、主宰，才有強悍的生命力表現，而這些是源於內卦巽的深入、低調、沉潛，打了很深的基礎，因為「初六」「深根固柢」，所以「九四」「長生久視」，理論上應該是要這樣，問題是落實到爻的操作時就是辦不到，只有一個「泰」的可能。這說明我們人就是充滿了弱點，一旦具體落實，正好相反，不但泰沒有，每個人都遍體鱗傷。

恒卦六爻詳述

初爻：不當的深入

初六。浚恒，貞凶，无攸利。

〈小象〉曰：浚恒之凶，始求深也。

「初六」是恒的開始，為了長遠的發展，正是應該深入打基礎、埋頭苦幹的時候。在打基礎的時候，不顯山也不露水，但是一定要深入下工夫，要不辭勞苦地奮鬥。

初爻也是從咸卦進入恒卦之後的婚姻開始，到恒卦初爻，就發現有不正、不當位，恒卦從不正的爻開始，而且是虛的，那就有破綻了。故爻辭說：「浚恒，貞凶，无攸利。」沒有任何利益，產生不了任何正面價值，現實跟理想嚴重不相符。如果按照「浚恒」的方式去幹，覺得自己該要固守堅持正道，結果適得其反，是凶。堅持這麼苦幹，可還是凶，而且沒有任何正面的利益，這就說明「貞」是不保證吉的。正常的狀況是，「貞」後面有「吉」或者前面有「利」，但是「貞」後面是「凶」的也不少，還有「貞」後面有「厲」、有「吝」的也不在少數。「貞凶」是最嚴重的，貞還凶，就代表此路不通，不能用這一套固守做事情的方法，你認為是做事的正道，結果卻很不好。很多事情要以結果論，結果不好，總是有問題的。

可見，即使是「貞」，也要看堅持到底的效果是否好。為了恒，誰都想千秋萬世，沒想到第一爻就踢到一塊大鐵板，結果是「貞凶，无攸利」。為什麼呢？因為態度可能有問題，即「浚恒」二字。「浚」字很特殊，整個《易經》就出現這一次。「浚」的本意是「疏通」。早期的黃河水災頻仍，挾泥沙而俱下，聲勢相當可怕，泥沙累積到一定程度就會淤塞河道，遇到這種日積月累的「恒」沉澱下來的東西，還不能亂攪動，需要經年累月、隔一段時間就得去維修、保養、調護，想辦法用人工的方式疏通，把泥沙移掉或者挖深河床，希望河道的使用壽命能夠恒一點、久一點。就像夫妻的關係要長久，對於長期累積的不痛快、不滿意，「浚」的動作不可少，隔一段時間就要去清一清，「浚」的目的就是要求恒，這樣的夫妻關係、朋友關係才能夠比較長久，不然一下子就用完塞滿，小摩擦積成大摩擦，小的不痛快積成大的不痛快，到時候任何一個小藉口都會爆發口角，都可以爆發衝突，導致拆夥、離婚。這樣一來，隔一段時間一定得去「浚」，浚的時候，技巧、耐心如果不夠，也會適得其反，所以風險很高。但是不能不疏通，否則溝通會越來越困難；可是通的動作，又可能會適得其反，因為人工的疏通會「貞凶，无攸利」。像運河的疏通，就不像天然的河川那麼自然。人工有利有弊，有時會造成環境破壞，像我們開採石油也是「浚」，將來的文明可能就毀滅在石油上，因為把地球累積的資源給耗盡，到最後沒有石油，怎麼去運轉工業文明呢？時日一長，就傷到了地球的根本，所以「浚」這個動作要特別小心，而且要特別講究。

「初六」本身又不正，一心想挖深一點，拚命去強求，個人常常都有私心、私欲，越鑿越差，留下很多的傷痕，就如同我們常說的「一個好的作品沒有斧鑿的痕跡」。初爻的出發點是希望「恒」，好不容易經過咸卦六個爻的熱戀，互相有感情了，當然要久一點，所以「浚恒」，煞費腦筋，一心求好，反而「貞凶，无攸利」。

那麼，「浚恒之凶」從哪裡來的？「始求深也」，有時候過度求好，用了很多不自然的人工手段去維繫，越維繫越沒有好結果。這就是很深刻的提醒。恒卦一開始就想求深，事實上也不可能。在「潛龍勿用」的時候就想建立恒，怎麼可能？一鍬就想挖一口井，一步就想到位，一飛就想沖天，就像揠苗助長，拚命灌人工肥料，還是出不了「恒」的花朵，因為「始求深也」。真正的「恒」需要日積月累的工夫，絕不是一下子就有長久的成就。所以不可以急性子，「始求深」除了勇氣可嘉，就是機緣不夠、智慧也不足。要知道，人生的「恒」、所謂的天長地久不是瞎幹一陣就能求到手的。《易經》的產生也是恒，源遠流長，是集很多人的智慧，經過集體錘鍊而來，你三天就要把它學會，怎麼可能呢？

可見，「始求深也」跟我們的生活、年齡的成長、學習的經驗、人際的歷練是有關的，想一下子高度壓縮是辦不到的，因為它不合乎自然的節奏。「恒」需要長時間的薰習，不是一時的衝動就可以達到。而「初六」爻變恰恰是大壯卦（䷡），年輕氣盛，血氣方剛，最容易衝動，很想一下子醍醐灌頂。有人認為如果說「人一之己十之，人十之己百之，人百之己千之」，誰還會有耐心呢？只是囫圇吞棗，消化不良罷了。「恒」卦六個爻走完了都沒有達到，一個爻就想把它裝滿，怎麼辦得到呢？像我們的人際關係也是一樣，「交淺言深」，交情不夠，可以談那麼深的話題嗎？交誼才剛開始，還需要互相試探、互相觀察才可更進一步交往。恒卦初爻這種大壯的少不更世的熱情，不能夠抑制的衝動，才會做「浚恒」這種傻事。

像需卦「不速之客三人來」，就是因為慢的緣故。人生長遠的終極目標，可能要幾十年才能完成，要經過「需于郊」、「需于沙」、「需于泥」、「需于血」、「需于酒食」，才有「不速之客三人來」，才能夠「入于穴」。所以孔子說：「無欲速，無見小利。欲速則不達，見小利則大事不成。」「浚恒」就是「欲速則不達」，它為什麼會這樣呢？因為恒不是「速」能夠辦到的，要久，「速」能辦到的是咸，咸卦可以口說無憑、大言不慚。恒卦「初六」「欲速則不達」，因為它已經離開了「速」的咸卦，進入「久」的恒卦，不要妄想用咸卦速的心態去搞定一切。要有深厚的功力，日積月累才行，所以「欲速則不達」是「貞凶，无攸利」。就不像需卦「不速之客三人來」，最後風風光光滿足一切需求而「敬之終吉」。

孟子說：「其進銳者，其退速。」越是銳意進取的，剛開始學習氣象非常高漲，學習效果不一定好，也不見得能夠持之以恆，退步也很快。剛開始衝得最猛的，就沒有後勁。所以作為恒卦，不要用這種方式，唯有死心塌地，老實念佛、用功，日積月累，再採用「浚」的方式，隔一段時間溝通有障礙了，就得費點巧思去疏通。

因為有「初六」這種不當的深入傷害到了根，內卦的因就變成外卦的果，所以就出現「九四」「田无禽」的一無所得、一場空的情況。不管花再久的時間，也是勞而無功，而且「九四」也不正，它是上卦震的主爻，震為動，動就不正，深入也不正。這下糟了，「浚恒」種下的惡因造成了「田无禽」的惡果。因為不懂得在方法上求改善，老是出問題了就治一治、通一通，通完了又塞了。從身體上來說，「浚恒」有點像心肌梗塞，隔一段時間梗塞了，最後就裝支架，以後又發現心血管塞住了，於是再去通一通，再「浚恒」，然後血管又堵塞，就又得去浚，最後有些人就裝了十幾個支架。其實如果知道久了會被塞住，就要從根本上慢慢改變生活習慣，使心肌血管恢復正常，這才是恆久之道。西方有很多運動員到老的時候，往往毛病很多，那可真是徒傷悲，留下很多的後遺症。有的人心臟平均一年「浚恒」一次，最後當然是「貞凶，无攸利」。這就是方法和心態有問題，得過且過，認為人工的方法可以彌補大的問題，其實辦不到。

四爻：求不得苦

九四。田无禽。

〈小象〉曰：久非其位，安得禽也？

第四爻因為「初六」的原因造成拚命動，動到最後一無所獲——「田无禽」。「田」是打獵，禽獸的總稱叫「禽」，也為「擒」。打獵都希望打到戰利品，有獵獲的野獸。在漁獵時代，鳥獸除了拜神、送禮，大多數是作為食物，而獲得這些食物，當然要經過打獵的過程，禽獸不會自動來投降的，所以人就要積極打獵。

可是恒卦「九四」已經是入土一半了，在人生可以用的時間中，到了第四爻，算是位高權重了。可是它不正，結果打了一輩子的獵，沒有打到任何禽獸，一根鳥毛都沒打到，這就太可悲了。從初爻開始，奮鬥到四爻，因為初爻的出發點不正確，沒有講究最好的可大可久的方法。那麼要如何達到「可大可久」呢？正如〈繫辭傳〉第一章所說的：「乾以易知，坤以簡能；易則易知，簡則易從；易知則有親，易從則有功；有親則可久，有功則可大；可久則賢人之德，可大則賢人之業，易簡而天下之理得矣。天下之理得，而成位乎其中矣。」這一章的「易簡」，可謂〈繫辭傳〉的《易經》總論，「易簡」就「天下之理得」，人生的成就就因為「理得」，其實這種東西很簡單，只要掌握了要點就可以。人容易把簡單的東西化簡為繁，然後以龐大但無效的系統為榮。「可大可久」跟恒卦一樣，「九四」求的就是這些，結果「田无禽」，追求一輩子的恒卻是一場空，而且來日無多，上面只剩兩個爻了，你看多悲哀。

因此〈小象傳〉試圖點醒這夢中人：「久非其位，安得禽也？」這是位置、定位的錯誤造成的。一開始定位就錯了，花再多的時間，只有錯得更厲害，永遠都回不了頭。所以第四爻的落空就跟第一爻的定位有問題有關，方法一開始就錯誤。從「初六」到「九四」，經過了三個爻，由內而外，由下而上，已經是日積月累，結果沒有成就，真是辜負了這個位置。而且還要扮演這種心不甘情不願的角色，這不是「久非其位」是什麼？人要量才適性，如果你不喜歡的東西，會可久可大嗎？有明確的定位，你就會創意源源不絕，精益求精。如果是純粹為了要扮演社會角色，庸庸碌碌，結果一無所得，那時回頭也來不及了，「安得禽也」，怎麼會逮到任何戰利品呢？這一切都不是「久」的問題，而是位置錯了，在一個錯誤的位置上幹一輩子，當然「田无禽」。

這就是「九四」，跟「浚恒」也是有關的。人們常常說「恒」，只要有恒心，鐵杵磨成針，道理是對的，但是位置不能擺錯，時間的積累會讓錯誤永遠回不了頭，再回頭已百年身，結果就是「田无禽」，兩手一攤，啥也沒了。這個爻的警示，對世人來說不可不深，因為這時候即便悔悟也來不及了。

《易經》中「禽」的相關說明

在師卦、比卦的時候，兩卦的君位都有「禽」的概念，都是在圍獵。師卦（䷆）第五爻跟恒卦第四爻剛好可以參照，師卦「六五」是「田有禽」，而恒卦「九四」是「田无禽」。打仗一定要有藉口，要師出有名，在師卦的君位，政治領袖為何而戰，為誰而戰，所以一定要把對手抹黑成為禽獸，人人得而誅之；就像打獵一樣，彼此不是在同一高度上，「田有禽」就說明對手太壞了，是禽獸，人面獸心，所以我們要發動戰爭，「令民與上同意」，才能夠合乎道。這是師卦的君位，為了捍衛而找正確的理由宣戰，所以「田有禽」，有打獵的對象，然後大家同仇敵愾，一致對付兇殘可惡的敵人。恒卦「九四」卻是「田无禽」，人生種種的追求活動，到最後什麼也沒有，時間浪費，青春也一去不再回，坐在乾巴巴的位置上，不稱職，沒有表現，那就很苦。原因也很簡單，因為「久非其位」，錯誤的累積所造成的。這就說明要早回頭，人要有自知之明，沒有自知之明就難過了。

另外，除了師卦第五爻「田有禽」之外，比卦（䷇）第五爻則是網開一面：「王用三驅，失前禽，邑人不誡。」就這樣開著缺口，給禽獸一條生路，顯現寬宏大量，不趕盡殺絕。在屯卦（䷂）第三爻也是到山林中打獵，可是不但沒有打到獵物，還被獵物耍了，「即鹿无虞」，那時要懂得剎車，因為你一無所得，所以說「以从禽也」，禽獸才是做主的，你追求的目標在耍你，你就還去追，結果越追越遠，勞而無功，浪費了大量的時間。這就是人生盲目的追求，既不知彼，也不知己，正是佛家所謂「求不得苦」。屯卦第三爻爻變是既濟（䷾），本來是追求成功的，結果沒有。

三爻：無處容身

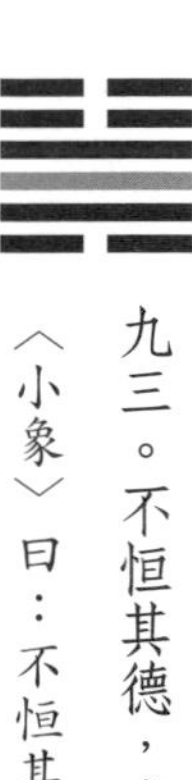

九三。不恒其德，或承之羞，貞吝。

〈小象〉曰：不恒其德，无所容也。

第三爻跟上爻這一對是悲劇收場的，結果「未濟」，因為過火了。三爻爻辭：「不恒其德，或承之羞，貞吝。」初爻「貞凶」，三爻「貞吝」，五爻直接就是凶，「貞」都沒有了。

「貞」的結果是「吝」，說明第三爻沒有任何開展，小格局，很狹隘，而且也頻頻出錯。幹了那麼久，打不開局面，反而活動範圍越縮越小，還得文過飾非，自己找台階下，這多難過。「九三」因為沒有恆心毅力，老是不當地轉換，不斷變招，越換越糟，每下愈況，失去了原來可能維持下去還不錯的狀況，就是不能「恒其德」，沒有什麼耐心，結果一無所成。

「三多凶，四多懼」，恒卦的「九三」、「九四」，落實在人位的修行就沒有好結果，四爻「田无禽」，三爻「貞吝」，還要「或承之羞」，承受種種的羞辱。還有，「九三」跟「九四」不一樣，「九三」的位置是對的，是正的，「九四」位置就擺錯了，不當位，不正的位置幹那麼久當然沒什麼用，而「九三」的位置是對的，但是沒有耐心，一山望著一山高，所以他不容易在這個位置待太久。這就是「不恒其德」，沒有定性，沒有常心，不知道「恒」需要一段相當長的時間才能成就。

「九三」位雖然正，拚命三郎，過剛不中，總覺得自己沒有成就，老想著換一種方式、換一個行業，最後一檢討，還不如原來的，結果從頭再來。四爻要從頭再來是悔之晚矣，三爻覺得還有機會，可以從頭再來，可是又換錯了。這種人在現實中有很多，難免「或承之羞」，其實是「必承之羞」，「或」是不定詞，什麼都有可能，人的信心不定，三心兩意，不能夠貫徹始終，就會造成這個結果。每個裡面花的時間都有限，樣樣沾一點，樣樣都稀鬆，專業就沒法累積，所以最後要出現成果的時候，「或承之羞」，一定會承受羞辱，是哪一種羞辱呢？「之」就是指示代名詞，就是「這個」，例如要承受很難堪的羞辱，像否卦第三爻的谷底，人生最難堪的「包羞」，掉到那麼一個可悲的局面。「之羞」，其實不必講什麼實際的羞辱，總而言之很難過，結果都得承受奇恥大辱。可是這一切都是自己找的，因為「不恒其德」，在任何一個領域中，你不確定專業的地位，老是換來換去，所以會承受哪一種難堪的羞辱他也不知道，各式各樣都有可能，這就是「或」，所以你必承羞辱。

「貞吝」，越幹空間越窄，自己還得找藉口，又得歸咎於「時不我予」，再不然就是「懷才不遇」，環境對我不好，大家對我沒有善意，其實失敗就是失敗。所以〈小象傳〉很不客氣：「不恒其德，无所容也。」對這樣一個沒有定性、沒有耐力，又經常抱怨，經常粉飾自己過錯的人，到哪裡都不受歡迎，天地之大，無處容身，沒有任何一個地方能夠收容你。這話罵得可太重了。這就像《易經》最凶的一爻——離卦第四爻，〈小象傳〉也說「无所容也」。在「恒」的場域中，因為「不恒其德」，結果「无所容」，沒有任何人願意接受。「无所容」就類似人生所遭遇的「突如其來如，焚如，死如，棄如」一樣，境遇越來越差，承受很多羞辱，掉到「包羞」沒人要的狀況，不被任何人所接受。

上爻：動搖國本

上六。振恒，凶。

〈小象〉曰：振恒在上，大无功也。

「田无禽」的浮躁、沒耐心，使得外卦震的上爻振動過度，就造成非常慘烈的結果，即「振恒，凶」。「田无禽」可能是因為「浚恒」種下來的根，恒卦到最後宣佈破產、瓦解，整個恒的基業不管做多久，因為振動過度，最後就垮了。這個爻爻變為火風鼎（䷱），鼎是公權力的象徵，前人好不容易建立的很長久的事業，也玩完了。而且這個爻下面就接到遯卦（䷠），開始走下坡路，就得跑路了。恒要長久，就應該立基於守中的常道，結果都不遵守，不該改的亂改，和「不恒其德，或承之羞」一樣，如果死守著一個東西，尚可勉強混日子，老是變化的話，越變越糟，「振恒」也是拚命求變，而且亂動。「上六」這種過動、不當的動，反而動搖了國本，動搖了根基，動搖了長久的信念、價值，沒有任何的支撐，連「恒」這一大本都動搖了，就如同大廈將傾，亡國敗家，結果當然「凶」，而且沒有任何轉圜的餘地。

〈小象傳〉說：「振恒在上，大无功也。」這也是結論，從整個大局全部檢討。也就是說，恒卦到最後就是全部垮了，所有恒的東西都毀滅了，所以下面是遯卦的開始，沒有任何功，而且絕對是負面的。

「大无功」在師卦第三爻的〈小象傳〉中出現過，結果都是同樣的，慘敗而歸。師卦第三爻爻變和這個爻爻變都是升卦（䷭），師卦是要建功，恒卦也是希望累積長久而成功，結果都沒有，而且「大无功」，毀於一旦。完全沒有顧及有些根基是不能動搖的，不知道那是根本；人也是一樣，人的身體是有元氣根本的，如果一天到晚破壞，旦旦而伐之，吃什麼補藥也沒用，結果整個生命的根基棟樑垮了，「振恒」就不能長久。恒卦最後的結果是不管中間建設了什麼，拖了多久，最後還是垮，下面就是遯，要下舞台了。

還有一個就是坎卦第三爻，也是「大无功」，「來之坎坎，終无功也」，因為「六三」還沒有終局，到了「上六」才是終局。坎卦「上六」則是無間地獄，被五花大綁丟在荊棘叢中，痛得渾身打滾，三年都不能脫困，「上六失道，凶三歲也」，落實了「六三」講的「來之坎坎，終无功也」。古人說「三歲看到老」，有時候我們要看最後的結局，不一定要看到上爻，看第三爻就可以預測，它將來就是上爻。恒卦「上六」大無功，就因為在三爻的時候沒定性，老換來換去，「无所容也」。「无所容」造成的「振恒凶」，「立不易方」這個不可以變的大法則、大原則被撼動，變得不能再變，國本都動搖了，非垮不可。

二爻：善補過

九二。悔亡。

〈小象〉曰：九二悔亡，能久中也。

第二爻只有兩個字——「悔亡」，「悔亡」的意思我們都知道，就是後悔消失。「悔亡」的程度還不是很高，只是可能會犯錯，但是它「善補過」，馬上就把悔處理掉了，不至於造成很大的破壞效應。犯了錯，但是控制得宜，災禍就不會發生。

相對來講，第二爻是恒卦中比較穩定的一個爻，不是不出狀況，而是狀況可以剛居柔位，能屈能伸，有實力，而且應對的時候懂得柔和對待。「九二」也居下卦的中道，錯誤剛剛一冒出來立刻就把它處理好，就不會枉生遺憾。

爻辭最短的只有兩個字，像否卦第三爻「包羞」，還有這個爻的「悔亡」。爻辭之少就是「言有盡，意无窮」，就知道在恒卦中幾乎是出毛病最少的，懂得「悔亡」，錯了承認錯，趕快面對錯，「无咎者，善補過也」。

「九二」為什麼能夠「悔亡」，不生遺憾呢？因為〈小象傳〉說：「九二悔亡，能久中也。」長久的時間中都能夠謹守中道，也就是下卦巽之中，先立於不敗之地，在長久的歲月裡面能夠久中，結果悔恨消亡。這個爻爻變為小過卦（䷽），錯誤不嚴重，馬上就改。所以說「恒」的東西我們很難找到，但是犯錯倒是恒的，孟子說：「人恒過，然後能改。」「人恒過」意指人沒有不犯錯的，那是常態，但是能改就好。

要真正完全理解第二爻的「悔亡」其實很簡單，「九二」可以說是恒卦最平穩、最沒有什麼大毛病的爻。長期趨勢的變動，它也是上上下下，但這一爻的精神就是要我們順應大趨勢，要看長久。孔子的學生子張曾問孔子，三百年之後的事情可以知道嗎？也就是十代以後的事情可以預測嗎？孔子說，這有什麼難呢，就舉三代為例，夏、商、周三代各有斟酌損益，「其損益可知也」。你只要抓到變動的大法則，每一個改朝換代都會有一些變，可還是有不變的東西，你只需抓那個平穩的、長期中心線的大趨勢。何止看三百年，看三千年也可以的，「雖百世可知也」。

問題是，你為什麼覺得很難抓長期趨勢呢？以前我們講過恒中有謙的象，恒中就呈現了「悔亡」的不斷消弭過失、不斷抓主流趨勢的努力。可是有可能最後什麼也沒逮到，沒有追求到永恆，永恆不變的東西還是落空，像「田无禽」追尋了一輩子，追尋不到。換句話說，終極圓滿的追求不可能，可是在那過程中你可能會學到很多「悔亡」的智慧。最後這樣「二」跟「四」都有了，吉凶並見。但是從恒中我們就體會了謙卦的道理，人的能力是有限的。人的奮鬥和智慧都不要追求完美主義，不要求取美滿。

五爻：久經考驗

䷟

六五。恒其德，貞。婦人吉，夫子凶。

〈小象〉曰：婦人貞吉，從一而終也。夫子制義，從婦凶也。

那我們再看第五爻，這個爻就要有一點智慧去參了。

五爻是恒卦的君位，「恒其德」是因為有鑑於第三爻做得不好，第三爻「不恒其德」，結果「或承之羞，无所容」，所以到五爻就吸取前車之鑑。「恒其德」是針對「不恒其德」的調整，絕不輕易變，沒有把握不亂變；先守成再謀創新，然後「恒其德」，不管風雷如何動盪，始終是以不變應萬變。這樣的守恒去扮演君位的角色可不可以呢？

「恒其德」，然後「貞」，遇到什麼考驗都不變，會產生什麼結果呢？「婦人吉，夫子凶」。這就是《易經》的智慧，常常在君位的時候點撥我們。像剝卦上爻，就分君子還是小人，才能決定剝卦上爻到底結果是好還是壞。因為人還有很多創造的空間，你的智慧修養越深，超越一般的吉凶，甚至凶的都變成吉。你要是自己不爭氣，淨想揀現成，明明是有可能吉的，都給玩成凶了。但這個又不一樣，兩性有別，「婦人」就吉，「夫子」就凶。

可見，「恒其德」還是不行，還是「夫子凶」。這個困局始終沒有辦法突破，恒卦三爻、五爻動，兩爻動是一個困卦（䷮）的象，一籌莫展，到最後結果也是如此。只有找到那個平衡點，才有恒之可言。

占卦實例1：連戰大位無望

一九九六年台灣首度總統民選，李登輝大勝，四年後的跨世紀大選，執政黨一定是連戰代表參選。我問他的勝算如何？為恒卦三、五爻動，「九三」值宜變成解卦，兩爻齊變為困卦。恒「九三」爻辭稱：「不恒其德，或承之羞，貞吝。」顯然不妙，〈小象傳〉還痛批：「无所容也。」二〇〇〇年選前連的民調最低，徵兆早現，就算突破低迷，「六五」君位亦動，有無機會呢？爻辭可好玩了：「恒其德，貞。婦人吉，夫子凶。」連戰是夫子不是婦人，恒其德仍凶，恒或不恒皆無善果，這不是兩難嗎？難怪齊變為困卦。最後果然應驗，三組人馬中「連蕭配」得票最低落選。

占卦實例2：游錫堃政績掛零

二〇〇二年二月初，游錫堃出任陳水扁政權的閣揆，他曾於跨世紀前的幾個月裡上過我的《易經》課，我問他當年的政績表現會如何？為恒卦「九四」爻動，爻辭稱「田无禽」，〈小象傳〉痛批：「久非其位，安得禽也？」居閣揆高位，卻無任何政績，明顯不稱職。久非其位也說中了！他是扁政府任期最長久的行政院長。

易經密碼：易經六十四卦的全方位導覽 / 劉君祖著 .
-- 初版 . -- 臺北市：大塊文化，2015.11
冊；　公分 . --（劉君祖易經世界；5）

ISBN　978-986-213-651-5（第四輯：平裝）

1. 易經　2. 研究

121.17　　104020591

劉君祖易經世界5

易經六十四卦的全方位導覽

易經密碼　第四輯

作　　者：劉君祖
責任編輯：李濰美
封面設計：張士勇
文字校對：楊菁、鄧美玲、劉君祖
法律顧問：董安丹律師、顧慕堯律師
出　　版：大塊文化出版股份有限公司
地　　址：台北市 105 南京東路四段二十五號十一樓
網　　址：www.locuspublishing.com
讀者服務專線：0800-006689
電　　話：(02) 87123898　傳眞：(02) 87123897
郵撥帳號：18955675　戶名：大塊文化出版股份有限公司
總 經 銷：大和書報圖書股份有限公司
地　　址：新北市新莊區五工五路 2 號
電　　話：(02) 89902588（代表號）　傳眞：(02) 22901658
初版一刷：二〇一五年十一月
初版四刷：二〇一七年五月
ISBN　978-986-213-651-5
定　　價：新台幣四〇〇元
Printed in Taiwan